日本・国際税務発展史

矢内一好 著
Yanai Kazuyoshi

中央経済社

はしがき

　税務という用語を，税法等の法制度と税の執行を合わせた領域を指す言葉として，本書では使用しているが，その税務においても，国内税務と国際税務という区分がある。本書は，国際税務の発展史ということで，法制度と執行面の両面から現行の国際税務形成史を対象としている。

　国際税務の領域は，日本の個人居住者あるいは内国法人の対外投資，外国居住者あるいは外国法人による日本への対内投資に係る国内法，租税条約，外国の税制等の交錯があり，その背景には，いわゆる，ヒト，モノ，カネが国境を越えて移動するという経済的事実と，このような動きを許容する各種の法規制の緩和がある。

　日本国内においても，税務全般における国際税務の領域は確実に拡大している。例えば，1989年に小沢進氏の著書『Q＆A　租税条約の実務』（財経詳報社）の分担執筆に著者が参加した当時，このような租税条約に関する実務書は刊行されていなかった。現在，書店の税金のコーナーには，国際税務関連の本が多数並べられている。

　国税庁は，1970年から税務大学校本科研修に「国際租税班」を新設して，国際税務に対応できる職員の育成を始め，1978年から「国際租税班」を解消して，「国際租税セミナー」として，この研修コースは，その後研修名称の変更，研修生の人数等の増減を経て，現在に至っている。

　このように，国税庁が国際税務要員の職員養成を始めたということは，それだけ，税務調査の現場では，国際税務に通暁した職員を必要としていたということであり，1978年のタックス・ヘイブン対策税制（現在の外国子会社合算税制）の創設，1986年の移転価格税制の創設と，国際税務関連の法制度の整備が進展したのである。

　では，日本の国際税務の歴史は，1970年代以降，本格化したとしても，それ以前はどうであったのかということになる。検討を行う時期を第2次世界大戦

終了後以降とすれば，非居住者に関する規定は，1940年制定の所得税法，1947年制定の所得税法に規定されているが，第2次大戦後の国際税務では，1953年の外国税額控除制度の創設と1954年の日米原租税条約署名が創成期の大きな出来事ということになる。

　また，第2次世界大戦終了後の1945年からサンフランシスコ平和条約の発効する1952年の間は，日本に進駐してきた連合国軍最高司令官総司令部（GHQ/SCAP）の施政権下にあり，その間，1949年と1950年の2度にわたる「シャウプ勧告」等があり，欧米外国人を中心とした課税問題が生じる時期である。

　一般に，学問領域では，現行の理論等の分析という手法と，現在に至るまでのその学問領域の形成史の観点からのアプローチがある。国際税務の領域では，発表される論考のほとんどが前者であり，多くの実務家は歴史的な検討は役立たないというのが一般的な理解であろう。したがって，現状では，関連する法令等の解釈，租税判例評釈等，当面する課題に多くのマンパワーが投入されているが，今後，国際税務領域の議論がよりきめ細かくなり，国際税務を構成する国内法あるいは租税条約等に関する解釈等の問題に直面した場合，その規定の趣旨あるいは改正の背景等，過去に遡った検討を要することが想定されるのである。

　また，2010年代以降，多国籍企業による租税回避を防止する必要性が再確認され，OECD租税委員会は，BEPS（税源浸食と利益移転）プロジェクトを開始した。これと並行して，OECDが推進している共通報告基準（Common Reporting Standard：CRS）に基づく自動的情報交換が進展し，日本も，平成27（2015）年度税制改正により，日本の金融機関に対し非居住者の口座情報の報告を求めるこの制度（日本発の情報提供）を整備したところであり，税務情報の情報源が多様化している。このように，税務執行の分野も，国際化が進展し，従前の課税権を巡る対立の時代から執行面の協調という新しいステージに到達している感がある。

　本書は，第2次世界大戦後から現代までの日本における国際税務の発展を歴史的にまとめたものである。正しくは，本書は，「日本・国際税務発展小史」であるかもしれないが，筆者は，拙著『国際課税と租税条約』（ぎょうせい，

1992年）において国際連盟およびOECD等におけるモデル租税条約の歴史，2011年刊行の『米国税務会計史』（中央大学出版部），2012年刊行の『現代米国税務会計史』（中央大学出版部）において米国の税制史を，そして，2014年刊行の『英国税務会計史』（中央大学出版部）を上梓しているが，いずれも，検討対象になった事項等に関して深度ある検討を加えたという意識はなく，簡略であっても通史を書くことを心がけたのである。

　現行の国際税務の法令等がどのような経緯を経て現在に至ったのかということを知る必要が生じたとき，それに応える文献が少ないように思われる。本書は，その空白部分を埋める目的で書かれたものであり，いずれ，この分野に興味を抱いた者が，拙書等をベースにより内容のある研究をすることを期待したものである。本書がそのような意味で今後多少なりとも貢献できることがあれば，筆者として望外の喜びである。今後，国際税務における理論と実務はその領域の拡大ばかりでなく，歴史的な沿革を含めた深度ある知識が必要になるものと思われる。筆者の体験では，何か問題に直面した時，関連する情報等はできる限り入手することを望むものである。現行の税法等の規定がどのような沿革をたどって現在に至ったのかも知りたい情報等ということになろう。その意味から，本書の内容は，税務の実務においても必要なものとなろう。

　本書の刊行に際して，出版を引き受けていただいた中央経済社，編集等にご尽力いただいた同社編集部の田邉一正氏に感謝するとともに，研究出版助成をいただいた公益財団法人・租税資料館に謝意を表する次第である。

2018年8月

矢内　一好

目　次

はしがき

第1章　日本の国際税務発展史分析の視点 ……… 1

1　分析視点 ……………………………………………… 1
2　本研究の意義 ………………………………………… 3

第2章　日本の国際税務発展史の概要 ……… 5

1　萌芽期（第2次世界大戦前から1950年代）―外資導入期 …… 5
2　創成期（1960年代から1970年代）―経済復興と税制の整備 …… 7
3　移転価格税制の時代（1980年代）―対立の時代 ……………… 7
4　電子商取引出現期（1990年代） …………………………… 8
　(1)　電子商取引の初期の動向・8
　(2)　電子商取引の理論的研究の進化・9
　(3)　米国におけるインターネット税凍結法の変遷・10
　(4)　今後の課題・11
5　連携と競合（2000年代から2010年代） …………………… 11
　(1)　BEPSプロジェクト・11
　(2)　罰則強化・13
　(3)　利害の対立・14

第3章 非永住者課税の創設 ———— 15

1 非永住者課税関連の基礎情報 ……………………… 15
2 非永住者課税の背景 ……………………………… 17
   (1) 概　要・17
   (2) シャウプ勧告と日本政府の反応・19
   (3) 第1期における動向の解明・20
3 第1期における欧米外国人課税の動向 ……………… 20
4 第2期における欧米外国人課税の動向 ……………… 21
   (1) GHQ覚書（SCAPIN4938A）適用の時期・21
   (2) 1950（昭25）年租税特別措置法改正前における忠氏保存文書関連事項・22
   (3) 1950（昭25）年租税特別措置法改正・25
   (4) 1950（昭25）年段階の欧米外国人課税・25
5 1956（昭31）年臨時税制調査会答申 ……………… 27
   (1) 1950（昭25）年7月から1955（昭30）年までの経過的措置（翌年以降は不適用）・27
   (2) 日本経済の再建に資する特定の産業の従業員，文化団体の職員等の給与所得（1956年から1960年までの間）・28
   (3) 問題の所在・28
   (4) 答申の結論・28
   (5) 1956（昭31）年答申の趣旨・29
6 大蔵委員会会議録第6号（1957年2月21日（参議院）） …… 29
   (1) 1957（昭32）年改正前の納税義務者・29
   (2) 塩崎氏の説明・30
7 1962（昭37）年の改正 ……………………………… 30
8 2006（平18）年度改正 ……………………………… 31
9 住所，居所，住所が国内にある推定等 ……………… 32
   (1) 国内に住所を有する者と推定する場合（所令14）・33

  (2) 国内に住所を有しない者と推定する場合（所令15）・33
  (3) 国内払いの意義・33
  (4) 国外からの送金の意義・34

 10 非永住者課税の技術的な問題点 …………………………… 34
  (1) 課税の空白を生み出す可能性・34
  (2) 非永住者の課税所得の範囲・35

 11 非永住者課税の現行における評価 …………………………… 36
  (1) 非永住者課税撤廃論・36
  (2) 2017（平29）年度改正・37
  (3) 非永住者課税の再評価・38

第4章　日本の租税条約の展開　41

 1 なぜ日米原租税条約を対象とするのか …………………………… 41
 2 日米原租税条約関連事項年表 …………………………… 43
 3 日米原租税条約の条文構成 …………………………… 44
  (1) 第2条第1項C（恒久的施設の定義）・45
  (2) 第3条（事業所得）・45
  (3) 第4条（特殊関連企業）・45
  (4) 第6条（利子）・46
  (5) 第6条のA（配当）・46
  (6) 第7条（使用料）・46
  (7) 第9条（人的役務所得）・46
  (8) 第13条（所得源泉）・46
  (9) 第14条（二重課税の排除）・47

 4 日米原条約当時の米国の租税条約 …………………………… 48
  (1) 当時の米国租税条約・48
  (2) 米国の国際税務・48
  (3) 米英原租税条約・49

5 日米原条約が締結された1954（昭29）年当時の日本の
租税条約に関する理解の程度 ………………………………………… 51
　（1）　日米原条約締結前の日本の租税条約・51
　（2）　忠氏条約文書1・51
　（3）　忠氏条約文書2・52
　（4）　租税条約と国内法のギャップ・53

6 日米原条約が日本の国際税務発展に及ぼした影響，
後発の対スウェーデン租税条約との比較 ……………………… 54
　（1）　日本・スウェーデン租税条約の条文構成・54
　（2）　対スウェーデン租税条約・54

7 対パキスタン租税条約・対インド租税協定 …………………… 55
　（1）　対パキスタン租税条約の条文構成・55
　（2）　対パキスタン租税条約・56
　（3）　対インド租税協定の条文構成・57

8 1960年までの日本の租税条約 ………………………………………… 57

9 OEECにおけるモデル租税条約の動向 ……………………………… 59
　（1）　日本の租税条約の動向・59
　（2）　OEECおよびOECD等の動向・60
　（3）　OEECに対する日本側の対応・60

10 OECDにおけるモデル租税条約の動向 …………………………… 61
　（1）　忠氏条約文書3・61
　（2）　OECDモデル租税条約草案前後の租税条約・62
　（3）　日英原条約と日独原条約・63

11 1965年以降の租税条約 ………………………………………………… 64

12 日米原条約から日米第2次条約までの経緯 ……………………… 66
　（1）　日米原条約の改訂・66
　（2）　各国の租税制度に関する本・66
　（3）　第2次条約等の解説本・67
　（4）　第2次条約締結の経緯・67

13 第2次条約が帰属主義であることの検討 ………………………… 68

(1) 帰属主義の類型の分析・68
　　(2) 所得源泉置換規定（所得税法第162条，法人税法第139条）との関連・71
　　(3) 第2次条約と所得源泉の置換規定・73
　　(4) 所得源泉置換規定の影響・73
　　(5) 米国の国内法と租税条約の二元化・74
14　第3次日米租税条約 ……………………………………… 74
15　OECDモデル租税条約（Model Double Taxation Convention on Income and Capital）におけるAOAの導入 …………… 75
16　国連モデル租税条約（United Nations Model Convention for Tax Treaties between Developed and Developing Countries） …… 76
17　税務行政執行共助条約（Convention on Mutual Administrative Assistance in Tax Matters） ……………………………… 76
18　租税条約に基づく情報交換 ……………………………… 78
19　共通報告基準（CRS）に基づく自動的情報交換 ………… 79
20　BEPSの影響 ……………………………………………… 81
　　(1) BEPS行動計画と日本の対応・81
　　(2) BEPS行動計画に示された15の課題・82
　　(3) BEPSへの日本の対応・83
21　金融情報自動交換 ………………………………………… 83
　　(1) FATCAから金融口座情報自動交換制度へ・84
　　(2) CRSにおける口座特定手続の概要・85
　　(3) 金融口座情報の自動交換の問題点・86
　　(4) 日本の実施スケジュール・86
　　(5) 金融口座情報自動交換制度（AEOI）の参加国リスト・87
22　日本の租税条約の現状 …………………………………… 87
23　日本の租税条約の方向性 ………………………………… 88
24　BEPS防止措置実施条約の概要 ………………………… 89
（資料1）租税条約関連の訴訟等事案・94
（資料2）米国デラウェア州LPS事案の裁判一覧・95

第5章　国内源泉所得・非居住者の課税　　97

1　国内源泉所得・非居住者課税の概要 ……………………………… 97
　(1)　1940年改正所得税法と1947年所得税法・98
　(2)　1955年所得税法・98
　(3)　外国人・外国法人に対する課税・100

2　国内源泉所得という用語の使用開始 ……………………………… 104

3　1962年税制改正における非居住者および外国法人の課税の
　　基礎データ ………………………………………………………… 105
　(1)　1962年当時の日本の租税条約・105
　(2)　OECD等の動向・105
　(3)　非永住者概念の創設・106
　(4)　1962年度改正の背景・106
　(5)　当時の背景・107
　(6)　1962年から1965年前の規定・108

4　1961年資料 ………………………………………………………… 109

5　1961年答申 ………………………………………………………… 109
　(1)　事業所得の課税・110
　(2)　人的役務の提供による所得の課税・110
　(3)　給与所得等・110
　(4)　資産所得に対する課税・110
　(5)　譲渡所得その他の資産の譲渡による所得に対する課税・111
　(6)　所得の源泉地・111
　(7)　外国政府職員に対する非課税・111
　(8)　出国等の規制・111
　(9)　外国税額控除・111

6　1962年資料 ………………………………………………………… 111

7　1963年答申 ………………………………………………………… 111

8　1962年解説 ………………………………………………………… 112

⑴　1962年解説までの経緯・112
　　　⑵　1962年解説で指摘されている事項・112
　　　⑶　1962年解説の条文解釈・113
　　　⑷　吉田解説による1962年法改正・113

　9　1965年度改正（国内源泉所得） ……………………………… 115
　　　⑴　用語の定義等・115
　　　⑵　1号所得（事業又は資産からの所得）・115
　　　⑶　2号所得（人的役務の提供事業の対価）・115
　　　⑷　3号所得（不動産の賃貸料等）・115
　　　⑸　4号所得（利子所得）・115
　　　⑹　5号所得（配当所得）・116
　　　⑺　6号所得（貸付金の利子）・116
　　　⑻　7号所得（工業所有権等の使用料）・116
　　　⑼　8号所得・116
　　　⑽　9号所得（事業の広告宣伝のための賞金）・116
　　　⑾　10号所得（年金等）・116
　　　⑿　11号所得（匿名組合契約等に基づく利益の分配）・116

　10　所得源泉置換規定の意義 ………………………………………… 117
　　　⑴　条文（所162，法139：1962年度改正）・117
　　　⑵　租税条約の条理・117
　　　⑶　所得源泉置換規定の前段の意義・117
　　　⑷　所得源泉置換規定の後段の意義・118
　　　⑸　所得源泉置換規定の立法趣旨・118

　11　国内源泉所得と課税の方法 ……………………………………… 119
　　　⑴　総括表・119
　　　⑵　国内源泉所得の用語の創設・120

　12　外国投資家課税法 …………………………………………………… 120
　　　⑴　外国投資家課税法の概要・120
　　　⑵　外国投資家課税法による主要な改正点・120
　　　⑶　米国の恒久的施設に帰せられる所得・122

　13　帰属主義導入に係る論点整理 ………………………………… 123

(1) 所得源泉ルールの帰属主義・123
(2) 租税条約における帰属主義・123
(3) 国外源泉所得を取り込む帰属主義・123
(4) 所得税法施行令旧第279条第5項および法人税法施行令旧第176条第5項の意義・124
(5) 帰属主義概念の純化・125

14 帰属主義導入までの議論 ……………………………………… 125
(1) 2011年度税制改正大綱「国際課税」の基本的な考え方・125
(2) 2010年OECDモデル租税条約の事業所得条項の改正・126
(3) 2010年7月の改正・127

15 2014年度改正（国内源泉所得関連） ………………………… 128
(1) 2014年度改正の意義・128
(2) 外国法人に対する課税関係の概要・129
(3) 国内源泉所得の構成に係る改正・130
(4) 所得の計算・131

16 2018年度改正（恒久的施設関連規定の見直し） ……………… 131

第6章 外国税額控除

1 外国税額控除の意義 …………………………………………… 133
(1) 外国税額控除の概要・133
(2) 外国税額控除の適用要件・133
(3) 租税条約と国内法における規定・134
(4) タックススペアリング・クレジット重視の時代・134

2 米国の外国税額控除の変遷 …………………………………… 134

3 日米原租税条約の動向 ………………………………………… 135

4 1953年法における外国税額控除の規定 ……………………… 136
(1) 1953年法の規定・136

(2)　日米原租税条約と外国税額控除の導入の関係・137
5　1962年度改正 …………………………………………… 138
6　1963年度改正 …………………………………………… 139
7　控除限度額方式の変遷 ………………………………… 139
　　(1)　米国の場合・139
　　(2)　日本の場合・139
8　控除限度額方式の検討 ………………………………… 140
　　(1)　日本における一括限度額方式導入時の検討・140
　　(2)　1986年10月の「税制の抜本的見直しについての答申」・141
9　1983年度改正 …………………………………………… 141
　　(1)　国外欠損金の除外計算の廃止・141
　　(2)　棚卸資産の譲渡地に関する判定基準の改正・141
　　(3)　共通費用の国外所得への適正配分・142
10　1984年元旦・読売新聞（外国税額控除）……………… 142
11　1988年度改正 …………………………………………… 143
　　(1)　1985年以降の状況・143
　　(2)　1988年度外国税額控除の改正理由・143
　　(3)　主たる改正項目・144
　　(4)　各項目の概要・145
12　1992年度改正 …………………………………………… 146
13　2001年度・2002年度改正 ……………………………… 147
　　(1)　銀行の外国税額控除訴訟と控除対象外国税額に係る改正・147
　　(2)　改正の背景・147
　　(3)　通常行われない取引に係る外国法人税・147
　　(4)　外国法人税の定義の明確化・148
14　外国子会社配当益金不算入制度の導入等（2009年度）……… 149
　　(1)　外国子会社配当益金不算入制度の導入・149
　　(2)　控除対象外国法人税の範囲に関する改正・149
　　(3)　改正後・150

15	2011年12月の改正 ………………………………………… 151
16	2015年度改正 ………………………………………………… 152
17	2014年度改正（外国法人に係る外国税額控除）…………… 152

(資料1) 外国税額控除の変遷・155
(資料2) 1961年から1963年という外国税額控除が整備された年分における外国税額控除の規定・156
(資料3) 1961年と1966年の法人税取扱通達の比較・158

第7章 外国子会社合算税制（タックス・ヘイブン対策税制） ― 161

1 税制名称と本税制の概要 ………………………………………… 161
　(1) 創設時・161
　(2) 創設時のタックス・ヘイブン対策税制の特徴・161
　(3) 名称の変更・162

2 タックス・ヘイブンの基礎的事項 ……………………………… 162
　(1) タックス・ヘイブンとは何か・162
　(2) 軽課税国とされる国または地域・164

3 合算税制導入の背景 ……………………………………………… 165
　(1) 便宜置籍船の課税問題・165
　(2) 1978年度税制改正に関する税制調査会答申・166

4 合算課税方式の採用の理由 ……………………………………… 167
　(1) 立法者の説明・167
　(2) 金子教授説・167
　(3) 合算税制の趣旨についての考え方・168
　(4) 合算課税が成立するための要件・168

5 合算税制の概要（2017年改正前）……………………………… 169
　(1) 特定外国子会社等の意義・169
　(2) 外国関係会社・169

(3) 特定外国子会社等の判定・170

6　持分割合の判定と課税対象金額の計算 ……………………… 172
　　　(1) 持分割合の判定・172
　　　(2) 課税対象金額の意義・173
　　　(3) 基準所得金額の計算・173
　　　(4) 適用対象金額の計算・174
　　　(5) 課税対象金額の計算・174
　　　(6) 資産性所得（2010年度改正）・174

7　適用除外 ……………………………………………………… 175
　　　(1) 適用除外の意義・175
　　　(2) 適用除外基準の変遷・175
　　　(3) 1985年元旦・読売新聞（タックス・ヘイブン対策税制）・176
　　　(4) 配当基準の廃止・176
　　　(5) みなし本店所在地の採用（1985年）と廃止（1992年）・177

8　1992年度以降の合算税制の主要な変遷事項 ………………… 177
　　　(1) 第1期・178
　　　(2) 第2期・178

9　OECDの有害な税競争 ………………………………………… 179
　　　(1) 有害な税競争の概要・179
　　　(2) 有害な税競争の沿革・180
　　　(3) 有害な税競争の意義・180
　　　(4) 1998年報告書の概要・181
　　　(5) 2000年報告書の概要・182
　　　(6) 2001年報告書・185
　　　(7) 有害な税競争の成果・185

10　コーポレート・インバージョン対策合算税制（2007年度改正）
　　　 ……………………………………………………………… 186
　　　(1) 改正の意義・186
　　　(2) CITとは何か・186
　　　(3) CIT対策税制の概要・187
　　　(4) 課税の要件となる用語・187

(5)　CIT対策税制の課税関係・188
　　　(6)　適用除外・189
　　　(7)　二重課税の調整・189
　11　外国子会社配当益金不算入制度導入（2009年度改正）……… 190
　12　資産性所得合算課税制度（2010年度改正）………………… 190
　　　(1)　改正の趣旨・190
　　　(2)　資産性所得（特定所得）に含まれる所得・191
　　　(3)　部分課税対象金額の計算・192
　　　(4)　資産性所得合算課税制度の適用除外規定・192
　　　(5)　資産性所得合算課税制度の目的・193
　13　来料加工の課税関係 ………………………………………… 193
　　　(1)　取引の例示・194
　　　(2)　裁判における納税者側の主張・194
　　　(3)　国側の主張・194
　　　(4)　非関連者基準と所在地国基準・194
　14　2017年度改正の背景 ………………………………………… 195
　15　2017年度税制改正大綱（その１）…………………………… 196
　　　(1)　合算対象とされる外国法人の判定方法等・197
　　　(2)　合算税制の適用関係・197
　　　(3)　特定の外国関係会社に係る会社単位の合算課税制度・197
　　　(4)　会社単位の合算課税制度の適用除外基準・198
　　　(5)　経済活動基準を満たすことを明らかにする書類等の提出等がない場合の推定・200
　　　(6)　適用免除・200
　　　(7)　外国関係会社に係る財務諸表等の添付・200
　16　2017年度税制改正大綱（その２）…………………………… 201
　　　(1)　一定所得の部分合算課税制度・201
　　　(2)　部分合算課税の対象所得の範囲・201
（資料１）合算税制の変遷・205
（資料２）外国子会社合算税制・公表裁決事例（2018年５月現在）・206
（資料３）合算税制の主要判例・207

(資料４) 新聞報道された最近の事案・210

第8章 移転価格税制 — 211

1 移転価格税制の意義 ………………………… 211
  (1) 日本の移転価格税制の定義・211
  (2) 移転価格税制の動向・211
  (3) 先進国の移転価格税制・212
  (4) 日本の自動車３社に対する米国の移転価格課税・213

2 移転価格税制と租税条約 ………………………… 214
  (1) 自力執行説と国内立法必要説・214
  (2) 条約独立説と条約執行説・215

3 導入の背景 ………………………… 216

4 移転価格税制の概要 ………………………… 216
  (1) 適用対象者・216
  (2) 適用対象取引・216
  (3) みなし国外関連取引・217
  (4) 国外関連者・217
  (5) 独立企業間価格の決定方法・217
  (6) 対応的調整の意義・218

5 導入後の主たる改正事項 ………………………… 219

6 取引単位営業利益法（Transactional Net Margin Method：TNMM） ………………………… 220
  (1) 取引単位営業利益法の概要・220
  (2) 棚卸資産の購入が国外関連取引である場合・221
  (3) 棚卸資産の販売が国外関連取引である場合・221

7 2011年度改正（独立企業間価格の算定方法） ………………………… 222

8 価格から幅（レンジ）への改正 ………………………… 223

9 事前確認制度（Advance Pricing Agreement） ……………224
　(1) 意　義・224
　(2) 移転価格税制の問題点・224
　(3) APAの概要・225
　(4) APAの長所と短所・225

10 仲　裁 ……………………………………………………………226
　(1) 意　義・226
　(2) 問題の所在・226
　(3) 最近の仲裁に関する動向・227
　(4) 米独租税条約における仲裁規定・228
　(5) 2008年OECDモデル租税条約の改正・229
　(6) 日本の租税条約で仲裁条項のあるもの・229
　(7) 相互協議の相互評価（peer review）と監視（monitoring）・230

11 所得相応性基準の導入 ………………………………………231
　(1) 2017年度税制改正大綱の補論・231
　(2) 所得相応性基準に関する論点整理・231
　(3) 所得相応性基準とは何か・232
　(4) 所得相応性基準の背景・233
　(5) 所得相応性基準に関する米国における理論的な検討・234
　(6) CPM適用の限界・235
　(7) 白書と利益法・236
　(8) 米国財務省規則における定期的調整（§1.482-4 (f)）・236

12 OECDのBEPS行動計画8の最終報告書における所得相応性
　 基準に関する内容 ……………………………………………237

13 EUが検討している域外への無形資産の移転についての新たな
　 ルール …………………………………………………………238

14 日本への所得相応性基準導入の問題点 ……………………239

(資料1) 新聞報道された事案・242
(資料2) ホンダの移転価格訴訟（2015年5月14日付日本経済新聞朝刊）・
　　　　243
(資料3) 移転価格税制・公表裁決事例（2017年5月現在）・243

（資料4）移転価格税制の主要な判例・244
（資料5）独立企業間価格の算定方法内訳：平成27事務年度・245
（資料6）OECD TPガイドラインの沿革・245
（資料7）国税庁「移転価格ガイドブック～自発的な税務コンプライアンスの維持・向上に向けて～」2017年6月公表・246

第9章　今後の国際課税の動向　247

1　BEPS行動計画の進展 …………………………………………… 247
2　BEPS以降の日本の国内法等の改正 ………………………… 248
　(1)　2015年度税制改正・248
　(2)　2016年度税制改正・248
　(3)　2017年度税制改正・249
　(4)　2018年度税制改正・249
3　政府税制調査会等の検討 ……………………………………… 249
4　2つのEUの一般否認規定 …………………………………… 250
5　PSD・GAAR …………………………………………………… 251
　(1)　PSD・GAARの動向・251
　(2)　PSD・GAARの意義・251
6　パッケージ ……………………………………………………… 252
　(1)　パッケージの動向・252
　(2)　EUの共通連結法人課税ベース（Common Consolidated Corporate Tax Base：CCCTB）等の動向・253
　(3)　EU利子所得指令・255
7　租税回避対策指令（Anti-Tax Avoidance Directive）……… 255
8　日本への影響 …………………………………………………… 257
　(1)　CCCTBの影響・257
　(2)　租税条約の関連・257

9　義務的開示制度が注目を集めた背景 ……………………………… 258
　(1)　BEPS行動計画・258
　(2)　BEPS行動計画への対応・259

10　MDRの概要と問題点 ……………………………………………… 259
　(1)　MDRの意義・259
　(2)　問題点・259

11　BEPS行動計画12の概要 ………………………………………… 260
　(1)　概要・260
　(2)　開示義務者・261
　(3)　プロモーターまたはアドバイザーの定義・261
　(4)　報告対象の範囲を特定化する方法・262
　(5)　開示対象取引に関する基準・262
　(6)　開示の時期・262
　(7)　スキームの利用者の特定・263
　(8)　義務の遵守と不遵守・263
　(9)　開示すべき情報・263
　(10)　国際的租税スキーム・263

12　英国におけるMDR導入後の動向 ……………………………… 263
　(1)　GAAR導入・264
　(2)　DOTASの概要・264
　(3)　POTASの概要・265
　(4)　租税回避対策強化策案・265

13　日本へのMDR導入の問題点 …………………………………… 266

(資料) EU年表・268

索　引・271

[引用略語例]

略　称	正　式　名　称
1）法法	法人税法
2）法令	法人税法施行令
3）所法	所得税法
4）所令	所得税法施行令
5）所規	所得税法施行規則
6）措法	租税特別措置法
7）措令	租税特別措置法施行令
8）日米租税条約	所得に対する租税に関する二重課税の回避及び脱税の防止のための日本国政府とアメリカ合衆国政府との間の条約（2004年3月30日） （注）以下，租税条約の表示は，同様の略称とする。
9）租税条約実施特例法	租税条約等の実施に伴う所得税法，法人税法及び地方税法の特例等に関する法律

第1章

日本の国際税務発展史分析の視点

1 分析視点

　国際税務の発展について検討を行う場合，最初に設定すべき事項が2つある。1つは，検討を開始する時期の問題である。第2は，分析する際の視点は何かということである。

　検討開始時期であるが，日本において国際的二重課税問題が生じたのは，大正時代の国際運輸船舶に係る所得の問題である[1]。そして，大正時代末期（1921年）から昭和初期（1935年）までが国際連盟によるモデル租税条約の制定期であり，日本は1933年に国際連盟を脱退していることから，この動きに加わっていない[2]。国際連盟の時代については，租税条約の歴史として拙著において別途検討されていることから[3]，第2次世界大戦が終了した1945年から始めることとする。

　第2の分析視点であるが，国際税務の法制度の発展という観点が一方にあり，他方，国際税務の執行という側面がある。税法はそれ自体理解するのに難しいという特徴があるが，国際税務は，税法（所得税，法人税，相続税，消費税等）の分野でも，日頃使用しない非居住者関連の規定の適用があること，租税条約との関連があること，場合によっては外国の税制に関する知識を要すること等，ある意味特殊ともいえる知識が必要な分野といえる。国際税務の執行というと，国税職員，地方税職員のこの方面に対する習熟度が問題であるが，これらの公務員ばかりでなく，国際税務を扱う公認会計士，税理士，企業の経理等を担当

する者等にもこの方面の知識が要求されることになる。

　結果として，国際税務の発展に関して，法制度とその執行の両側面から歴史的な沿革を見る必要がある。

　そして，上記の2つの分析視点のほかに，最近増加傾向にあるのが訴訟事案である。また，国際税務の税務調査に関する報道も増加している。

　本書は，以上のことを踏まえて，2つの分析視点を基軸として，傍証となる税務訴訟，税務に関する報道等も交えて，検討を行う。

　このような日本の国際税務形成史を検討する意図は，国際税務の分析検討が，主として，現行の税制あるいは租税判例の解釈に集中する嫌いがあり，現行の法の適用等の背景にある過去の沿革に関心が払われていないことにある。また，司法の分野においても，国際税務に係る訴訟事案は，同様の事実関係の訴訟がすでに海外において司法判断されている例もある。日本の司法では，このような海外の判例を引用する場合がほとんどなく，日本と海外で同様の事案に対して異なる判断が示される可能性もある。本書では，この司法の国際化を取り上げないが，今後の国際税務における検討課題といえるのではなかろうか。

　以上から，2つの分析視点と国際税務発展史の傍証となる事項は次のとおりである。

（2つの分析視点）
① 　検討時期は第2次大戦後から始める。
② 　国際税務の法制度と執行の両面から検討する。

（国際税務発展史の傍証となる事項）
① 　国際税務に係る税務訴訟
② 　国際税務に関する報道等

2　本研究の意義

　国際税務という，ある意味プラグマティックな領域は，現行理論の形成史を分析するという時間も余力もなく，当面する課題とのみ向き合うという傾向がある。

　しかし，実際の国際税務は，複雑な租税回避事案等が発生した場合，その関係者には，ファンド等のタックスプランナー，その申告等を行う会計専門家，その税務調査を行う税務職員，審査請求事務をする国税審判所の職員，そして，訴訟になった場合の弁護士，検事，裁判官と多くの関係者にとって，事実関係，国内法令，租税条約，場合によると外国法令，そして稀ではあるが，外国の判例と広範囲の知見が必要になる。

　また，日本の租税法規を考えた場合，法の継受の観点から，租税法の基本部分として広く普及している考え方がどの国に源泉があるのかということも必要である。例えば，数年後には，「一般否認規定」導入の議論が発生する可能性がある。一般否認規定には，ドイツ，米国，オランダ，英国等と多くの形態があり，現行の日本の租税法に，これらの理論をどのように日本に導入して日本の法制に取り入れるのかという側面を考えると，単に，外国の法制をベースに日本流に作り替えるという簡単な問題ではない。

　さらに，2017年6月に日本が参加署名した「BEPS防止措置実施条約」により本格的適用が予測される租税条約の濫用を防止するための「主たる目的テスト（PPT）」は，英国産のコモンローの世界の産物である。筆者はこのPPTが日本に一般否認規定を導入する場合の候補になるものと考えている。

　このように，輻輳化する国際税務の領域において，これまで空白であった形成史の領域を埋める目的で本書は作成されたのである。はしがきにも書いたように，本書は，「日本の国際税務発展史小史」であり，個々の事項を掘り下げてはいないが，発展の経緯を知るには役立つものと思われる。また，私自身が見聞きした範囲で知り得た事項は，トピックのような形で記述した。そのような意味で，本書は，事典とは異なるが，それに近い性格を持つものといえる。そのような形で本書が利用されるのであれば，本書の目的は達成できたことに

なる。

◆注

1　黒田英雄「国際二重課税の問題について」『国際租税協定関係の参考資料集』国税庁，1951年5月，1-24頁。
2　国税庁『国際租税協定関係の参考資料集』に国際連盟モデル租税条約制定までの専門家会議に関する論稿がある。
3　矢内一好『国際課税と租税条約』ぎょうせい，1992年。

第2章

日本の国際税務発展史の概要

　本書の日本の国際税務発展史は，見方を変えれば，第2次世界大戦後の税制史の一部ともいえるが，以下に掲げるように，5つの時期に区分して各時期における特徴を分析する。

1　萌芽期（第2次世界大戦前から1950年代）—外資導入期

　本書の検討対象は第2次世界大戦後であるが，それ以前の関係する事項を含めて，1950年代は，政治的には，1952年のサンフランシスコ平和条約の発効による日本の主権回復，経済的には，1950年代に勃発した朝鮮戦争による日本経済への特需景気，税制面では，1949年，1950年のシャウプ勧告とこれを受けた1950年のシャウプ税制，1954年の日米原租税条約の署名と条約の事前準備として整備された1953年の外国税額控除の創設がある。

　この時期の租税政策の主要な柱は，国内経済の立て直しと，戦争により破壊されたインフラの整備のための外資の導入である。同時に税務行政の分野では，シャウプ勧告に基づいて導入された税制および執行面の改善により，戦後の混乱が沈静化に向かった時期といえる。

1920（大9）年	国際連盟発足
1923（大12）年	国際連盟（4名の学者による国際的二重課税に関する基礎的研究）

1924（大13）年	（日本）外国船舶の所得税免除（～1933（昭8）年）
1928（昭3）年	国際連盟モデル租税条約
1933（昭8）年3月27日	（日本）国際連盟脱退を表明（満州事変・リットン調査団報告が原因）
1935（昭10）年	国際連盟（事業所得配分に関する租税条約）
1943（昭18）年	国際連盟（メキシコモデル租税条約）
1946（昭21）年	国際連盟（ロンドンモデル租税条約）
11月3日	日本国憲法公布
1947（昭22）年税制改正	分類所得税と綜合所得税の二本立てを廃止し超過累進税率の一本立てとし，所得税および法人税に申告納税制度が導入された。所得税は利子所得，配当所得，給与所得，退職所得，山林所得，譲渡所得，事業等所得に課税されることになった。
	経済安定本部「企業会計制度対策調査室」発足
1948（昭23）年7月	公認会計士法成立（昭和23年7月6日法律第103号）
	経済安定9原則
1949（昭24）年2月	ドッジ・ライン（Dodge Line）：日本経済安定のための財政金融引締策をドッジ氏が立案・勧告した。
4月25日	単一1米ドル＝360円レート制施行
5月10日	シャウプ使節団来日（～1949年8月26日）「日本税制報告書（Report on Japanese Taxation by the Shoup Mission）」巻1～4（1949年9月）
6月1日	旧大蔵省の外局として国税庁が設置
7月9日	経済安定本部の企業会計制度対策調査会が中間報告として「企業会計原則」を公表
	日本公認会計士協会設立，第1回公認会計士試験実施
1950（昭25）年	シャウプ勧告を受け入れた税制改正（青色申告制度等）
	朝鮮戦争（～1953年7月27日）
9月21日	シャウプ使節団第2次日本税制報告書（SECOND REPORT ON JAPANESE TAXATION BY THE SHOUP MISSION）
1951（昭26）年7月15日	税理士法施行（同年5月31日に成立）
9月8日	サンフランシスコ平和条約調印（1952年4月28日発効）
1952（昭27）年2月28日	日米地位協定締結
4月28日	平和条約発効

1952（昭27）年	ワシントン・日本大使館再開
8月	日本のIMF加盟
10月1日～10月31日	日米租税条約交渉（鈴木源吾大蔵省財務参事官，志場事務官）
1953（昭28）年	外国税額控除制度の創設
1954（昭29）年4月	日米原租税条約署名（昭30発効）

2　創成期（1960年代から1970年代）─経済復興と税制の整備

　この期間は，戦後の混乱が収束して，日本経済が高度成長期を迎える時期である。便宜置籍船の課税に端を発したタックスヘイブン対策税制も1978年に創設され，税務調査においても手探りながら，国際化を迎えた時期といえる。しかし，当時は，現在のように，ネットなどの情報入手手段はないことから，国外の税務情報へのアクセスが困難な時代であった。

1960（昭35）年	池田内閣による所得倍増計画
1962（昭37）年	（米国）タックス・ヘイブン税制創設
	非居住者関連規定（国内源泉所得等）整備
1963（昭38）年	OECDモデル租税条約草案
1964（昭39）年	佐藤内閣下における高度成長期
1970（昭45）年	税務大学校本科研修に「国際租税班」が新設
1978（昭53）年	タックス・ヘイブン対策税制創設
	「国際租税セミナー・一般コース」を実施（「国際租税班」解消）
1979（昭54）年	「国際租税セミナー・特別コース」新設

3　移転価格税制の時代（1980年代）─対立の時代

　1970年代後半から，米国は移転価格税制を適用した課税攻勢にでて，高度成長期に実力を蓄えた日本の輸出企業（四輪自動車，二輪自動車，電気製品等）に

対して米国での課税を強化した。その代表的な事例がトヨタ，日産，ホンダに対する課税（オートケース）である。

日本は対抗措置として，1986年に移転価格税制を創設して，外資系企業に対する移転価格税制の調査を実施するのであるが，この税制の実施を担当するのが，はしがきで述べた国税庁の研修を履修した職員である。

1977（昭52）年～1982（昭57）年	米国	トヨタ，日産，ホンダに対して税務調査を実施。ホンダは和解したが，日産は5億5千万ドル，トヨタは2億7千万ドルの所得の増額となった。
1986（昭61）年	日本	移転価格税制創設
1995（平7）年	OECD（経済協力開発機構）	OECDが移転価格ガイドライン（多国籍企業及び税務当局のための移転価格ガイドライン：Transfer Pricing Guidelines for Multinational Enterprises and Tax Administrations 制定（第1章～第5章公表）

4　電子商取引出現期（1990年代）

(1)　電子商取引の初期の動向

電子商取引の取引に占めるシェアが年々増加しており，現代はまさにネット社会であるが，このように国境を意識しない取引が横行すると，これらの取引に対する課税はどうなっているのかという問題が起こる。

電子商取引が一般化した1995年（ウインドウズ95が発売された）前後からの初期の動向は，次のとおりである。

1994年8月	日本	内閣に「高度情報通新社会推進本部」を設置
12月	スイス	ローマクラブ総会においてコーデルがビット・タックス提唱
1996年1月	EU	欧州の情報化社会建設のために検討結果報告（中間報告）
11月	米国	米国財務省が国際的電子商取引に関する報告書公表

1997年3月	EU	遠距離通信に対する付加価値税課税の原則を改正
	米国	インターネット税凍結法案を議会に提出
7月	米国	政府が「国際的電子商取引の枠組み」という基本方針発表
8月	豪州	豪州国税庁は「租税とインターネット」と題する報告書公表
11月	OECD	フィンランドのツルクで電子商取引に関する課税問題を含む検討会議開催
12月	米国・EU	電子商取引に関するサミットを開催し新税導入を見送る。
1998年10月	OECD	カナダのオタワで閣僚会議開催
2001年2月	OECD	ネット取引に関連して、「恒久的施設への所得の帰属」、「間接税」および「税務行政」を検討した草案を公表
2013年7月	OECD	電子商取引への課税上の対処

　電子商取引の国際課税に関する最初の文献といえるものは，米国財務省が1996年11月に公表した「国際的電子商取引の租税上の論点についての報告書 (U.S. Treasury Office of Tax Policy "Selected Tax Policy Implications of Global Electronic Commerce")」である。

　他方，EUは，1996年1月に専門家グループによる「欧州の情報化社会建設への中間報告書（High Level Group of Experts, "Building the European Information Society for Us All"）」および1997年4月に最終報告書（High Level Group of Experts, "Building the European Information Society for Us All – Final Policy Report of High Level Group of Experts"）において，インターネットに対する新税として，1994年にコーデルの提唱したビット・タックス導入を検討したのであるが，同税の導入に反対する米国は，1997年7月に新税導入に反対する米国大統領府声明を出し，EUは，ボン宣言により電子商取引に対する新たな課税を行わないことで加盟各国の合意が形成され，その合意に基づいて，EUは，1997年12月に米国とサミット会議を開催して，ビット・タックスの採用を見送っている。

(2) 電子商取引の理論的研究の進化

　電子商取引に関する包括的理論的研究として，OECDは，1997年にフィンラ

ンドのツルクにおいて開催された電子商取引に関する会議報告書（OECD, "Electronic Commerce：The Challenges to Tax Authorities and Taxpayers"）を公表した。このツルク報告書は，電子商取引に関する各種の内容を含み，電子商取引と租税との関連についても検討が行われた。

1995年以降の年度としては，1998年が重要な年である。1998年は，OECDが，1997年にフィンランドのツルクにおいて開催した電子商取引の包括的な会議に続いて，1998年10月にカナダのオタワにおいて閣僚会議を開催し，電子商取引の課税に対する枠組みを公表している。また，米国では，インターネット税凍結法（後述）が，1998年10月に成立している。

1997年までの時期は，ネット取引の課税に関する試行錯誤の時期ともいえるが，1998年以降は，電子商取引に対する課税の方向性が定まったことにより，電子商取引の具体的な課税問題の取扱いを検討する時期に入ったといえる。したがって，検討対象は，総論から各論に入ったことになり，各国の利害の対立等も出現することになる。

その後，電子商取引に関する新たな動きは少なく，2013年7月にBEPS行動計画1で「電子商取引への課税上の対処」が検討されたが，革新的な試みは行われていない。

(3) 米国におけるインターネット税凍結法の変遷

以下は，米国におけるインターネット税凍結法の変遷である。これは，州の売上税として，インターネットに課税することを連邦法が阻止したものであるが，間接税として電子商取引に課税する1つのモデルケースといえよう。

① インターネット税凍結法（The Internet Tax Freedom Act：P.L.105-277）成立（1998年10月1日から2001年10月1日まで適用）
② 凍結法延長法案（The Internet Tax Nondiscrimination Act：P.L.107-75）が成立（2003年11月1日まで延長）
③ 期限延長（P.L.108-435）（2007年11月1日まで延長）
④ インターネット凍結法改正案（The Internet Tax Freedom Act Amendment Act of 2007：P.L.113-164）が成立（2014年11月1日まで延長）
⑤ （P.L.113-164）により2014年12月11日まで延長

> ⑥ The Consolidated and Further Continuing Appropriations Act（P.L.113-235）により2015年11月1日まで延長
> ⑦ （P.L.114-125）により，2016年11月1日まで延長
> ⑧ Trade Facilitation and Trade Enforcement Act of 2015（P.L.114-125）により適用期限の定めがなくなり，永久に適用ということになった。なお，1998年10月1日以前から適用されていた州の法令（grandfather rule）については，2020年6月30日をもって終了となった。

(4) 今後の課題

経済産業省の実態調査（平成29年1月）によれば，1998年のB2C取引の国内市場規模は650億円で，2015年では13兆7,746億円と約200倍になっており，1998年のB2B取引の国内市場規模は8.6兆円で，2015年には288兆円と33倍に増加している。このように電子商取引は，増加の一途であるが，税法はこの現実に追い付いていない。国際税務として，クロスボーダーの電子商取引をどのように課税するのか（直接税あるいは間接税，所得源泉ルール等），今後の課題といえる。

また，2017年から2018年にかけて，仮想通貨により巨額の所得を得る者が出現し，法整備等（資金決済法等）が行われている。仮想通貨に関して，実践が先行したことから，税務の法令および取扱い等が遅れがちである。これも今後の課題である。

5　連携と競合（2000年代から2010年代）

(1) BEPSプロジェクト

BEPSは，「税源浸食と利益移転：Base Erosion and Profit Shifting」の略語で，多国籍に事業活動を展開する企業の多くが，所得の生じた国で租税を払わず，それを回避していることを意味する用語である。OECDは，2012年以降，このような事態に対処するために，次のような取組みを行ってきている。

2012年6月		第7回G20メキシコ・ロスカボス・サミット首脳会合宣言において，租税分野では，情報交換の強化，多国間執行共助条約署名への奨励とともに，多国籍企業による租税回避を防止する必要性が再確認され，OECD租税委員会は，BEPSプロジェクトを開始した。
2012年後半		英国等において，多国籍企業の租税回避問題が生じていることが報道された。
2013年2月		OECDは，BEPSに対する現状分析報告書として，「税源侵食と利益移転への対応」（Addressing Base Erosion and Profit Shifting）を公表した。
	6月	G8サミット（英・ロックアーン）でBEPSプロジェクト支持
	7月	OECDは，「BEPS行動計画」（Action Plan on Base Erosion and Profit Shifting）を公表した。
	9月	第8回G20ロシア・サンクトペテルブルクにおける首脳会合宣言において，BEPS行動計画が全面的に支持された。
2014年9月16日		BEPS行動計画に関する第一弾報告書 7つが公表された。
	11月	第9回G20オーストラリア・ブリスベンにおける首脳会合宣言は，「BEPS行動計画」の進捗を歓迎するとともに，非居住者金融口座情報の自動的情報交換を早期に開始することで一致した。
2015年2月		トルコ・イスタンブールで開催された20か国財務大臣・中央銀行総裁会議声明は，多国間税務執行共助条約の加盟国増加を促し，非居住者金融口座情報の自動的情報交換の法的手続の整備を行うことを提唱した。
	10月	2015BEPS最終報告書（FINAL REPORTS）が公表された。
	11月15日～16日	G20首脳会合（トルコ・アンタルヤ・サミット）においてBEPS行動計画の合意の実施および非居住者の金融口座に係る自動的情報交換の開始の重要性につき一致した。
2017年6月7日		日本は，BEPS行動計画15にある「BEPS防止のための租税条約関連措置の実施に係る多国間条約」に署名した。

　上記2013年7月に公表された「BEPS行動計画」の15項目は，次のとおりである。

	行 動 計 画
1	電子商取引への課税上の対処
2	ハイブリッド事業体の課税（ハイブリッド・ミスマッチの効果の無効化）
3	タックス・ヘイブン税制強化
4	利子等の損金算入による税源侵食の制限
5	有害な税実務に対する対応
6	租税条約の濫用防止
7	PE認定の人為的回避の防止
8	移転価格税制（無形資産の関連者間移転に関する整備）
9	移転価格税制（リスクの移転あるいは過度の資本の配分によるBEPS防止）
10	移転価格税制（第三者との間ではほとんど生じない取引等に係るルールの進展）
11	BEPSに係る資料収集と分析に関する方法の確立
12	タックス・プランニングに関する開示義務に関する勧告
13	移転価格文書化の再検討
14	相互協議の効率化としての仲裁等の活用
15	多国間協定の開発

　この一連の動きは、国際的租税回避に対する国際的協調という側面がある。この他に、税務行政執行共助条約の締結、タックスシェルターに対する国際的協調等の動向がある。

(2) 罰則強化

　2016年8月17日、英国のBBC等によれば、英国政府は、租税回避に対して助言等をした会計士、アドバイザー等に軽減された税額の最大100％の罰金を科すことを発表した。

　OECDによるBEPS行動計画に基づく国内法等への租税回避対策導入が、パナマ文書の公表により加速する現状において、焦点が、BEPSの内容から次第にBEPS後あるいは一般否認規定（General Anti-Abuse Rule：以下「GAAR」という。）導入後に移る局面となっている。

　このような状況下において上述のように、英国において租税回避への新たな制裁措置が公表されたのであるが、日本においても2017年度税制改正において、租税回避に助言等をした専門家に対して、その内容を課税当局に開示する「義

務的開示制度」導入が予測されたが見送られている。この「義務的開示制度」が導入され，タックス・プランニングが専門家から開示された場合，それを否認するためのGAARが必要といわれている。日本は，GAARを「義務的開示制度」と同時に導入するか否かは不透明であるが，英国では，「義務的開示制度」➡GAAR➡租税回避の制裁強化，という道筋をすでに経験しており，わが国も同様のプロセスを今後経験するのかという意味では，英国における動向は，決して他国のものとして等閑視できるものではない。

(3) 利害の対立

BEPSプロジェクト等による国際的協調と同時に，自国の利害を守るという観点から，英国は，2015年財政法により，多国籍企業の租税回避を防止することを目的として迂回利益税（Diverted Profits Tax：以下「DPT」という。）を導入し，2015年4月1日から税率25％をこの迂回利益に課している。

オーストラリアはこの英国のDPTの影響を受けて，多国籍企業租税回避防止法（The Multinational Anti-Avoidance Law）が，2015年5月に当初案として示され，2015年8月に罰則規定が加えられ，2015年9月16日に法案として議会に提出されて2015年12月11日に成立し，2016年1月以降所定のスキームに対して適用が開始されている。また，多国籍企業租税回避防止法でもカバーできない事態が想定されることから，その対策として，英国と同様のDPTが創設されている。

非永住者課税の創設

1 非永住者課税関連の基礎情報[1]

以下は，非永住者課税に関する基礎的な事項をまとめたものである。
① 1940（昭和15）年以降の所得税法の変遷
② 所得税法における納税義務者の居住形態
③ 納税義務者の課税所得の範囲
④ 非永住者規定の創設とその後の変遷
⑤ 非永住者の課税所得の範囲の変遷

本論が対象としている時期における所得税法の変遷は，次のとおりである。

1941（昭和15）年所得税法	昭和15年3月29日法律第24号
1947（昭和22）年所得税法	昭和22年3月31日法律第27号
1965（昭和40）年所得税法	昭和40年3月31日法律第33号

現行の所得税法における納税義務者の居住形態は，次のように区分されている（所法2①三，四，五）。

居住者	・居住者：国内に住所を有し，又は現在まで引き続いて1年以上居所を有する個人をいう。 ・非永住者：居住者のうち，日本の国籍を有しておらず，かつ，過去10年以内において国内に住所又は居所を有していた期間の合計が5年以下である個人をいう。
非居住者	居住者以外の個人をいう。

　この居住形態により，それぞれの者の課税所得の範囲が次のように異なることになる。

非永住者以外の居住者	全ての所得（全世界所得）
非永住者	第95条第1項（外国税額控除）に規定する国外源泉所得（国外にある有価証券の譲渡により生ずる所得として政令で定めるものを含む。以下この号において（国外源泉所得）という。）以外の所得及び国外源泉所得で国内において支払われ，又は国外から送金されたもの
非居住者	第164条第1項各号（非居住者に対する課税の方法）に掲げる非居住者の区分に応じそれぞれ同項各号及び同条第2項各号に定める国内源泉所得

　また，所得税法における非永住者規定は，1957（昭和32）年の税制改正で創設され，その後の変遷を経て現在に至っている。

1957（昭32）年改正（第2条第2項）	「居住者のうち，この法律の施行地に現に住所がなく過去1年以上5年以下の期間居所又は住所を有する者（以下本条において「非永住者」という）については，前項の規定にかかわらず，命令の定めるところにより，この法律の施行地に源泉のある所得及びその他の所得でこの法律の施行地において支払われ又はその施行地外から送金されたものに対し，所得税を課する」
1962（昭37）年改正	「居住者のうち，この法律の施行地に永住する意思がなく現在まで引き続いて過去5年以下の期間居所又は住所を有する者」
2006（平18）年改正	「居住者のうち，日本の国籍を有しておらず，かつ，過去10年以内において国内に住所又は居所を有していた期間の合計が5年以下である個人」

そして，非永住者の課税所得の範囲は次のように変遷している。

1957（昭32）年改正	国内源泉所得及びこれ以外の所得で国内において支払われ，又は国外から送金されたもの
2014（平26）年改正（課税所得の範囲）	第95条第1項（外国税額控除）に規定する国外源泉所得以外の所得及び国外源泉所得で国内において支払われ，又は国外から送金されたもの
2017（平29）年改正（課税所得の範囲）	第95条第1項（外国税額控除）に規定する国外源泉所得（国外にある有価証券の譲渡により生ずる所得として政令で定めるものを含む。以下この号において（国外源泉所得）という。）以外の所得及び国外源泉所得で国内において支払われ，又は国外から送金されたもの

2　非永住者課税の背景

(1)　概　要

　第2次世界大戦後，税制上特別に扱われたのは，外国人のうち，日本に居住していたアジア系の外国人を除いて，戦後新たに入国した者（以下「欧米外国人」という。）である。これらの者に対する税制が，いわゆる「外国人課税」といわれるもので，現在まで継続しているものである。

　1945年8月以降に進駐してきた連合国軍総司令部（GHQ）は1951年のサンフランシスコ平和条約発効までの期間において日本の行政に強い影響力を及ぼしたことからこの期間の分析が必要である。そして，日本政府に宛てた指令は，連合国最高司令官指令（Supreme Commander for the Allied Powers Index Number：略称SCAPIN）である。これらの期間における非永住者課税に関連する事項を年表にまとめたものが，次の表である。

1940（昭15）年	所得税法（昭和15年3月29日法律第24号）
1946（昭21）年	旧租税特別措置法（昭和21年法律第15号）4条及び5条の4「外国人に対する優遇措置」
1947（昭22）年	所得税法（昭和22年3月31日法律第27号）
1949（昭24）年 9月	シャウプ使節団来日（1949年5月10日〜1949年8月26日） 「日本税制報告書（Report on Japanese Taxation by the Shoup Mission）」巻1〜4（1949年8月27日） 第2次（1951年9月21日）
1950（昭25）年 5月2日	租税特別措置法の一部を改正する法律（法律136号）公布
	外資に関する法律（昭和25年5月10日法律第163号）
7月	居住外国人の非円貨所得に対する課税権復活〜昭和30年までの経過的措置
1951（昭26）年	サンフランシスコ平和条約署名（1951年9月8日），発効（1952年4月28日）
1954（昭29）年	日米租税条約署名
1957（昭32）年	1957年税制改正により「非永住者」創設
1962（昭37）年	所得税法の非居住者関連の国内源泉所得等の規定の整備
1965（昭40）年	所得税法（昭和40年3月31日法律第33号）

　このGHQ支配下にあった期間（1945年から1952年）にあった日本税制の出来事の1つは，1949年（昭和24年）に来日したシャウプ使節団による日本税制報告書（シャウプ勧告）である。本書では，関連する時期を次の3つに区分して検討することとした。

(第1期)	1945（昭21）年〜1950（昭25）年	外資導入等目的のため欧米外国人に対する課税の減免措置
(第2期)	1950（昭25）年〜1957（昭32）年	第1期の減免措置の適用延長等
(第3期)	1957（昭32）年以降	非永住者規定の変遷期

　この区分した3つの時期のうち，第1期と第2期は，非永住者規定の前段階の時期であるが，非永住者規定創設のルーツはこの時期になるものと思われることから，この時期についての分析が必要だが，最も現存資料が乏しいのがこの第1期である。

(2) シャウプ勧告と日本政府の反応

この資料の乏しい時期に関する著作としては,『昭和財政史－終戦から講話まで』(第8巻　租税(2), 176－177頁：以下「昭和財政史」という。)の記述がある。

シャウプ勧告(以下「勧告」という。)の主要な点は次の3点であり,外国人課税の問題の重要性を認めていない。

> (1)　日本に居住していない外国人の利子所得の源泉徴収税率は10％ぐらいになるであろう。
> (2)　(1)以外の外国人に対しても一般の所得税の税率をそのまま適用する。
> (3)　外国人の有する非円通貨所得に対して所得税を課税しない措置は,昭和25年1月1日をもって廃止する。

これに対して,日本政府は,外資および外国技術の適正な導入等を促進するために,これに関連する個人に対する所得税につき当分の間課税上の特例を設けるとともに,非円通貨所得に対し課税されることとなった場合における過渡的軽減措置を講ずるという反応を示したのである。

上記の3点の勧告と日本政府の反応は,まとめると次のとおりである。

> (1)はそのまま。
> (2)は,「改正法」に期限付きで所得税の特別控除を導入(①外資または外国技術導入のための特別控除,②外国文化導入のための特別控除)。
> (3)非円通貨所得に課税しない措置は,覚書(A/1, SCAPIN4938)により1950年7月1日をもって廃止されるので,これに伴い負担が急激に増加することを防ぐため経過措置を講ずる必要がある。

上記に引用した昭和財政史の記述では,勧告が外国人課税についてあまり関心を示しておらず問題の重要性を認めていないにもかかわらず,日本政府はこの問題を重視し,積極的に税制改正の中に取り上げた,とされている。その背景には,これらに関連する個人に所得税につき当分の間課税上の特例を設け,外貨導入を促進をしようとしたことがある。

(3) 第１期における動向の解明

この第１期に関する同時代の資料としては，安川七郎氏（当時国税庁調査課）による『外国人課税の諸問題』があり[2]，この問題を扱った論文には引用されているが，この安川論文は1951年公表であり，それ以前に1949年に忠佐市氏（当時大蔵省主税局監理第１課長）による「外国人に対する課税上の諸問題」があることが判明したこと[3]，および，前出の忠佐市氏が大蔵省主税局調査課長在任期間中（昭和24年６月から昭和26年５月）に関与し保存した文書（以下「忠氏保存文書」という。）の存在が判明したこと等から[4]，これらの新資料に基づいて，第１期から第２期における実相を再度分析することとする。

3　第１期における欧米外国人課税の動向

日本国籍を有しない個人は，国籍法上，外国人ということになるが，すでに述べたように，課税上問題となるのは，終戦後新規に来日した欧米外国人であり，在日のアジア系外国人は，検討対象外である。

この期間における外国人の入国は次のように規制されていた。

1947（昭22）年５月２日	勅令第207号外国人登録令第３条第１項「外国人は，当分の間，本邦に入ることはできない」，例外的に，連合国最高司令官の承認によりわが国に入国が認められる。

しかし，実際には，多くの欧米外国人が来日して日本において活動していたのである。このような事態に対するGHQの覚書には次のようなものがある。

1946（昭21）年７月25日 (SCAPIN1826A)	外国人に対する課税（最高司令部の覚書） ①　外国人に対して日本国の課税上，不利益な取扱をしてはならない。 ②　占領軍に所属する軍人及び軍属，信任状を与えられた外国派遣の外交官の公的給与に対しては，日本国政府は課税することができない。

1947（昭22）年11月29日（SCAPIN4938A）	③ 財産税は連合国人の所有する日本国内外の財産については，日本政府によって課税されるべきではない。
	・日本国政府は連合国人及びその財産に対しては，戦争の結果，日本国政府に帰せられる賠償又はその他の費用に充てることを目的とする租税を課することを認められていない。
	・1946（昭和21）年7月25日（SCAPIN1826A）の廃止 ・GHQに所属する軍人及び軍属，信任状を与えられた外国派遣の外交官及び外交団員，委員並びに連合国軍最高司令部に所属する関係者の公的給与に対しては，日本国政府は課税することができない。 ・円以外の通貨による合法的に取引される事業は，GHQに直轄する事業と考えられるので，これらの取引から生ずる所得についても日本国政府は課税できない。

　ここにおける上記のGHQ覚書のポイントは，現行の国際税務のルールと照らしても，非円貨所得の免税が最も特徴的である。上記の枠内の説明は，占領下にあった日本における課税高権の適用がGHQの覚書で規制された例である。日本の第2次世界大戦後の国際税務の歴史はここから始まったと言っても過言ではない。これは，見方を変えれば，戦勝国側の特権の行使ということであろう。

4　第2期における欧米外国人課税の動向

(1)　GHQ覚書（SCAPIN4938A）適用の時期

　第1期の特徴であった，非円貨所得の免税は，勧告を受けて1950（昭和25）年6月末をもって廃止となり，同年7月1日以降，戦勝国側の特権というべき治外法権的な事項が消滅したのである。
　結果として，上記の特権が一時に消滅することなく経過措置的な形で存続するのであるが，GHQの覚書の効力がなくなれば，当時適用となっていた所得税法は1947（昭和22）年改正法であり，そこにおける所得税の納税義務者の区

分（所法①）は，次のとおりであった。

当時の所得税法では，居住者，非居住者という用語が使用されておらず，1947（昭和22）年所得税法における規定は，次のとおりである。

無制限納税義務者	この法律の施行地に住所を有し又は1年以上の居所を有する個人は，この法律により，所得税を納める義務がある（所法①一）。
制限納税義務者	前項の規定に該当しない個人は，左に掲げる場合においては，この法律により，所得税を納める義務がある（所法①二）。

この上記の規定は，1947（昭和22）年所得税法の前の1940（昭和15）年所得税法第1条（無制限納税義務者），同第2条（制限納税義務者）と同様の規定である。また，上記の制限納税義務者の規定にある「左に掲げる場合」は，国内源泉所得（当時はこの用語は使用されていない）に係る規定である。

(2) 1950（昭25）年租税特別措置法改正前における忠氏保存文書関連事項

イ 忠氏保存文書関連事項の概要

前述したとおり1950（昭和25）年7月1日以降，非円貨所得の免税という欧米外国人に認められた課税上の特権が消滅することになったことに伴い，どのような動きがあったのかを知るには，以下のような文書がある[5]。

1949（昭24）年10月5日	（在日米国商工会議所）外国人の課税に対する一考察
1950（昭25）年3月15日	外資及び外国人に対する課税の特例に関する要綱（主税局税制課）
4月19日	租税特別措置法関係衆議院大蔵委員会議事録抄
7月13日	在日米国商業会議所副会長　宛大蔵省財務官　渡辺武・外人課税に関する質問（英文添付）
7月15日	（主税局）外資導入等の促進のための所得税上の特例について
7月19日	（主税局）外国人の給与所得又は退職所得に対する所得税の課税について
7月21日	宛大蔵省財務官　渡辺武　英文レター

7月27日	（主税局）給与の支払地について ・外人課税について ・所得税法における住所及び居所について（昭和2年主秘第1号通達より）（英文添付）

　以上は，米国側からの問合せ，それに対応する主税局の動向が垣間見える文書である。特に注目すべきは，1950（昭和25）年3月15日の「要綱」と同年7月15日の「所得税上の特例」，同年7月19日の最終案である。そこでは外国人の課税の特例を認めるに際して外資導入を大義名分としている[6]。この一連の動きは，次の法律に反映することになる。

租税特別措置法（昭和25年法律第136号）第3条以降の所得税の特例

□　要綱の概要

　1950（昭和25）年3月15日の要綱では，次のような点が課税上の特例となっている。

① 　制限納税義務者が外貨により取得した日本の公債及び日本法人発行の社債に対する源泉徴収は20％の税率を10％にする。
② 　外貨又は外国技術の導入を必要とする事業（発電業等）を営む外資法人等に勤務する外国人たる役員又は技師長等の1950（昭和25）年から1955（昭和30）年までの給与所得及び退職所得に対する所得税の特例
　　a ）収入金額から10分の5に相当する金額（最高350万円）を控除すること。
　　b ）外資導入等を必要とする事業の範囲は大蔵大臣が外資委員会に協議して定めてこれを公表する。
　　c ）外資法人の要件は，外国からの投資額が一定金額（概ね1億円程度）以上の内国法人又は外国法人
③ 　外資法人の事業活動を容易にし，かつ，外資の導入を促進する自由職業を営む外国人又はこれらの自由職業を営む外国法人に勤務する外国人たる役員等に対する昭和25年から昭和30年までの給与所得及び退職所得に対する所得税の特例（②a，bと同じ）

④ 日本に住所を有しない者の1950（昭和25）年から1955（昭和30）年までの給与所得及び退職所得に対する所得税の特例
　a）原則として，日本において支払われた給与所得又は退職所得の収入金額に限り課税すること。
　b）但し
　　A）その者が外国から送金を受けているときは，外国で支払いを受けた給与所得の収入金額に達するまでは，日本において支払われた給与所得の収入に算入すること。
　　B）その者の日本における通常の生活費がa）及びb）の合計額を超えるときは，その超える金額に達するまで外国において支払われた給与所得の収入金額に対し課税すること。
⑤ 1949（昭和24）年分の所得に非円貨所得を有していた者の1950（昭和25）年分の所得税に対する臨時特例（1950年分は半額課税）

八　最終案（1950年7月19日）

最終案の概要は次のとおりである。なお，サンフランシスコ平和条約は署名が1951（昭和26）年9月であることから，この時期，日本はまだ占領下ということになる。

① 占領軍の軍人，軍属等の公的俸給に対しては，所得税を課さない。
② 日本に1年未満の居所を有する場合：日本において支払を受ける給与所得等のみ課税するが，20％の源泉分離課税である。
③ 日本に住所又は1年以上居所を有する場合：
　a）日本に住所を有する場合は無制限納税義務者として給与所得等の全額に課税する。
　b）日本に1年以上居所を有するが住所を有しない場合
　　A）日本払いの給与所得等の収入金額をその者の給与所得等の収入金額とし，その5割を控除して課税する。
　　B）その者が外国で支払を受けた給与所得の収入金額のうち，日本に送金を受けた金額又は日本におけるその者の通常の生活費が日本における支払による給与所得等を超える金額に相当する金額は，日本に

おいて支払われた給与所得の収入金額とみなされる。
④　その他，年の途中で住所又は居所を有する場合の課税見解，公的俸給の意義，住所の判定基準，日本払いの給与所得等の収入金額であるか否かの判定，送金による給与所得等の収入金額

(3)　1950（昭25）年租税特別措置法改正

租税特別措置法の概要は，次のとおりである。
①　外資導入の誘因措置：半額課税方式（1952年から1955年までの時限措置）
②　送金額課税方式の採用
③　非円通貨所得：1950年および1951年分の所得税は，半額課税方式。

(4)　1950（昭25）年段階の欧米外国人課税

1947（昭和22）年所得税法と1940（昭和15）年所得税法における制限納税義務者の規定には，その課税となる所得（この時点では国内源泉所得という名称は付されていない）が列挙されている（昭和22年法第1条第2項）。このうち，課税対象となる給与所得に係る条文と，現行法である2018年法との比較は，次のとおりである。

1947年法	この法律の施行地においてなした勤務又は役務の提供に因り俸給，給与，賃金，歳費，年金，恩給，賞与，退職給与若しくはこれらの性格を有する給与（中略）又は役務の報酬の支払いを受けるとき
2018年法（所法161①十二イ）	俸給，給料，賃金，歳費，賞与又はこれらの性質を有する給与その他人的役務の提供に対する報酬のうち，国内において行う勤務その他の人的役務の提供（内国法人の役員として国外において行う勤務その他の政令で定める人的役務の提供を含む。）に基因するもの

この両者の違いは，1947年法が給与の支払地に判定基準を置いているのに対して，現行法は，役務提供地が判定基準である。これについて，忠氏保存文書には，次の2点がある。

| 1950年7月27日 | （主税局）
・給与の支払地の解釈について（以下「解釈」という。）
・外人課税について（以下「外人課税」という。） |

◆「解釈」における説明

「解釈」の説明のための事例は，次のとおりである。

> **（設例）** ニューヨーク本店，東京支店である法人の支店に勤務する者について，支店勤務に対する給与等が次のような形態で支払われる場合，その支払地は次のとおりとする。

(イ) 東京が支払地となる場合

① 支店においてその売上金等による資金のうちから，日本にいる本人にその給与の金額を支払う場合
② 支店においてその売上金等による資金のうちから，日本にいる本人にその給与の1部を支払い，その残額を外国にいる家族等に直接送金する場合
③ 本店が支店勤務者の給与の支払資金として，受給者ごとに給与の金額を定めないで一括して送金してきたものを支店において受給者ごとに支払う場合
④ 本店が支店勤務者に対する給与の支払資金として，受給者ごとに給与の金額を具体的に算定して送金してきたものを，支店においてそのまま支払う場合等

(ロ) ニューヨークが支払地になる場合

① 本店が支店勤務者に対する給与の額を各人別に受給者の日本における預金口座に直接振り込む場合又は受給者本人に直接送金する場合
② 本店が支店勤務者に対する給与の額を各人別に受給者の本国における預金口座に直接振り込む場合又は本国にいる受給者の家族に直接支払う場合

(ハ) 本国と日本に分かれる場合

本店が支店勤務者の基本給を本国にいる受給者の家族等に直接支払い，在外手当等は受給者本人に支払う場合，基本給はニューヨーク，在外手当等は日本支払となる。

(ニ) 外人課税に見る現行法との相違点

例えば，米国本店，日本支店で支店勤務の外国人の給与が，米国本店が当該外国人の米国にある銀行に振り込む場合，外人課税の判断は課税除外である。しかし，現行法では，勤務しているのが日本支店であることから，この本店払いの給与のうち，日本の勤務に対応する部分は国内源泉所得として課税となる。

5　1956（昭31）年臨時税制調査会答申

本書における時代区分では，1950（昭和25）年から1957（昭和32）年の間は第2期として，第1期の減免措置の適用延長等の期間である。

その適用延長の終了期限に近づいた1956（昭和31）年12月に臨時税制調査会が「臨時税制調査会答申」を出し，「居住外国人に対する課税」を答申した。この答申が第3期（非永住者規定の変遷期）の入り口となるのである[7]。

(1)　1950（昭25）年7月から1955（昭30）年までの経過的措置（翌年以降は不適用）

送金額課税方式	所得のうち日本国内で支払われた分と，支払は国外でなされたが日本国内に送金された分のみを課税対象とする方式であって，居住外国人の給与所得に適用された。
半額課税方式	日本経済の再建に資する特定の産業の従業員，特定の自由職業者，教員，牧師等の給与所得又は事業所得の課税上，350万円を限度として，その半額を控除する方式である。

(2) 日本経済の再建に資する特定の産業の従業員，文化団体の職員等の給与所得（1956年から1960年までの間）

1955（昭和30）年12月の臨時税制調査会中間答申を受けて，1957（昭和32）年以降，さらに5年間の経過的な軽減措置を講じることになった。

> **送金額課税方式**：1957（昭和32）年は給与の6割に満たないときは6割，以後毎年この割合を引き上げて7割，8割，9割として1961（昭和36）年には一般居住者と同様の課税とする。

(3) 問題の所在

居住者のうち，生活の本拠が外国になり，一定の滞在期間後に本国に帰国することが予定されているような者については，一般の日本居住者と同様の課税をするのは無理ではないかという意見があり，わが国入国前に本国で得た資産に係る資産所得は，一般居住者の外国源泉所得とはその性格を異にし，所得税課税の根拠ははるかに薄いということで，国外に源泉のある所得を課税対象外に置くことが適当という意見もあった。

(4) 答申の結論

本答申の結論は，まとめると次のとおりである。

> ① 外国に生活の本拠を有する居住者は，その居住期間があまり長期とならない限り，これを居住外国人として一般の居住者と区別する。
> ② 居住外国人の所得のうち，国内に源泉のある所得と，国外に源泉のある所得のうち国内で支払われ，又は国外で支払われたが国内に送金された部分の金額について，所得税を課税する。
> ③ 居住外国人の課税所得については，所得税の通常の控除及び累進税率を適用する。これらの措置は，従来の経過措置と異なり，恒久的措置とすべきである。

(5) 1956（昭31）年答申の趣旨

　前出の1950（昭和25）年の減免措置の適用延長等の主たる理由は，外資導入に必要な人材に対して課税上の減免措置を講じるというものであった。1950年は日本経済が朝鮮戦争の特需景気となった時代であり，日本は，1951（昭和26）年のサンフランシスコ平和条約により占領状態を脱した時期である。それから5年後の1956（昭和31）年は，日本復興が終了したことを示す「もはや戦後ではない」という経済白書の副題からもうかがえるように，従前の外国に依存する経済状態ではない，新たな時代を迎えたのである。

　そして，日本経済の再建に資する特定の産業の従業員，文化団体の職員等の給与所得については，5年間の軽減措置を講じるとともに，生活の本拠が外国になり，一定の滞在期間後に本国に帰国することが予定されているような者に対して，特段の事情があるということで，一般居住者よりも課税を軽減する措置を採用することになったのである。

6　大蔵委員会会議録第6号（1957年2月21日（参議院））

　1957（昭和32）年の税制改正において，非永住者という概念が創設されたのである。この改正の理由については，当時の大蔵省主税局税制第一課長・塩崎潤氏が国会でその改正趣旨を説明している。

(1) 1957（昭32）年改正前の納税義務者

居住者	住所又は1年以上居所を有する居住者：所得のすべてに課税
非居住者	居住者以外の者：所得税法第1条第2項に列記の所得（いわゆる国内源泉所得）について制限的な納税義務がある。なお，塩崎氏は国内源泉所得，国外源泉所得という用語を説明で使用している。

(2) 塩崎氏の説明

　日本に永住する意思がなく来日した外国人について，住所または1年以上居所を有する場合，外国にある資産から生じる所得についても課税になるということは，外国の例をみても，税務行政の実際についても所得の全部を課税することはしていない。これは外国の例または実情に即したことになる。以下は，塩崎氏の議会の発言の要旨である。

日本に住所のある者	日本に永住する意思があり，生活の本拠を日本に移した者
非永住者	・居住者のうち，この法律の施行地に現に住所がなく過去1年以上5年以下の期間居所又は住所を有する者 ・住所が日本国内にあったが，妻子を本国に帰し生活の本拠をそちらに移し，日本ではやもめ暮らしをしているような者

　この上記の説明にある1957（昭和32）年改正の条文は，次のとおりである。

1957（昭32）年改正 （第2条第2項）	「居住者のうち，この法律の施行地に現に住所がなく過去1年以上5年以下の期間居所又は住所を有する者（以下本条において「非永住者」という。）については，前項の規定にかかわらず，命令の定めるところにより，この法律の施行地に源泉のある所得及びその他の所得でこの法律の施行地において支払われ又はその施行地外から送金されたものに対し，所得税を課する」

7　1962（昭37）年の改正

　1962（昭和37）年に非永住者の規定の改正が以下のように行われ，2006（平成18）年度まで継続したのである。

> **非永住者規定の改正**（1957年創設，1962年度改正）
> 　「居住者のうち，国内に永住する意思がなく，かつ，現在まで引き続いて5年以下の期間国内に住所または居所を有する個人をいう。」

この永住の意思の推定に関しては，1962年政令は次のように規定している（所規1の10：昭和37年政令第94号追加）。

> 法施行地に居住することとなった個人が左の各号の一に該当する場合には，当該個人は，法施行地に永住する意思がないものと推定する。
> (1) 当該個人が日本国籍を有せず，かつ，法施行地に永住する許可を受けていないこと。
> (2) 当該個人が日本国の国籍のほか外国の国籍を有し，かつ，その納税地の所轄税務署長に対し，法施行地に永住する意思がない旨を表明したこと。

この規定は，1990（平成2）年に次のように改正されている（所令16：平成2年政令第46号改正）。

> 国内に居住することとなった個人が次の各号のいずれかに該当する場合には，その者は，国内に永住する意思がないものと推定する。
> (1) その者が日本国籍を有しないこと。
> (2) その者が日本国の国籍のほか外国の国籍を有し，かつ，その納税地の所轄税務署長に対し，国内に永住する意思がない旨を表明したこと。

なお，この永住の意思に関しては，当時の「居住形態等に関する申告書」にそれを確認するチェック・ザ・ボックスがあったのである。

8　2006（平18）年度改正

2006（平成18）年度に非永住者の定義は改正されている。このような改正に至った理由として，政府税調の資料（2005年11月8日，基礎小44-2）において，次のような非永住者制度の不適切な適用事例を挙げている。

① 外資系企業に就職したA氏（日本国籍）は，国外で数年間勤務した後，日本企業に転職し，日本の自宅から通勤しているが，永住の意思がないとして非永住者制度の適用を受けている。

② 外資系金融機関の日本支店に勤めるB氏は，1997年に来日した後，2001

年まで非永住者として申告した。2002年の途中にいったん米国に帰国した後、2003年に再度来日し、2003年から改めて非永住者の適用を受け始めている。

　この政府税調資料にある事例は、いずれも非永住者の定義等の適用に問題があると思われるものである。上記①は、非永住者の定義にあった「居住者のうち、国内に永住する意思がなく」という箇所を強調したもので、一般には日本国籍のある者であること等を理由として、日本に永住する意思の推定規定（所令16：2006年度改正により廃止）の規定等に基づいて、帰国後永住者として扱われることになるのが通常である。

　上記②は、非永住者の定義のうち「現在まで引き続いて5年以下の期間国内に住所または居所を有する個人をいう。」という期間による判定を回避した事例である。そのため、1997年から2001年までの4年間経過後に一度外国に出ることにより期間の計算が中断して、再来日によりこの期間計算が洗い替えて、2003（平成15）年の再来日からリフレッシュ・スタートして永住者となる5年超の期間の適用を避けている。以上の結果、非永住者規定は次のように改正された。

| 2006（平18）年改正 | 「居住者のうち、日本の国籍を有しておらず、かつ、過去10年以内において国内に住所又は住所を有していた期間の合計が5年以下である個人」 |

　この改正により、旧法にあった「国内に永住する意思」は問われないことになったことから、国外源泉の損失を有する者が、永住する意思を示してその損失を通算することもできなくなった。

9　住所、居所、住所が国内にある推定等

　個人の居住形態に係る規定は、居住者とは、①国内に住所を有し、または②現在まで引き続いて1年以上居所を有する個人、である。

　この場合、住所は、民法からの借用概念であり、「各人の生活の本拠」を意味し、居所は、「生活の本拠ではないが、多少の期間継続して現実に居住する

場所」という理解である。

(1) 国内に住所を有する者と推定する場合（所令14）

> 国内に居住することとなった個人が次の各号のいずれかに該当する場合には，その者は，国内に住所を有する者と推定する。
> 一 その者が国内において，継続して1年以上居住することを通常必要とする職業を有すること。
> 二 その者が日本の国籍を有し，かつ，その者が国内において生計を一にする配偶者その他の親族を有することその他国内におけるその者の職業及び資産の有無等の状況に照らし，その者が国内において継続して1年以上居住するものと推測するに足りる事実があること。
> 2 前項の規定により国内に住所を有する者と推定される個人と生計を一にする配偶者その他その者の扶養する親族が国内に居住する場合には，これらの者も国内に住所を有する者と推定する。

(2) 国内に住所を有しない者と推定する場合（所令15）

> 国外に居住することとなった個人が次の各号のいずれかに該当する場合には，その者は，国内に住所を有しない者と推定する。
> 一 その者が国外において，継続して1年以上居住することを通常必要とする職業を有すること。
> 二 その者が外国の国籍を有し又は外国の法令によりその外国に永住する許可を受けており，かつ，その者が国内において生計を一にする配偶者その他の親族を有しないことその他国内におけるその者の職業及び資産の有無等の状況に照らし，その者が再び国内に帰り，主として国内に居住するものと推測するに足りる事実がないこと。
> 2 前項の規定により国内に住所を有しない者と推定される個人と生計を一にする配偶者その他その者の扶養する親族が国外に居住する場合には，これらの者も国内に住所を有しない者と推定する。

(3) 国内払いの意義

非永住者の課税所得の範囲に規定する，「国内において支払われたもの」の意義として，所得税基本通達7－3では，次のように規定している。

> ① その非永住者の国外にある営業所等と国外の顧客との間に行われた商取引の対価で、為替等によりその非永住者の国内にある営業所等に直接送付され、若しくは当該国内にある営業所等に係る債権と相殺され、又は当該国内にある営業所等の預金口座に直接振り込まれたもの
> ② その非永住者の国外にある不動産等の貸付けによる賃貸料で、為替等によりその非永住者に直接送付され、又はその非永住者の国内にある預金口座に直接振り込まれたもの

(4) 国外からの送金の意義

非永住者の課税所得の範囲にある、「国外から送金されたもの」（改正後「送金の範囲」）については、所得税基本通達旧7－5（現行7－6）は、次のように規定している。

> 法第7条第1項第2号に規定する送金には、国内への通貨の持込み又は小切手、為替手形、郵便為替、信用状その他の支払手段による通常の送金のほか、(1)貴金属、公社債券、株券その他の物を国内に携行し又は送付する行為で、通常の送金に代えて行われたと認められるもの、(2)国内において借入れし又は立替払を受け、国外にある自己の預金等により債務を弁済することとするなどの行為で、通常送金に代えて行われたと認められるもの、が含まれる。

10 非永住者課税の技術的な問題点

(1) 課税の空白を生み出す可能性

現行の非永住者の課税所得の範囲は、次のとおりである。

平成29年（2017年）改正（課税所得の範囲）	第95条第1項（外国税額控除）に規定する国外源泉所得（国外にある有価証券の譲渡により生ずる所得として政令で定めるものを含む。以下この号において（国外源泉所得）という。）以外の所得及び国外源泉所得で国内において支払われ、又は国外から送金されたもの

この規定には，次のような課税の空白を作る可能性がある。

> **（例）** 米国市民は国外に居住していても，米国において全世界所得の申告が義務付けられていることから，この例とはならないが，それ以外の国の外国人社員Aの給与が本国で支払われている場合で，Aは日本と租税条約を締結している国に年の3分の1の日数出張している[8]。

この場合の課税のポイントを整理すると，次のようになる。
① 国外払いの給与所得は日本において源泉徴収の対象とならない。
② 国内源泉所得は，日本における勤務期間に対応すること（日数按分による計算）になるので，例えば，年の3分の1を日本以外の国の関連子会社等への出張等をする場合，この3分の1の期間に対応する給与所得は国外源泉所得となり，日本への送金がない限り，日本においての課税は生じないことになる。
③ この外国人社員が国外で勤務した国と日本との間に租税条約が締結されているとする。租税条約の給与所得条項には，短期滞在者免税という規定があり，一般的に，12か月の期間で183日を超えない期間の滞在であれば，その国において課税が免除されることになる。したがって，この外国人社員の本国で給与所得に対する課税がない場合，この外国人社員は日本における居住形態が非永住者であることから，国外源泉所得について課税がなく，また，役務を提供した出張先の国でも，租税条約による短期滞在者免税により課税がないという事態が生じることになる。

(2) 非永住者の課税所得の範囲

非永住者の課税所得の範囲は，次のように区分される。
① 国内源泉所得で国内払い
② 国内源泉所得で国外払い
③ 国外源泉所得で国内払い
④ 国外源泉所得で国外払い（国内に送金されたとみなされる部分）
⑤ 国外源泉所得で国外払い（国内に送金されたとみなされない部分）
上記のうち，①から④までが非永住者の課税所得の範囲ということになる。

また，国外から送金があった場合，上記②，④，⑤の順序で国外からの送金があったものとみなされる（所令17）。

　例えば，外国人社員（非永住者）の給与所得の課税を例にすると，日本子会社に勤務する外国人社員で全額円払い（国内払い）で給与が支払われている場合で，年に何回か海外出張すると仮定する。この場合は，国外で勤務した日数に対応する部分の金額は国外源泉所得になることから，上記の分類では，国内勤務に対応する金額としての①と，出張部分に対応する部分の金額としての③が生じることになり，結果として，国内払い分全額が日本で課税となる。

　上記の所得税法施行令の第17条第4項第1号の規定（非永住者の国外源泉所得のうち課税される部分の金額の範囲等）は，次のとおりである。

> 　非永住者が各年において国外から送金を受領した場合には，その金額の範囲内でその非永住者のその年における国外源泉所得に係る所得で国外の支払に係るものについて送金があつたものとみなす。ただし，その非永住者がその年における国外源泉所得以外の所得（以下この条において「非国外源泉所得」という。）に係る所得で国外の支払に係るものを有する場合は，まずその非国外源泉所得に係る所得について送金があつたものとみなし，なお残余があるときに当該残余の金額の範囲内で国外源泉所得に係る所得について送金があつたものとみなす。

　そして次に送金額について所得区分が行われることになる（所令17④二）。要するに，非永住者の送金課税等については，上記のように詳細な規定がある。

11　非永住者課税の現行における評価

(1)　非永住者課税撤廃論

　非永住者課税については，このような改正が行われた理由について，小松芳明教授は[9]，この制度を導入した趣旨の基底には，戦後非円通貨（ドル）所得非課税の時代から，所得の半額課税，さらに送金額課税へと推移した外国人課

税の経緯からみて、税負担の激変を緩和するとともに、やはり無用のトラブルを避けようとする配慮があった、として撤廃論を主張している。しかし、この主張に対して改正等の動きはなかった。そして、2014（平成26）年度の税制改正において、「総合主義から帰属主義へ」ということで国際税務における抜本的な見直しが行われた際にも、非永住者に関する、なんらのアクションもなかったのである。

(2) 2017（平29）年度改正

2017（平成29）年度税制改正において、国外から優秀な人材を確保する観点から「高度外国人材」に関する改正が行われた。この「高度外国人材」確保の要請は、少子高齢化あるいは経済のグローバル化が進展する中で、経済成長をするためには、国内の人材ばかりではなく、外国から高度の能力を有し、多彩な価値観、経験、ノウハウ、技術を有する個人を日本の企業等に就労させることが重要という国家戦略である。

イ　高度外国人材の範囲

高度外国人材は、現行の就労可能な在留資格である専門的・技術的分野の在留資格を有する外国人労働者ということになる。また、2017（平成29）年度税制改正大綱における記述では、「出入国管理及び難民認定法別表第一の在留資格」を有する者としていることから、同法に定める在留資格に該当するのは、就労が可能な在留資格のうち、教授、芸術、宗教、報道、経営・管理、法律・会計業務、医療、研究、教育、技術・人文知識・国際業務、投資・経営、企業内転勤、技能ということになる。

ロ　非永住者課税の見直し

金融庁は、税制改正要望事項として、「非永住者の課税所得の範囲の見直し」を掲げている。この要望を行った目的は、東京の国際金融センターとしての地位向上と、高度外国人材が日本で働きやすい環境を整備することであった。

具体的には、所得税法第7条の非永住者の課税所得の範囲の問題である。

所得税法第7条第2号に規定のある非永住者の課税所得の範囲は、次のよう

になっていた。

> 「第95条第1項（外国税額控除）に規定する国外源泉所得以外の所得及び国外源泉所得で国内において支払われ，又は国外から送金されたもの」

　この規定は，2014（平成26）年度の税制改正により改正されたもので，2017（平成29）年分より適用となっている。金融庁の主張では，2014年度の改正は，非永住者の課税所得の範囲を変更する趣旨ではなかったが，例えば，ニューヨーク証券取引所で行われる株式の譲渡のように，国外の取引所金融市場等で行われる有価証券等の譲渡等に係る所得といった「国外源泉所得」として積極的に定義されていない所得について，課税所得の範囲が拡大しているという理解であり，この課税所得の範囲の拡大が高度外国人材の呼び込みの阻害要因となっていることから，見直しを行うことが必要という主張であり，これを受けて，高度外国人材に対する非永住者課税の見直しが行われ，非永住者の課税所得の範囲から所得税法に規定する有価証券で，過去10年以内において非永住者であった期間内の取得（2017年4月1日以後の取得したものに限る）で所定の譲渡により生ずる所得が除かれることになった。

(3) 非永住者課税の再評価

　PwCあらた監査法人が2016（平成28）年2月に公表した「欧米アジアの外国企業の対日投資関心度調査報告書」によれば，アジア地区のビジネス拠点として最も魅力ある国等の調査では，日本，中国，シンガポール，香港，インド，タイ，韓国の比較で，従前は日本が1位の拠点であったものが，平成20年代前半は，すべての分類で中国が1位となり，その後，日本，シンガポール，インド等の評価が上昇して，現在は中国の相対的評価が下落している。

　前出の「高度外国人材」の戦略は，このような日本経済の地位低下への対策の一環であり，来日する外国人に対して課税を軽減する非永住者制度が存置していたことが，上記の戦略とマッチする結果となったのである。第2次世界大戦後に，外資導入等の戦略から欧米外国人の課税の特例を設けたことが，近年の日本経済の競争力の相対的低下防止のために，再度特例を設ける結果となっ

たといえよう。

◆注
1 非永住者に関する著書および論文等には次のようなものがある。
　① 井上一郎『戦後租税行政史考』霞出版社，2000年。
　② 木村直人「居住者・非居住者の課税上の問題点」『税大ジャーナル』第7号，2008年。
　③ 財務綜合政策研究所『昭和財政史－終戦から講話まで』第8巻，租税(2)，1977年。
　④ シャウプ勧告『日本税制報告書（Report on Japanese Taxation by the Shoup Mission)』巻1～4，1949年9月。
　⑤ 忠佐市「外国人に対する課税上の諸問題」『財政經濟弘報』第120号，1949年4月18日。
　⑥ 増井良啓『非永住者制度の存在意義』『ジュリスト』1998年2月15日号。
　⑦ 安川七郎「外国人課税の諸問題」『財政』1951年11月号，同年12月号。
　⑧ 大蔵財務協会『昭和税制の回顧と展望』（上・下巻），1979年。
　⑨ 国税庁調査査察部調査課外国人係『外国人課税関係参考資料集』1950年9月。
2 安川七郎，同上。
3 忠佐市，前掲論文。
4 忠佐市氏は退官後日本大学商学部教授となり，日本大学退職時に忠先生の弟子筋となる井上久彌日本大学教授に保存していた官庁勤務中の資料を引き継いだ。後日，井上教授は，後任となった筆者（矢内）に忠氏保存文書を引き継いだのである。
5 忠佐市，前掲論文，5頁。
6 「外資に関する法律」（昭和25年5月10日，法律第163号）が成立している。
7 1954年に日米原租税条約が署名された影響で，1954年に，従来所得税法において使用されていた「無制限納税義務者」「制限納税義務者」が「居住者」と「非居住者」に改正されたのである。なお，安川七郎，前掲論文，11月号，28頁において「租税特別措置法は非永住者について経過的に租税負担の軽減を図っているのである。」という記述があり，非永住者という用語が1951年段階で使用されている。
8 2001年4月4日毎日新聞夕刊に，「非永住者の課税に難－戦後の制度今もズルズル」という記事があり，東京国税局の調査では米国系証券会社では，6人が日本子会社に出向し，給与総額3億6,900万円の28％に当たる約1億200万円について，東南アジアなどに出張していたため課税できなかったとされている。
9 小松芳明「非永住者制度の撤廃」『国際課税のあり方』所収，有斐閣，1988年。

第4章

日本の租税条約の展開

1 なぜ日米原租税条約を対象とするのか

　小松芳明氏（当時：大蔵省主税局国際租税課課長補佐）は1971（昭和46）年改正署名の日米第2次租税条約の説明において、日米原租税条約について次のように述べている[1]。

> 　現行の日米租税条約（原租税条約：筆者注）は、わが国が締結した最初の租税条約で、それはわが国がまだ占領下に置かれていた昭和29年に結ばれたものでございます[2]。西欧諸国と違いましてわが国は、それまで租税条約交渉について経験というものが全くなかった。したがって、当時は右も左もわからないという事情のもとで条約交渉に臨んだわけであります。そういう次第ですから、一から十までアメリカに教えられて租税条約を結んだということができます。（以下略）

　しかし、鈴木源吾財務参事官[3]が第2回目の条約交渉（1952年10月）に臨む段階での租税条約に関する理解について、前章で参考にした「忠氏保存文書」[4]には当時の大蔵省が租税条約に関して資料収集と分析をしていた文書が以下のように存在する。

		国際二重課税防止について ・1927年国際連盟における二重課税防止協定案 ・米国と英国，仏国等との租税協定 ・1927年国際連盟における二重課税防止協約案
1950（昭25）年3月20日		米国とカナダ，フランス，スウェーデン，英国との間の所得の二重課税防止に関する協約事項の分析（以下「忠氏条約文書1」とする。）
	10月18日	国際二重課税防止等についての問題点（以下「忠氏条約文書2」とする。）
	10月24日	（主税局調査課）米国と諸外国との租税協定（以下「忠氏条約文書3」とする。）
	10月	（主税局調査課）米国租税協定計画
1951（昭26）年4月2日		（主税局）国際二重課税防止等に関する協定についての問題点

　また，日米原租税条約署名の前年には，日本は外国税額控除制度を創設している。さらに，1954（昭和29）年に日米原租税条約に署名された影響で，従来所得税法において使用されていた「無制限納税義務者」「制限納税義務者」が「居住者」と「非居住者」に改正されたのである。以上のことを踏まえて，本書における検討のポイントとして次の点が挙げられる。

① 日米原租税条約（相続・贈与税租税条約は除く。）の条文構成と概要
② 日米原租税条約締結当時の米国の租税条約の現況
③ 日米原租税条約が締結された1954（昭和29）年当時の日本の租税条約に関する理解の程度
④ 日米原租税条約が日本の国際税務発展にどのような影響を及ぼしたのか。後発の対スウェーデン租税条約との比較
⑤ 日米原租税条約が昭和30年代に日本が締結した租税条約にどのような影響を及ぼしたのか。
⑥ 昭和30年代後半はOECDモデル租税条約草案が制定されているが，日本への影響はあったのか[5]。

2　日米原租税条約関連事項年表

日米原租税条約に関連する事項を年表にまとめたものが，次のとおりである。

1951（昭26）年	サンフランシスコ平和条約署名（1951年9月8日），発効（1952年4月28日）
12月	日米租税条約第1回専門家会議：ワシントン
1952（昭27）年10月	10月1日から10月31日（日米租税条約第2回会議：ワシントン）（日本側：鈴木源吾（大蔵省財務参事官）・志場事務官）所得税租税条約と相続税租税条約の草案作成
1953（昭28）年	外国税額控除の創設（控除限度額は国別控除方式，直接控除のみ）
	日米友好通商航海条約4月2日調印，同年10月30日発効
1954（昭29）年4月16日	日米原租税条約ワシントンで署名（1955年4月1日発効）（昭和30年4月1日条約第1号）
	米国内国歳入法典全文改正
1956（昭31）年	日本・スウェーデン租税条約署名（1957年発効）
1957（昭32）年	1957年税制改正により「非永住者」創設
	日米原租税条約改正議定書（以下「57年議定書」という。）
1959（昭34）年2月	日本・パキスタン租税条約署名（同年5月発効）
2月	日本・ノルウェー租税条約署名（同年9月発効）
3月	日本・デンマーク租税条約署名（同年4月発効）
1960（昭35）年	日本・インド租税条約署名（同年6月発効）)
5月7日	日米原租税条約改正議定書（1964年9月2日発効）（以下「60年議定書」という。）
1961（昭36）年4月	日本・シンガポール自治州租税条約署名
1962（昭37）年	所得税法の非居住者関連の国内源泉所得等の規定の整備
8月	日米原租税条約改正議定書（1965年5月6日発効）（以下「62年議定書」という。）
	日米原租税条約覚書
1963（昭38）年	OECDモデル租税条約草案
6月	日本・マラヤ連邦租税条約
1966（昭41）年	（米国）外国投資家課税法制定（実質関連概念導入）

1971（昭46）年3月	（第2次）日米租税条約署名
1972（昭47）年7月	（第2次）日米租税条約発効

　日米原租税条約に関連する改正等はまとめると，次のようになる。なお，この条約交渉は，日米友好通商航海条約交渉と並行して行われたのである[6]。

1951（昭26）年12月	日米租税条約第1回専門家会議：ワシントン
1952（昭27）年10月	10月1日から10月31日（日米租税条約第2回会議：ワシントン）（日本側：鈴木源吾（大蔵省財務参事官）・志場事務官）所得税租税条約と相続税租税条約の草案作成
1954（昭29）年4月16日	日米原租税条約ワシントンで署名（1955年4月1日発効）（昭和30年4月1日条約第1号）
1957（昭32）年	日米原租税条約改正議定書（57年議定書）
1960（昭35）年5月7日	日米原租税条約改正議定書（1964年9月2日発効）（60年議定書）
1962（昭37）年8月	日米原租税条約改正議定書（1965年5月6日発効）（62年議定書）
	日米原租税条約覚書

　以上から，日米原租税条約は，3回の改正（1957年，1960年，1962年）および1965年覚書から構成されていることになる。

　なお，日本における国際的二重課税排除に関する最初の法令は1925（大正14）年の国際的船舶所得に対する免税の規定である。

3　日米原租税条約の条文構成

　日米原租税条約（以下「日米原条約」という。）の各条は，次のとおりである。なお，以下の条文構成は3回の改正を織り込んだものである。

第1条（対象税目）	第2条（一般的定義）	第3条（事業所得）
第4条（特殊関連企業）	第5条（国際運輸業所得）	第6条（利子）

第6条のA（配当）	第7条（使用料）	第8条（不動産所得）
第9条（人的役務所得）	第10条（政府職員）	第11条（教授）
第12条（学生）	第13条（所得源泉）	第14条（二重課税の排除）
第15条（慈善団体）	第16条（人的控除）	第17条（情報交換・徴収共助）
第18条（相互協議）	第19条（外交官等）	第20条（発効・終了）

以下は各条項のうち，特徴的なものを取り上げる。

(1) 第2条第1項C（恒久的施設の定義）

条約第2条第1項Cは，permanent establishment（PE）の定義であり，和訳としては「恒久的施設」という用語が使用されている。この規定には，恒久的施設の例示（事務所等），従属代理人および独立代理人の規定，在庫保有等の場合が恒久的施設とならない旨の規定（後年OECDモデル租税条約に規定された「準備的補助的活動」に係る規定ほど整備されていない。），子会社が恒久的施設にならない旨の規定がある。後日，改正されて建設PEの規定が追加されている。

(2) 第3条（事業所得）

第1項は，以下に掲げたように，恒久的施設が源泉地国に存在する場合，総合主義により課税が行われることが規定されている。

「（前段略）一方の締約国の企業が他方の締約国内に恒久的施設を有する場合には，当該他方の締約国は，自国内の源泉から生ずるその企業の全所得に対して租税を課することができる。（以下略）」

第2項は単純購入非課税の原則，第3項は独立企業の原則，第4項は本店配賦経費，第5項は利得の配分に係る規定である。

(3) 第4条（特殊関連企業）

当時の日本では全く考慮されていない移転価格関連の事項であるが，原条約交渉時点では，米国は，1954年の内国歳入法典全文改正前になる。現在の米国国内法における移転価格条項は内国歳入法典第482条であるが，それ以前ということになると，1939年全文改正法の第45条ということになる。この第45条は，

現行の第482条とその内容に大差がない。

(4) 第6条（利子）

利子の限度税率は10％（当初は15％で1965年に改正）である。なお，当時の米国及び日本の非居住者に対する投資所得等の国内法の源泉徴収税率は，米国が30％，日本が20％である。

(5) 第6条のA（配当）

配当の規定は，1965年の議定書により追加された条文である。限度税率は15％であるが，親子間配当（50％を超える株式を12か月の期間保有を要件）で持株会社に該当しない場合（粗利益の25％超が子会社等からの利子および配当でないこと）は10％の限度税率である。したがって，条約は発効後約10年間にわたり配当に係る限度税率がなかったことになる。なぜ，このような変則的な規定になったのかは，後述する原条約第14条の規定に説明がある。

(6) 第7条（使用料）

使用料の限度税率は10％（当初は15％で1965年に改正）である。

(7) 第9条（人的役務所得）

人的役務は給与所得および自由職業所得を含み，次のいずれかの場合，源泉地国免税となる。
① 課税年度の滞在日数合計が180日以下で，かつ，居住地国の法人等から支払われているもの
② 課税年度の滞在日数合計が180以下で，かつ，その報酬が3,000米ドル以下の場合

(8) 第13条（所得源泉）

日米原条約および第2次日米租税条約は，所得源泉に係る規定が独立してある点が特徴であり，OECDモデル租税条約草案（1963年制定）にはない独自の内容である。

これについて，1952年の第2回専門家会議に参加した鈴木源吾氏（大蔵省財務参事官）は，「日本の場合は，そんなにあちらこちらに飛んで行ったりすることはできないから，もう少しこれははっきりした方がよいというので，いままでのどの協定にもなかったソーセスの意味を定義することになった。このソーセスの意味を，お互いにはっきり合意できるものは明記し（以下略）」と述べている。

　具体的には，①配当，②利子（源泉地国に恒久的施設を有しない場合に限り債務者主義），③動産の販売（動産の売却地），④製造益，販売益，⑤不動産所得，不動産譲渡益，⑥人的役務（役務提供地），⑦使用料（使用地主義），である。

　上記②の利子について，米国市民または法人等が，日本に所在する米国企業の恒久的施設から貸付金の利子を受け取るとき，日本の国内法により国内源泉所得となる範囲において，日本源泉とすることになっている（第14条(a)）。これは米国における外国税額控除に関連する規定である。

(9) 第14条（二重課税の排除）

　この条項は原条約において数度の改正を経ていることから，条約締結時の規定と後年の規定が異なっている。最も特徴となる規定の概要は，次のとおりである。なお，米国では，1918年所得税法において直接控除と間接控除が創設されている。

　日本法人からの配当の受領者である米国居住者の税額を決定するに際して，配当支払法人の所得に課される法人税について，米国は配当金額の25％を控除することを規定している。

　この規定があるために，条約では，配当条項がなかったのである。条約はその後改正され，前述の第6条のAが創設され，上記の条文は削除されたのである。この規定はタックス・スペアリング・クレジット（みなし外国税額控除）と同様の機能を持つもので，米国から投資を促進したい日本側の譲歩といえる規定である。

4 日米原条約当時の米国の租税条約

(1) 当時の米国租税条約

日米原租税条約交渉時点で，米国の租税条約がどのような状態であったのかを署名順に一覧表にすると次のとおりである。

条約相手国	署　名	発　効
フランス	1932年4月27日	1935年4月9日
カナダ	1936年12月30日	1937年8月13日
スウェーデン	1939年3月23日	1939年11月14日
英国	1945年4月16日	1946年6月6日
南アフリカ	1946年12月13日	1952年7月15日
ニュージーランド	1948年3月16日	1951年12月8日
オランダ	1948年4月29日	1948年12月1日
デンマーク	1948年5月6日	1948年12月1日
ベルギー	1948年10月28日	1953年9月9日
アイルランド	1949年9月13日	1951年12月20日

(2) 米国の国際税務

米国では，南北戦争期の所得税法を除き，1913年に憲法を修正して（修正憲法第16条）に基づいて成立した1913年所得税法以降，個人非居住者および外国法人に関する規定はその後も継続しているが，原条約当時の米国の非居住者等に係る規定は，1954年内国歳入法典全文改正前の1939年内国歳入法典の時期である。そして，米国の国際税務関連規定は，1966年に成立した「外国投資家課税法（Foreign Investors Tax Act of 1966）」により確立し，現在に至るのである。

この外国投資家課税法は，日本の国内源泉所得等の規定に影響を及ぼし，2014年度税制改正における「総合主義から帰属主義へ」という改正に対しても関連があるのである。

1966年の外国投資家課税法導入前の外国法人課税は，米国国内において事業

に従事（engaged in business in United States）しているか否かを課税における判定要素としていた。したがって，外国法人が米国における事業に従事している場合は，国内源泉所得である事業所得およびその他の投資所得のすべてを総合課税された。また，外国法人が米国における事業に従事していない場合は，投資所得に対して源泉徴収されて課税関係が終了していたのである。結果として，外国法人が米国国内において事業に従事していれば，その事業と関連のない国内源泉所得である投資所得も課税対象となる欠陥が指摘されていた。

この欠陥を改正するために，外国投資家課税法は，改正点として，実質関連（effectively connected）概念を導入して，外国法人の課税について次のように整理したのである[7]。

① 米国において事業に従事しているか否かが第1の判定基準である。
② 米国において事業を行い，すべての所得がその事業と実質的に関連する場合は総合課税となる。
③ 米国において事業を行うが事業と関連のない所得がある場合および米国において事業を行わない場合の米国国内源泉所得のうち，定額定期的所得（fixed or determinable annual or periodical gains, profits and income）に該当する所得は比例税率（30％）による源泉徴収課税となる。

この1966年の外国投資家課税法導入が原条約改正の契機となり，1971（昭46）年3月に第2次日米租税条約が署名されたのである。

(3) 米英原租税条約[8]

イ 本条約の意義

米英租税条約は，租税条約の歴史においても，国際連盟によるモデル租税条約とは別に，二国間租税条約としても重要性の高い条約といえる。英国では初めての本格的な租税条約であり，米国にとっても，米英租税条約に先行する3つの租税条約はあったが，OECDモデル租税条約草案が制定される1963年以前における模範となる租税条約であったといえよう。この米英租税条約の同時期の国際連盟によるモデル租税条約としては，1943年制定のメキシコ・モデル租税条約と1946年制定のロンドン・モデル租税条約があり，米英租税条約は，この2つのモデル租税条約の中間の時期に作成されたことになる。

ロ　米英租税条約の沿革

米英租税条約は，1945年4月16日に署名され，英国と米国間の包括的な所得税租税条約である。同条約は，次のような過程を経て制定されている。

1944年4月	ロンドンにて交渉開始
1945年4月16日	署名
1946年6月6日	1946年プロトコル署名
1946年7月25日	米英租税条約及び1946年プロトコルの発効
1945年1月1日以降	米国で適用　英国の適用は同年4月1日以降

ハ　米英租税条約の概要
(イ)　米英租税条約の構成

米英租税条約は，条約本文が全24条，プロトコルが全2条から構成されている[9]。

第1条（対象税目）	第2条（一般的定義）	第3条（事業所得）
第4条（特殊関連企業）	第5条（国際運輸業所得）	第6条（配当）
第7条（利子）	第8条（使用料）	第9条（鉱業権等の使用料）
第10条（政府職員）	第11条（短期滞在者免税と芸能人）	第12条（退職年金）
第13条（二重課税の排除）	第14条（譲渡収益）	第15条（1945年1月1日以降支払いの配当，利子）
第16条（英国法人の留保所得に対する米国の免税）	第17条（1936年前の内国歳入法の米国非居住者における納税義務の調整）	第18条（教員）
第19条（学生・事業修習生）	第20条（情報交換）	第21条（無差別取扱）
第22条（適用拡大）	第23条（発効）	第24条（終了）

(ロ)　日米原条約との比較

米英租税条約と日米原条約を比較する場合，その特徴が最も現れるのは，投

資所得条項である。以下は，両租税条約における投資所得の限度税率を比較した表である。

	日米原条約	米英租税条約
配当	親子間10％，一般15％	親子間5％，一般15％
利子	当初15％，改正後10％	原則条約免税
使用料	当初15％，改正後10％	条約免税

　米国側から見ると，日米原条約は，1945年署名の米英租税条約とOECDモデル租税条約草案の中間に締結された条約ということになる。

　米英租税条約は，恒久的施設条項が独立した条文になっていない等の古い形態であることは事実であるが，利子所得，使用料所得の条約免税等，それまでの米国の条約例にはない斬新な規定を設けた点に特徴がある。

　日米原条約は，第2次世界大戦により経済が疲弊した当時の日本の状況と，欧州の指導的地位にあった英国との国力の差が，租税条約の規定に現れているといえよう[10]。後発である日米原条約が米英租税条約よりも二重課税の排除の点で遅れているのはそのような理由によるものであろう。

5　日米原条約が締結された1954（昭29）年当時の日本の租税条約に関する理解の程度

(1)　日米原条約締結前の日本の租税条約

　日本における最初の所得税租税条約は原条約であるが，国際運輸業（船舶）の相互免税については，大正時代から検討されていたのである[11]。また，国際連盟のモデル租税条約が1928（昭和3）年に制定されていることから，第2次大戦前に租税条約に関して知識の蓄積が主税局等になかったとはいえないのである。

(2) 忠氏条約文書１

この文書は，米国とカナダ（1936年署名），フランス（1932年署名），スウェーデン（1939年署名），英国（1945年署名）との間の租税条約を分析したもので，前出の４(1)に掲げた一覧表では，署名順で，米国の最も古い４つの租税条約ということになる。この分析項目は多岐にわたっているが，恒久的施設（この文書では「永久的施設」という用語を使用している。）については次のような記述がある[12]。

> 締約国の一方の企業が，ブローカー等を通じて，他の締約国において得る商工所得については，他の締約国により課税されることはない。但し，その企業が他の締約国内に永久的施設（鉱山，油田，農場，森林，工場，作業所，倉庫，事務所，代理店等）を有し，且つ，営業を行う場合においては，この限りではない。

これについて日本における取扱いは，非課税としている。

(3) 忠氏条約文書２

この文書２（国際二重課税防止等についての問題点）は，文書１と同年の1950（昭和25）年10月に主税局が作成したものである。なお，以下の文書は筆者が本論において不要と思われる箇所を削除している。

事　　項	わが国における取扱い
（商工業所得） A国の企業がB国において得る商工業所得に対しては，B国においては課税しない。但し，当該企業がB国に永久的施設を有しない場合に限る。	外国人又は外国法人が日本に事業を有する場合を除き課税されない。「日本に事業を有する場合」とは，日本に事業に関する事務所又は事業所を設けている（支店の登記の有無を問わない）場合及び事務所等を設けていなくとも日本で事業に関する取引行為をなす場合をいう。
（給与所得） 原則としてサービスが行われた国においてのみ課税する。但し，次の例外がある。	・無制限納税義務者はすべての所得課税 ・外国人に対する半額課税 ・制限納税義務者は20％の税率による源

① 短期滞在者免税 ② 芸能人等については滞在期間のいかんを問わず課税する。	泉徴収課税
(譲渡所得) 納税義務者の住所地のみで課税する。但し，その者が，譲渡所得の生じた他国に永久的施設を有しない場合に限る。	日本にある資産の譲渡に因るものについては課税される，この場合においても外国人の課税の特例の適用がある。

なお，文書2と同月に作成された「忠氏条約文書3（米国と諸外国との租税協定）」に含まれている米英租税協定の訳では，「恒久的施設」という用語が使用され，「居住者」という用語も同様に使用されている。

(4) 租税条約と国内法のギャップ

租税条約は，締結する双方の国の国内法の延長戦であり，そこで双方の国の原則等が異なるときにはこれを調整するのが一般的である。

1951（昭和26）年12月に開催された第1回原条約専門家会議の時点では，主税局調査課等では，米国の租税条約の分析等を行っており，当時の日本の行政当局が租税条約に関する知識に欠けていたとは言えないのである。

おそらく，事前に米英租税条約あるいは米仏租税条約の訳を行っていたことから，租税条約の条文の理解では問題がなかったと思われるが，当時の日本の国内法がこのような国際税務に対応する規定を設けていなかったことに問題があったものと思われる。

それ以外には，国際税務における基礎的な知識（例えば，外国法人課税と恒久的施設，所得源泉ルール等）が普及していなかったことから，大蔵省主税局内においても，調査課の資料が十分に咀嚼されなかったのではないかと思われる節がある。例えば，恒久的施設という用語は，現在では定訳となっているが，時間の経過の中で永久的施設という訳と交互に現れていることから，この訳語が定着を見るのに少し時間を要しているのである。

例えば，前出の忠氏条約文書2で表に示した商工業所得の課税の場合，租税条約では「恒久的施設なければ課税なし」が原則であるが，日本における取扱いでは，「事務所等を設けていなくとも日本で事業に関する取引行為をなす場

合」には，源泉地国課税ができることになっている。

また，人的役務提供所得では，1955（昭和30）年当時まで欧米外国人に課税上の特例を認めるという変則的な取扱いを行っていたことから，租税条約の規定とはギャップがあったことが原条約の背景にあったといえよう。したがって，本章1で小松氏が述べた「一から十までアメリカに教えられて租税条約を結んだ」という意見は少し実態とはかけ離れた認識ではなかったのか。

6　日米原条約が日本の国際税務発展に及ぼした影響，後発の対スウェーデン租税条約との比較

(1)　日本・スウェーデン租税条約の条文構成

日米原条約は，1954（昭和29）年署名であり，日本・スウェーデン租税条約は2年後の1956（昭和31）年12月に署名された日本が締結した2番目の租税条約である[13]。

第1条（対象税目）	第2条（一般的定義）	第3条（事業所得）
第4条（特殊関連企業）	第5条（国際運輸業所得）	第6条（使用料）
第7条（配当）	第8条（利子）	第9条（政府職員）
第10条（人的役務所得）	第11条（教授）	第12条（学生等）
第13条（相続による未分割財産の受益者の所得に対する課税の減免）	第14条（不動産所得）	第15条（所得の課税標準）
第16条（情報交換）	第17条（異議申立）	第18条（相互協議）
第19条（外交官）	第20条（発効・終了）	議定書

(2)　対スウェーデン租税条約

日本は，日米原条約締結後に，スウェーデンと租税条約を締結している。当時，日本とスウェーデンとは経済的な交流も少なく，懸案事項もなかったことから，なぜ，租税条約が締結されたのかという疑問が生じるのである。

これについて，当時の渡辺主税局長が，租税研究誌上において次のように述べている[14]。

　「先方の話としては（中略），経済上において日本とスウェーデンの通商関係が特に量的に見て多いとか，力が強いという気持ちから協定を結ぶのではなく，租税条約を結ぶことによって将来日本との通商関係，貿易関係を改善して行きたいということを率直に述べておられました。」

　また，通商関係から東南アジア諸国との租税協定が必要という点について，これらの国の税制の整備とその施行の的確性に問題があるため，租税条約の締結が進まないというのが渡辺主税局長の見解である[15]。

　日本は，対スウェーデン租税条約（1956（昭31）年署名）に続いて次の2つの租税条約を締結している。これらの3つの租税条約を締結した理由，租税条約の規定等は，類似した内容である[16]。

1959（昭34）年2月	日本・ノルウェー租税条約（同年9月発効）
3月	日本・デンマーク租税条約署名（同年4月発効）

7　対パキスタン租税条約・対インド租税協定

　日本は，北欧三国との租税条約以外に，アジア諸国とも次の初期の租税条約を締結した。

1959（昭34）年2月17日	日本・パキスタン租税条約署名（同年5月発効）
1960（昭35）年	日本・インド租税協定署名（同年6月発効）
1961（昭36）年4月	日本・シンガポール自治州租税条約署名[17]（同年9月発効）
1963（昭38）年	日本・マラヤ連邦租税条約署名（同年8月発効）

(1)　対パキスタン租税条約の条文構成

　対パキスタン租税条約は，前出の対スウェーデン租税条約（1956（昭和31）年署名）から3年遅れて署名された対アジア諸国と日本との初めての租税条約で

ある。この条約は，全21条の条文と交換公文及び議定書から構成されている[18]。

第1条（対象税目）	第2条（一般的定義）	第3条（事業所得）
第4条（特殊関連企業）	第5条（国際運輸業所得）	第6条（産業的事業に従事する法人の配当）
第7条（使用料）	第8条（配当及び利子の免税）	第9条（政府職員）
第10条（人的役務提供所得）	第11条（教授）	第12条（学生等）
第13条（所得源泉ルール）	第14条（税額控除）	第15条（情報交換）
第16条（異議申立）	第17条（相互協議）	第18条（実施についての考慮）
第19条（内国民待遇）	第20条（適用地域）	第21条（批准・発効）
交換公文	議定書（昭和35年6月署名）	

議定書では，第7条のAに利子条項を創設し，第13条を削除して代わりに，新13条（不動産所得），第14条（a）（タックススペアリング・クレジット：みなし外国税額控除）が改正された[19]。

(2) 対パキスタン租税条約

イ 事業所得

日米原条約，対スウェーデン租税条約および対パキスタン租税条約は，いずれも，源泉地国に恒久的施設が存在する場合，すべての国内源泉所得を合算して申告する総合課税方式を採用している（第3条第1項）。

ロ 単純購入非課税の原則の不適用

単純購入非課税の原則は事業所得における原則の1つであるが，パキスタンは物品の購入に利益を帰属させることを主張し，これが規定されている（第3条第4項（a））。

ハ 使用料の免税

他の租税条約と比較して，使用料免税というのはこの租税条約の特徴である。

パキスタンは，無形資産等の国内への導入が必要ということで，対米国，対英国租税条約においても使用料は条約免税である[20]。

二　議定書により第14条が改正されてタックススペアリング・クレジットが規定された。

(3)　対インド租税協定の条文構成

対インド租税協定は，対パキスタン租税条約とほぼ同時期に条約交渉が行われたが，署名は約1年遅れている。同租税協定の条文構成は全16条と議定書である。

第1条（対象税目）	第2条（一般的定義）	第3条（事業所得）
第4条（特殊関連企業）	第5条（国際運輸業所得）	第6条（政府職員）
第7条（給与所得）	第8条（教授）	第9条（学生等）
第10条（所得源泉ルール）	第11条（税額控除）	第12条（情報交換）
第13条（異議申立）	第14条（国内法の減免規定制限せず）	第15条（内国民待遇）
第16条（批准・発効）		

この条約の特徴は，投資所得に係る規定がないことである。対インド租税協定は，1969（昭和44）年に一部改正されるが，そこでも投資所得の規定はなく，1989（平成元）年3月の全文改正において配当，利子，使用料の限度税率が定められたのである。

それ以外では，恒久的施設に建設工事等が含まれていること，総合主義を採用していた日米原条約，対スウェーデン租税条約，対デンマーク租税条約および対パキスタン租税条約とは異なり，事業所得が帰属主義であること，外国税額控除にタックススペアリング・クレジットが規定されたこと等が特徴である。

8　1960年までの日本の租税条約

1960年あたりまでの租税条約について，塩崎潤氏（当時：大蔵省主税局税制第

一課長）は次のような3つの類型に分けて説明している[21]。

① 第1の型－米国等との租税条約
② 第2の型－東南アジア諸国その他の租税条約
③ 第3の型－北欧三国等との条約

塩崎氏は，第1の型については，借款に係る利子の限度税率を引き下げることを検討し，米国以外の資本市場であるスイス，ドイツとの租税条約締結を視野にいれている。

第2の型は，条約相手国から日本が外資を受け入れるのではなく，これらの国に投資をすることから，これらの国における租税減免の効果を発揮するためにタックススペアリング・クレジットの制度が採用されているのが特徴となることが指摘されている。

第3の型は，第1および第2の型のように特徴がないが，限度税率の適用等が行われている，という分析である。

塩崎氏の他に，1960年あたりまでの日本の租税条約の概観を示したのが飯田彬氏（当時：大蔵省主税局国際租税課課長補佐）である[22]。同氏は次のように述べている。

日米原条約の背景として，日本経済の復興として，電力事業および製鉄所の拡張，鉄道網および道路網の整備のための資金需要があり，これを国内資本市場では賄いきれないため，世銀，米国の輸出入銀行借款が必要であったが，日米原条約交渉開始時には，日本の国内法に外国税額控除の規定はなく（以下の表参照），非居住者規定の整備も十分ではなかったことから，租税条約を締結することで，課税関係を明確にし，米国からの対日投資を行いやすくすることが条約のねらいであった。

1953（昭28）年	外国税額控除の創設（控除限度額は国別控除方式，直接控除のみ）
1954（昭29）年4月16日	日米原租税条約ワシントンで署名（1955年4月1日発効）（昭和30年4月1日条約第1号）

また，米国においてタックススペアリング・クレジットを認めてほしいという日本側の要望が受け入れられなかったことが述べられている[23]。そして，日

米原条約は，米国側の提出した原案を叩き台にして条約交渉を行ったのであり，その後に日本が締結した租税条約のモデルとなったのである。

日本の国内法への租税条約（とりわけ，日米原条約）の影響は，次の２点である。
① 国内法の所得源泉ルールの拡充に影響があったこと。
② 国内法における非居住者の事業所得課税に総合主義を採用したこと。

9　OEECにおけるモデル租税条約の動向

(1)　日本の租税条約の動向

日本は，1960年あたりまでに，次の３つの類型の租税条約を締結している。
① 日米原条約
② 東南アジア諸国その他の租税条約
③ 北欧三国等との条約

以下は，租税条約締結初期の３つの類型に分類される租税条約（以下「初期７条約」という。）である。

1954（昭29）年４月16日	日米原租税条約ワシントンで署名（昭和30年４月１日発効）（昭和30年４月１日条約第１号）
1956（昭31）年	日本・スウェーデン租税条約署名（1957年発効）
1959（昭34）年２月	日本・パキスタン租税条約署名（同年５月発効）
２月	日本・ノルウェー租税条約署名（同年９月発効）
３月	日本・デンマーク租税条約署名（同年４月発効）
1960（昭35）年	日本・インド租税条約署名（同年６月発効）
1961（昭36）年４月	日本・シンガポール自治州租税条約署名（同年９月発効）

この間，基本的に，日本のモデル租税条約は，日本が外資を導入することを目的とした日米原条約であったが，アジア諸国との租税条約では，日本が投資をする側になったことから，相手国の要請を受けていた形の規定となっている。

(2) OEECおよびOECD等の動向[24]

　日本の租税条約創成期である1960年代初期までに，国際的なモデル租税条約制定の動向があり，これらが租税条約の条文等の標準化に寄与することになる。以下は，国際連盟のモデル租税条約を含めた国際的機関におけるモデル租税条約制定の動向である。

1928（昭3）年	国際連盟によるモデル租税条約の制定では，恒久的施設概念等が定められた。
1933（昭9）年	1933年の国際連盟による事業所得条約草案，1935年の事業所得条約により，独立企業の原則等が確立した。
1945（昭20）年	英米租税条約の署名。投資所得に条約免税を大胆に取り入れた点等で，その後のOECDモデル租税条約草案に影響を及ぼしたものといえる。
1958（昭33）年9月	OEEC（Organization for European Economic Cooperation：欧州経済協力機構）租税委員会第1次報告書
1959（昭34）年7月	OEEC租税委員会第2次報告書
1960（昭35）年7月	OEEC租税委員会第3次報告書
1961（昭36）年8月	OEEC租税委員会第4次報告書
	OECD創設
1963（昭38）年	OECDモデル租税条約草案制定[25]
1964（昭39）年4月	日本がOECDに加盟

(3) OEECに対する日本側の対応

　このOEECにおけるモデル租税条約検討の時期は，日本の初期7条約の時期と重なるのである。

イ　国際商業会議所（International Chamber of Commerce：ICC）

　ICCは，民間企業の国際機構であり，日本は，1923年に加盟，その後の世界大戦で本部との連絡が途絶えた時期もあったが，1949年に再加盟した。1955（昭30）年5月には，ICC世界大会を東京で開催し，45か国，1,500名が参加した。その際，OEECに対して，二重課税に関する条約締結の可能性につき調査を行

うことが望ましい旨を決議したという経緯がある。

OEEC報告書（第1次）については,『租税研究』第104号（1958年12月30日）に「国際二重課税の撤廃問題－OEEC意見書の検討」というタイトルで,報告書の抜粋とOEECに送付するICC日本国内委員会のコメントが付されている。この文書は,1958（昭和33）年9月に公表されたOEEC報告書に関する迅速な反応ということができる。

□ 国側の対応

国税庁調査課は,第1回報告書から第4回報告書までを次に掲げる2分冊にした翻訳を作成している。

① 国税庁調査課「二重課税の排除－OEEC租税委員会（第1次報告書～第3次報告書）」
② 国税庁調査課「OEEC租税委員会　第4次報告書」

10　OECDにおけるモデル租税条約の動向

(1)　忠氏条約文書3

忠佐市氏は,次に掲げるOECD財政委員会資料を残している[26, 27]。

① 「OECD財政委員会関係資料　No.1」1962年5月15日（主税局総務課）部内秘
② 「OECD財政委員会関係資料　No.2」1962年6月29日（主税局国際租税課）部内秘
③ 「OECD財政委員会関係資料　No.3」1962年8月8日（主税局国際租税課）
④ 「OECD財政委員会関係資料　No.4」1963年2月20日（主税局国際租税課）
⑤ 「OECD財政委員会関係資料　No.5」1963年4月15日（主税局国際租税課）
⑥ 「OECD財政委員会関係資料　No.6」1963年7月5日（主税局国際租税課）
⑦ 「OECD財政委員会関係資料　No.8」1964年4月（主税局国際租税課）
⑧ 「OECD財政委員会関係資料　No.9」1965年4月（主税局国際租税課）

⑨ 「OECD財政委員会関係資料 No.10」1965年10月（主税局国際租税課）

以上9冊であり，No.7は紛失している。また，No.1とNo.2の表紙に「部内秘」という表示がある。

この資料は，OECDモデル租税条約草案制定前後のOECD財政委員会の動向を知ることができる[28]。

ここで論証する点は，初期7条約からOEECおよびOECDモデル租税条約草案を経て，日英租税条約（1962年9月署名），日独（当時は西ドイツ）租税条約（1966年4月署名），日仏租税条約（1964年11月署名）等に整備され，日米第2次租税条約（1971年3月署名）に至るという展開となる。

その意味では，忠氏条約文書3は，当時の日本がOECDモデル租税条約草案の制定前後にどのような考え方であったのかを知る手がかりである。

(2) OECDモデル租税条約草案前後の租税条約

以下に掲げた表1は，日本が締結した最も初期の租税条約であり，これらは3類型に分類できることはすでに述べたとおりである。

(表1)

	租税条約	発　　効
1	対米国租税条約	1955年4月
2	対スウェーデン租税条約	1957年6月
3	対デンマーク租税条約	1959年3月
4	対パキスタン租税条約	1959年5月
5	対ノルウェー租税条約	1959年9月
6	対インド租税条約	1960年6月
7	対シンガポール自治州租税条約	1961年9月

続いて，以下に掲げる表2の租税条約は，いずれも初期7条約の時期から条約交渉を行っていた租税条約である。

(表2)

	租税条約	発効
8	対オーストリア租税条約	1963年4月
9	対ニュージーランド租税条約	1963年4月
10	対英国租税条約	1963年4月
11	対タイ租税条約	1963年7月
12	対マラヤ連邦租税条約	1963年8月

次の表3は，1965年以降約10年間（昭和40年代）に発効した租税条約である。

(表3)

	租税条約	発効
13	対カナダ租税条約	1965年4月
14	対フランス租税条約	1965年8月
15	対ドイツ租税条約	1967年6月
16	対ブラジル租税条約	1967年12月
17	対スリランカ租税条約	1968年9月
18	対ベルギー租税条約	1970年4月
19	対韓国租税条約	1970年9月
20	対オランダ租税条約	1970年10月
21	対スイス租税条約	1971年12月
22	対米国第2次租税条約	1972年7月
23	対フィンランド租税条約	1972年10月
24	対イタリア租税条約	1973年3月
25	対スペイン租税条約	1974年11月
26	対アイルランド租税条約	1974年12月

(3) 日英原条約と日独原条約

日英原条約（1963年4月発効）は，OECDモデル租税条約草案制定と同時期に発効している。日本は，OECD以前のOEECの時代からのモデル租税条約作成の動向を注視していたことはすでに述べたとおりである。

第1条（対象税目）	第2条（一般的定義）	第3条（事業所得）
第4条（特殊関連企業）	第5条（国際運輸業所得）	第6条（配当）
第7条（利子）	第8条（使用料）	第9条（譲渡収益）
第10条（人的役務提供所得）	第11条（政府職員）	第12条（年金）
第13条（教授）	第14条（学生等）	第15条（人的控除）
第16条（所得源泉）	第17条（二重課税の排除）	第18条（プリザベーション・クローズ）
第19条（情報交換）	第20条（相互協議）	第21条（無差別取扱）
第22条（適用拡大）	第23条（発効）	第24条（終了）

　日英原条約は，恒久的施設に関する規定が第2条に含まれていること，人的役務所得（自由職業，給与所得，芸能人等が同一条項に含まれている。），第15条および第16条という初期の租税条約に見られる条項が残っている点等，日本の租税条約発展の過渡期的な内容である。

　日英原条約よりも4年後に発効した日独原条約（当時は西ドイツ）は，日英原条約とは条文構成の点で，OECDモデル租税条約の影響を受けた現行の一般的な租税条約の形態に近づいている。

11　1965年以降の租税条約

　日本の初期7条約は，その特徴から①米国型，②アジア諸国型，③北欧3か国型，に分類されることはすでに述べたとおりである。そして，前出（表2）の租税条約までを初期7条約の時代とすると，対アジア諸国型では，投資所得の限度税率あるいは国際運輸業所得における特異な規定（対インド租税条約における船舶所得）等，個別的な問題は生じているが，主たるポイントは次の2点に絞ることができる。

　第1の点は，米国原条約で採用された事業所得における総合主義である。日本は，当時，日米原条約をある種のモデル条約という位置づけをしていたことから，この主張が対欧州諸国との租税条約および欧州との租税条約の影響下に

ある国(例えば,インド)では,帰属主義が採用されている。総合主義は,対韓国租税条約に取り入れられているが,日本の租税条約における多数を占めるに至っていない。

第2の点は,タックススペアリング・クレジットの件である。日本の租税条約における同規定は,次の表(タックススペアリング・クレジットの規定のある租税条約17の現況)にまとめたとおりである。

条約相手国の国内法改正により失効したもの(3)	①対スペイン租税条約は,スペインの1967(昭和42)年12月23日の資本所得税統合法の規定の基づくもので,1979(昭和54)年同法が廃止されたからその適用がないことになる。そのほかに,②対アイルランド租税条約(1981年から適用なし),③対インドネシア租税条約(1985年から適用なし)がこの分類に入る。
供与期限があるもの(8)	この条約例は,①対シンガポール租税条約(2000年末まで),②対ブルガリア租税条約(2001年末まで),③対韓国租税条約(2003年末まで),④対トルコ租税条約(2004年末まで),⑤対メキシコ租税条約(2005年末),⑥対マレーシア租税条約(2006年末まで),⑦対ベトナム租税条約(2010年末まで),⑧対フィリピン租税条約(2018年末まで)がある。
それ以外の条約例(6)	①対スリランカ租税条約(第15条),②対ザンビア租税条約(第22条),③対ブラジル租税条約(第22条),④対中国租税条約(第23条),⑤対タイ租税条約(第21条),⑥対バングラデシュ租税条約(第23条)がある。

1965年以降,日本は高度経済成長期に突入することになるが,1962(昭和37)年の国内法における非居住者関連規定(国内源泉所得等)整備と,1963(昭和38)年のOECDモデル租税条約草案という国際税務の基盤部分といえる箇所の整備が終わって,初期7条約から次のステージに進んだことになる。

まとめると,日本の租税条約は,新3類型ともいえる時代に入ったのである。
① OECDモデル租税条約草案タイプ
② 対発展途上国型租税条約
③ 日米原租税条約から第2次日米租税条約

例えば,①の例としては,1974年12月に発効した対アイルランド租税条約は,OECDモデル租税条約タイプの租税条約である。

②の例としては，1984年6月に発効した日中租税条約がある。発展途上国のモデル租税条約としての国連モデル租税条約が1979（昭和54）年に制定されたこともあり，日中租税条約には，国連モデル租税条約における源泉地国の課税権を拡大する規定が設けられている。

1970年代後半には，税務執行の面でも国際税務に対応できる税務職員の育成ということで，1970年から税務大学校本科研修に「国際租税班」が新設されている。

米国は，1966（昭和41）年に，外国企業の課税に関する原則を改正している。その改正法は，外国投資家課税法（Foreign Investors Tax Act of 1966）により実質関連概念（effectively connected concept）という概念を導入して従前の税制の欠陥を補完したのである[29]。

このような状況下において焦点となるのは，日本のモデル租税条約であった日米租税条約の改正である。

12　日米原条約から日米第2次条約までの経緯

(1)　日米原条約の改訂

日米原条約は，発効後以下の3回の改訂を受けている
①　補足議定書（1957（昭和32）年9月9日　条約第15号）
②　修正補足する議定書（1964（昭和39）年9月5日　条約第18号）
③　修正補足する議定書（1965（昭和40）年5月6日　条約第5号）
日米第2次条約（以下「第2次条約」という。）は，1971年3月署名，1972年7月発効である。

(2)　各国の租税制度に関する本

1955年当時から1980年にかけて，現在のように通信情報技術が進歩していない当時としては，外国税制を知るためには，それを紹介する本が必要であった。
①　加藤清『各国の租税制度の解説』（日本経済新聞社，1958年）

②　小松芳明『各国の租税制度』(財経詳報社，1967年，1969年，1972年，1976年，1980年)[30]

(3) 第2次条約等の解説本

現在では，毎年発行される『改正税法のすべて』に租税条約関連の事項が掲載されるが，同書に租税条約関連事項が掲載されたのは，1986年以降である。それ以前は，財団法人・日本租税研究協会発刊の『租税研究』と同会がモノグラフ形式で発刊した以下に掲げる解説本に掲載されていた。

①　小松芳明『日韓・新日米租税条約の解説』(1972年)
②　五味雄治・小沢進『日米租税条約逐条研究』(1979年)
③　筒井順二『日英・日伊・日独・日洪・日波・日比租税条約の解説』(1981年)
④　青木寅雄『日・中租税条約の解説』(1984年)
⑤　大久保修身『日印・日加・日ソ・日中・日スウェーデン・日インドネシア租税条約の解説』(1990年)

特に上記②は，小松芳明編著『逐条研究　日米租税条約』(以下「小松逐条研究」という。)(税務経理協会，1989年)[31]と並んで，日米第2次条約の解説書として貴重であった[32,33]。

米国側の資料としては，Jon E. Bischel ed. Income Tax Treaties (Practising Law Institute, 1978, Ch.12) に米国側からの日米第2次条約の解説がある。

(4) 第2次条約締結の経緯[34]

小松逐条研究の総説は，小松芳明・亜細亜大学教授の執筆である。改正の経緯については，日米原条約が3度にわたり改訂された理由として，米国からの外資導入が主たる目的であったが，その後日本からの対米投資が行われるような情勢の変化があり，これらが3回の改訂の背景であるとしている。

第2次条約交渉は，1968 (昭和43) 年10月に，米国側からスタンリー・S・サリー財務次官補を団長とする交渉団が来日し，その後，東京，ワシントンにおいて交渉が行われ，1971 (昭和46年) 3月8日に署名が行われ，1972 (昭和47年) 7月9日に発効，1973 (昭和48) 年1月1日から適用になったのであ

る[35]。

　第2次条約が締結された理由として，小松教授は，原条約と第2次条約の相違点として7つの項目を挙げているが[36]，米国側の改正理由は，OECDモデル租税条約草案の制定と国内法に非居住者規定を整備した外国投資家課税法による改正が行われたことが影響したものといえる[37]。

　小松教授の掲げた7の相違点のうち，特に検討対象となったのは，次の2点である。

　①　事業所得の課税について総合主義を帰属主義に改めたこと
　②　所得の源泉地の判定について更に詳細な規定を置いたこと

　特に，上記の②は，日米原条約の規定の継続であり，また，第2次条約にその残滓があるということは，第2次条約は，米国の影響を抜け切れていない状態ともいえるのである。日米が対等な立場で締結した租税条約は，現行の日米租税条約（2003年11月署名・2004年3月発効：以下「現行条約」という。）である。

13　第2次条約が帰属主義であることの検討

(1)　帰属主義の類型の分析

　2014年度税制改正に含まれた国際課税の見直し（総合主義から帰属主義へ）の際には，話題にならなかったが，第2次条約は帰属主義を採用していた。第2次条約の帰属主義の検討に先立って，帰属主義について分析をする。まず，その類型としては，以下のイ，ロ，ハ，ニに分けることができる。

イ　所得源泉ルールの帰属主義

　第2次条約第6条第8項において規定された帰属主義で，これは，所得の源泉ルールを規定したものである。以下では，他と区別する意味からこの帰属主義を「所得源泉ルールの帰属主義」（以下「A型」という。）とする。第2次条約第6条（所得源泉規定）第8項の事業所得に係る所得源泉規定は，次のとおりである。

第4章　日本の租税条約の展開　69

「1項から7項までの規定にかかわらず，産業上又は商業上の利得であって，一方の締約国の居住者であるその利得の受領者が他方の締約国に有する恒久的施設に帰せられるもの（不動産及び天然資源から生ずる所得，配当，利子，14条3項に定義する使用料並びに譲渡収益を生ずる財産または権利が当該恒久的施設と実質的に関連を有する場合には，それらの所得，配当，利子，使用料および譲渡収益を含む。）は，当該他方の締約国内の源泉から生ずる所得として取り扱う。（以下略）」

ロ　租税条約における帰属主義

現行条約第7条（事業所得条項）第1項は，「（略）一方の締約国の企業が他方の締約国内にある恒久的施設を通じて当該他方の締約国内において事業を行う場合には，その企業の利得のうち当該恒久的施設に帰せられる部分に対してのみ，当該他方の締約国において租税を課することができる。」と規定している。この引用した規定は，帰属主義といわれているが，「所得源泉ルールの帰属主義」ではないと一般に解されてきた。

仮に，この規定が「所得源泉ルールの帰属主義」であれば，所得源泉置換規定の適用を受けて国内法として適用になるはずであるが，そのような適用はされていない。その理由の1つとして考えられることは，ここにいう帰属主義が総合主義を採用しないことの意味で使用されているという解釈である。1963年に制定されたOECDモデル租税条約草案において採用された帰属主義はこの解釈が当てはまるものといえる。他の1つは，日本の国内法が総合主義であることから，当該租税条約の適用上，国内源泉所得のうち，恒久的施設に帰属するものと理解されたことで，これについては，「課税範囲決定の帰属主義」（以下「B型」という。）という。

ハ　国外源泉所得を取り込む帰属主義

米国における外国投資家課税法（Foreign Investors Tax Act of 1966）における規定のように，恒久的施設に帰せられる国外源泉所得も課税所得に含めるということを帰属主義と解する考え方がある。これは，「所得源泉ルールの帰属主義」ではなく，「課税範囲決定の帰属主義」の類型である（以下「C型」とい

う。)。

二　旧所得税法施行令第279条第5項および旧法人税法施行令第176条第5項の意義

　旧所得税法施行令第279条第5項および旧法人税法施行令第176条第5項は，1973（昭和48）年度税制改正により創設された規定であるが，当該条項が創設された理由は，外国法人の国内支店を通じて国外に投融資を行う場合，この種の事業活動から生ずる所得の取扱いが明確でなかったため，国外における投融資先の選定等，投融資等に関連する業務をもっぱら国内に所在する支店が行っている場合，その所得について国内支店に帰属するものとするのが適当であるとした規定である。

　この規定によれば，国内，国外の双方にわたって事業活動を行う外国法人が，国内の支店等を通じて国外にある者に対する金銭の貸付け，投資その他これらに準ずる行為により生ずる所得で，国内支店等で行う事業に帰せられるものは国内源泉所得としたのである。この規定を創設した趣旨は，タックス・ヘイブン国内に本店を持つ外国法人が日本国内の拠点を通じて東南アジアその他の免税産業に投資を行った場合における課税のほ脱を防止することをねらいとしているのである。

　この規定は，米国における外国投資家課税法を範としたものであり，外国投資家課税法にあるように，国内にある支店等の恒久的施設の存在を前提として，国外で生じた所得を恒久的施設の所得として取り込むことにしたのであるが，米国の場合は，国外源泉所得として取り込んだのに対して，日本の場合は，国内源泉所得としたのである。これをもって，日本の国内法における「帰属主義」と解するむきもあるが，これは非居住者に関する規定を複雑にしないために国外源泉所得を国内源泉所得とするとしたもので，日本の国内法が帰属主義を採用したとはいえないのである。しかし，区分上，これは「海外投融資に係る所得源泉ルール」（以下「D型」という。）とする。

ホ　帰属主義概念の純化

　前記において述べたように，いわゆる帰属主義といわれているものについて，

その類型は，再度掲げると次のようになる。
① 所得源泉ルールの帰属主義（A型）
② 課税範囲決定の帰属主義（B型）
③ 米国型課税範囲決定の帰属主義（C型）
④ 海外投融資に係る所得源泉ルール（D型）

2014（平成26）年度改正は，本来であればA型から検討を要する事項であるが，「現行の非居住者課税の方式を大きく変更しない」という方針の下の改正であることから，第三国所得（国外源泉所得）を取り込むという点ではC型，国外の投資所得を国外源泉所得とする点ではD型の変更という要素が見られ，これにAOA（Authorized OECD Approach：OECD承認アプローチ）に基づいた内部取引に係る改正を加えた日本型帰属主義（C型＋D型＋AOA）といえるのである。

(2) **所得源泉置換規定（所得税法第162条，法人税法第139条）との関連**

イ　法人税法第139条第1項前段

法人税法第139条（租税条約に異なる定めがある場合の国内源泉所得）第1項の前段部分は，2014年度税制改正により，一部文言の改正はあったものの，以下のように実質的な内容に変更はない。

> 「日本国が締結した所得に対する租税に関する二重課税防止のための条約（以下この条においては「租税条約」という。）において国内源泉所得につき前条の規定と異なる定めがある場合には，その租税条約の適用を受ける外国法人については，同条の規定にかかわらず，国内源泉所得は，その異なる定めがある限りにおいて，その租税条約に定めるところによる。」（2014年改正後の規定）

ロ　所得源泉の置換規定の立法趣旨

この規定が創設された1962年度改正時における立法趣旨は，国内源泉所得のうち，源泉徴収の対象となる2号所得以降の所得について，租税条約と国内法の所得源泉ルールが異なる場合，租税条約が国内法に定める税負担以上の課税を行わないとする租税条約に規定または内在する条理と対立することのないよ

うに，租税条約に定める所得源泉ルールが適用されることを明確にしたものである。そして，所得源泉の置換規定により，租税条約により置き換えられた所得を国内源泉所得とみなすことにより源泉徴収に係る国内法の規定の適用を行えるようにしたものといえる。

ハ 旧OECDモデル租税条約第7条第1項

OECDモデル租税条約第7条第1項の後段部分は，次のとおりである。なお，現行の日本の租税条約のほとんどが，以下と同様の条文を規定している。

> 「(略) 一方の国の企業が他方の国内にある恒久的施設を通じて当該他方の国内において事業を行う場合には，その企業の利得のうち当該恒久的施設に帰せられる部分に対してのみ，当該他方の締約国において租税を課すことができる。」

上記の条文は，一般に帰属主義を含む規定と理解されているが，この規定が所得源泉の置換規定の適用を受けられるのか否か明確ではない。

二 第2次条約の事業所得に係る所得源泉規定

前出の第2次日米租税条約第6条（所得源泉規定）第8項の事業所得に係る所得源泉規定は，帰属主義を規定している。

米国国内法における外国法人等の課税については，前出の1966年制定の外国投資家課税法により導入された実質関連概念（effectively connected concept）が使用されている。この外国投資家課税法では，特定の国外源泉所得（旧日米租税条約第6条第8項かっこ書き部分のうち不動産及び天然資源から生ずる所得を除いた所得）は外国法人等でも課税となる。

米国側の理解では，第2次条約第6条第8項は，外国投資家課税法による改正を受けた米国における課税においてのみ適用される条項であり，日本では，日米租税条約に規定されているプリザベーション・クローズの適用により，納税者は国外源泉所得に課税されることはないという解釈である[38]。

(3) 第2次条約と所得源泉の置換規定

米国法人が日本国内にPEを有する場合，産業上商業上の利得がこのPEに帰せられるときは，第2次条約第6条第8項の所得源泉ルールにより恒久的施設の所在地国である日本に源泉があるものとされて，この所得は，所得源泉の置換規定に基づいて国内源泉所得とされてわが国において課税となる見解がある[39]。この見解は，上記に紹介した米国側の理解にある所得源泉に対するプリザベーション・クローズの適用を排し，所得源泉の置換規定の立法時の趣旨を拡大して，事業所得に関して所得源泉の置換規定の適用があると解釈したものである。

(4) 所得源泉置換規定の影響

第2次条約の基礎となった米国国内法における実質関連所得概念は，国内源泉所得と国外源泉所得に区分した上で，恒久的施設に帰せられる所得の範囲を決定する基準である。したがって，米国国内法は外国法人等に外国税額控除を認めている。

第2次条約における事業所得の所得源泉ルールは，産業上商業上の利得が恒久的施設に帰せられるときは，所得源泉ルールにより恒久的施設の所在地国である国に所得源泉があるものという所得源泉を変換する機能を有している。

OECDモデル租税条約における事業所得条項（第7条第1項）の規定は，一般に帰属主義の採用といわれているが，この帰属主義が，本店直取引を含まないという事業所得の範囲決定の機能を持つことは明らかであるが，所得源泉地決定の機能（恒久的施設を通じて得た所得を国内源泉所得とする機能）を持つかどうか明確ではない。仮に，OECDモデル租税条約に規定する帰属主義が「所得源泉ルールの帰属主義」（A型）と解されて，所得源泉置換規定の適用を受けたとしても，国内源泉所得の1号所得（PE帰属所得）が国外における棚卸資産の譲渡所得を課税しないことから，租税条約により課税権は日本側にあるが，国内法により課税できないという状態になろう。

(5) 米国の国内法と租税条約の二元化

米国は，1966年法により前出のC型に国内法を改正したのである。

他方，租税条約は，OECDモデル租税条約草案により帰属主義を採用したといわれているが[40]，米国側は，1966年法の適用関係のみを重視しており，OECDモデル租税条約草案による帰属主義の採用という意図はない。

14　第3次日米租税条約

第3次条約の署名は2003（平成15）年11月6日，発効は2004（平成16）年3月30日である。

第3次条約の背景には，バブル崩壊後の日本の資産（土地・株式等）の値下がりによる値ごろ感から対日投資が増加したことがある。第3次条約の役割は，当時の日本の租税条約のフロントランナーとして最先端の規定を設けたことである。また，第2次条約から約30年が経過した後の改正であり，この間の日本の経済力の上昇によって，第3次条約は日米の対等な立場による条約締結となった。

その特徴の1は，投資所得について第2次条約と比較すると，一段と税負担を軽減していることである。なお，利子は免税の範囲を拡大しているが限度税率に変更はない[41]。

投資所得	第2次条約の限度税率	第3次条約の限度税率
特定の親子間配当	規定なし	源泉地国免税
親子間配当	10%	5 %
一般配当	15%	10%
使用料	10%	源泉地国免税

特徴の2は，このような投資所得の限度税率の低下から，この条約を第三国の者が不正に利用使用する Treaty Shopping が生じる可能性があることから，これを防止するために，条約上の便益を享受できる者を限定する特典制限条項

(Limitation on Benefits：以下「LOB」という。）が設けられたことである。第3次条約以降に日本が締結した租税条約には，このLOBが規定された。

このLOBは，主として米国で発展した原則であるが，英国で発展し，OECDにおけるBEPS（税源浸食と利益移転：Base Erosion and Profit Shifting）活動計画で検討されている「租税条約の濫用防止」では，PPT（主要目的テスト：Principal Purpose Test：以下「PPT」という。）が並列の関係にある。

15　OECDモデル租税条約（Model Double Taxation Convention on Income and Capital）におけるAOAの導入

OECDにおけるモデル租税条約の動向はまとめると，次のとおりである[42]。

1963年7月6日	OECDモデル租税条約草案
1966年	OECD相続税モデル租税条約草案（1982年に贈与税を加えて改訂版）
1977年	OECDモデル租税条約改訂版（1995年，1997年，2000年，2003年，2005年および2008年の改訂）
2006年12月	恒久的施設に対する所得の帰属に関する報告書
2008年7月7日	Discussion draft on a new Article 7 (Business Profits) of the OECD Model Tax Convention
2009年11月24日	第7条のパブリックコメント募集
2010年7月22日	OECDが，OECD承認アプローチであるAOAを導入した新しい事業所得条項であるモデル租税条約新7条を制定した。

このAOAの導入が，日本の2014年度税制改正（総合主義から帰属主義へ）に影響を及ぼすのである。

16 国連モデル租税条約 (United Nations Model Convention for Tax Treaties between Developed and Developing Countries)

　国連モデル租税条約の原条約は1979年．改訂版は，1995年，2001年，2011年である。2011年版は全493頁で，条文構成は次のとおりである。このモデル租税条約は，途上国の課税権を確保する観点から源泉地国の課税権をOECDモデル租税条約よりも広く規定している。

第1条（人的範囲）	第2条（対象税目）	第3条（一般的定義）
第4条（居住者）	第5条（恒久的施設）	第6条（不動産所得）
第7条（事業所得）	第8条（開運，内陸水路運輸及び航空運輸業）（選択肢A），（選択肢B）	第9条（特殊関連企業）
第10条（配当）	第11条（利子）	第12条（使用料）
第13条（譲渡収益）	第14条（自由職業所得）	第15条（給与所得）
第16条（役員及び上級管理職員報酬）	第17条（芸能人及び運動家）	第18条（退職年金及び社会保険給付（選択肢A）（選択肢B）
第19条（政府職員）	第20条（学生）	第21条（その他所得）
第22条（財産）	第23条A（免税方式）	第23条B（税額控除方式）
第24条（無差別取扱い）	第25条（相互協議）（選択肢A）（選択肢B）	第26条（情報交換）
第27条（租税の徴収における支援）	第28条（外交官）	第29条（発効）
第30条（終了）		

17 税務行政執行共助条約 (Convention on Mutual Administrative Assistance in Tax Matters)

　税務行政執行共助条約（以下「共助条約」という。）は，OECDおよび欧州評

議会により検討され作成されたもので，1986年7月にOECD租税委員会，1987年4月に欧州評議会閣僚会議において条約案が採択された。その後，1987年6月に欧州評議会閣僚会議，1987年10月にOECD理事会で署名のために開放することが合意され，1988年1月25日にOECD加盟国および欧州評議会加盟国に署名のために開放されている。

　日本は，1988年の開放後，当初は参加に意欲を示したが，外国の参加の動向が思わしくない等の理由から，消極的な姿勢に転じ，約20年余が経過したのである[43]。

　その後，日本は，フランスにおいて開催されたG20において，当時のフランスのサルコジ大統領の提唱により，2011（平成23）年11月4日に共助条約に署名し，2013（平成25）年6月28日に受託書をOECDに寄託し，同年10月1日にこの条約が発効している。

　共助条約の主な役割は，①同時税務調査および他国の税務調査への参加を含む情報交換，②保全措置を含む租税債権徴収における協力，③文書の送達，である。したがって，共助条約が動き出すと，同時税務調査等に基づく情報交換が行われるということになる。

　この共助条約の開放後の経緯であるが，共助条約（条約草案およびそのコメンタリーから構成されている。：以下「共助原条約」という。）は，その後，スウェーデン（1989年4月），ノルウェー（1989年5月），米国（1989年6月），フィンランド（1989年12月），オランダ（1990年9月），ベルギー（1992年2月），ポーランド（1996年3月），アイスランド（1996年7月），が署名したことにより，1995年4月に発効している。

　米国は，この条約について，徴収共助と文書送達に関する部分について留保しており，情報交換に関する部分についてのみ参加している。共助原条約に署名した国は，アイスランド以降も増加して，最終的には，30か国が署名している。30か国の署名を時期により区分すると，1980年代が4か国，1990年代が5か国，2000年代が8か国，2010年代が13か国という推移である。

　共助原条約はその後議定書（以下「改正共助条約」という。）により改正されて2010年5月27日に開放されているが，署名はしたが未発効の主たる国は，米国等の13か国である。

また，署名・参加113か国の中には，宗主国からの適用拡大である地域が多い。例えば，バミューダ，英領バージン諸島，ケイマン諸島，ジブラルタル，ガーンジー，マン島，ジャージーは，いずれもタックス・ヘイブンとして有名な地域であるが，英国の海外領土あるいは王室領である。これらの地域は，英国の適用拡大という形で共助条約に参加している。

　この共助条約が注目されているのは，OECDによる国際的租税回避対策であるBEPSの活動計画において，多国間条約の意義が検討されており，その先駆け的な存在であるからである。この共助条約の適用が活性化すると，国際税務にも新しい局面が現れることになろう。

　2017年11月現在，共助条約が発効となっている国で，日本と二国間租税条約を締結していない国は地域別に分けると次のとおりである。日本は，これらの国とは共助条約でつながっていることになる。

① ヨーロッパ（14）：アイスランド，アルバニア，アンドラ，エストニア（条約交渉開始），キプロス，ギリシャ，グリーンランド，クロアチア，サンマリノ，ジブラルタル，フェロー諸島，マルタ，モナコ，リトアニア（条約実質合意）
② アフリカ（8）：ウガンダ，カメルーン，ガーナ，セネガル，セーシェル，ナイジェリア，チュニジア，モーリシャス
③ 中南米（16）：アルゼンチン，アルバ，アンギラ，ウルグアイ，キュラソー，グアテマラ，コスタリカ，コロンビア，セントクリストファー・ネーヴィス，セントビンセント及びグレナディーン諸島，セントマーティン，セントルシア，タークスケイコス諸島，バルバドス，ベリーズ，モンセラット
④ 大洋州（4）：クック諸島，ナウル，ニウエ，マーシャル諸島

18　租税条約に基づく情報交換

　2017年11月現在，日本は，68か国と租税条約を締結している。この租税条約には，一般的に租税条約といわれる所得税租税条約と，近年進展しているタッ

クス・ヘイブン等の国または地域と締結している情報交換協定，それに，多国間との条約である税務行政執行共助条約がある。現在日本の租税条約ネットワークでカバーしている国等は123か国である。

このうち主たるタックス・ヘイブンである，バミューダ，バハマ，ケイマン諸島，マン島，ジャージー，ガーンジー，リヒテンシュタイン，サモア，マカオ，英領バージン諸島，パナマとは情報交換協定が締結されているが，これらの租税条約によりもたらされる税務情報の形態を知る必要がある。

国税庁が2017年11月に公表した「平成28事務年度における租税条約等に基づく情報交換事績の概要」に記載された租税条約により交換される情報は，①要請に基づく情報交換，②自発的情報交換，③自動的情報交換，である。

①の要請に基づく情報交換の件数は，国税庁発が473件，外国の税務当局発が415件である。この情報は，それぞれの税務当局が相手国に要請をした結果もたらされる情報ということになる。古い租税条約では交換できなかった金融機関情報も近年の租税条約では情報交換の対象となっているが，要請することがなければ情報は来ないということである。

②の自発的情報交換の件数は，国税庁発が272件，外国の税務当局発が415件とそれほど多くないのである。

③の自動的情報交換は，国税庁発が約531,000件，外国の税務当局発が約205,000件である。この自動的情報交換による情報は，利子，配当，不動産賃借料，無形資産の使用料，給与・報酬，株式の譲受対価等に関する情報である。この情報の内容でわかることは，これらの情報が「国際版支払調書」という内容であり，かつ，所得に関する情報ということである。国税庁は，当然にこれらの情報と申告内容等のチェックを行っていることから，この情報により国外所得の申告漏れが判明することになる。

19　共通報告基準（CRS）に基づく自動的情報交換

これまでの国外から提供される税務情報は，租税条約に基づくものであったことはすでに述べているが，これによる情報にはいくつかの問題がある。

1つは，租税条約が締結されていない国等からの情報が提供されてこないということ，第2は，最も情報量の多い自動的情報交換の情報は，所得に関する情報であり，財産に関する情報ではないこと，である。この欠陥ともいえる領域を埋めるのがCRSに基づく自動的情報交換(以下「CRS情報交換」という。)である。
　このCRS情報交換は，外国の金融機関等を利用した国際的な脱税および租税回避を防止する観点から，OECDが，非居住者の金融口座情報を税務当局間で自動的に交換するための国際基準であるCRSを公表して，多くの国が実施を約束したのである。
　CRS情報交換は，銀行等の預金機関，生命保険会社等の特定保険会社，証券会社等の保管機関および信託等の投資事業体である金融機関が，普通預金口座等の預金口座，キャッシュバリュー保険契約・年金保険契約，証券口座等の保管口座および信託受益権等の投資持分に関して，口座保有者の氏名・住所（名称・所在地），居住地国，外国の納税者番号，口座残高，利子・配当等の年間受取総額等を報告するものである。
　このCRSに基づく非居住者の情報は，居住地国の課税当局に対し情報を提供されることになる。現在，日本を含む100以上の国・地域が2017年または2018年からこのCRSに従った情報交換を開始することを表明しているが，日本は，2015年度税制改正により日本発の情報に関する国内法の整備を終えており，2018年以降，外国から日本の居住者の金融口座情報の提供を受けることになる。
　本節の冒頭に述べた現行制度における問題点は，CRS情報交換によりカバーされたことになる。例えば，日本・バハマ税務情報交換協定は，2017年2月9日に改正署名がなされた。その改正内容は，CRS情報交換の条項を導入するというものである。
　CRS情報交換は，外国が相手であることから，どの程度その成果が上がるのかという点で不確定な要素はあるが，日本居住者の外国に所在する金融口座等の情報が国税庁にもたらされるという点で，従来の所得中心の情報だけでなく，財産に関する情報も提供を受けることになり，国外財産調書の記載内容等について，これまで以上に細心の注意を払う必要が生じることになるといえよう。

20　BEPSの影響

(1)　BEPS行動計画と日本の対応

　OECDは，先進国からタックス・ヘイブンへの投資が集中することを防止するためのタックス・ヘイブンの情報開示と，先進諸国間における税制上の特例等による過度な競争を防止するために，1996年より「有害な税競争」に対抗する活動を行い，2012年からBEPS防止の活動を行っている。

イ　BEPSプロジェクトの意義
　BEPSプロジェクトの意義は，次の2点である。

①	二重非課税の防止
②	価値創造の場での課税

ロ　BEPSプロジェクトの3本柱
　BEPSプロジェクトの3本の柱は，次のとおりである。

①	価値創造の場での課税の観点から国際課税原則の再構築
②	各国政府・グローバル企業の活動に関する透明性の向上
③	企業の不確実性の排除と予測可能性の確保

　OECDは，2012年以降，次のような取組みを行ったのである。

2012年6月	第7回G20メキシコ・ロスカボス・サミット首脳会合宣言において，租税分野では，情報交換の強化，多国間執行共助条約署名への奨励とともに，多国籍企業による租税回避を防止する必要性が再確認され，OECD租税委員会は，BEPSプロジェクトを開始した。
2012年後半	英国等において，多国籍企業の租税回避問題が生じていることが報道された。

2013年2月	OECDは，BEPSに対する現状分析報告書として，「税源侵食と利益移転への対応」(Addressing Base Erosion and Profit Shifting) を公表した。
7月	OECDは，「BEPS行動計画」(Action Plan on Base Erosion and Profit Shifting) を公表した。
9月	第8回G20ロシア・サンクトペテルブルクにおける首脳会合宣言において，BEPS行動計画が全面的に支持された。
2014年9月	BEPS行動計画に関する第一弾報告書 7つが公表された。
2014年11月	第9回G20オーストラリア・ブリスベンにおける首脳会合宣言は，「BEPS行動計画」の進捗を歓迎するとともに，非居住者金融口座情報の自動的情報交換を早期に開始することで一致している。
2015年10月5日	BEPS　Final Reports

(2) BEPS行動計画に示された15の課題

BEPS行動計画に示された15の課題は，次のとおりである。

① 電子商取引への課税
② ハイブリッド事業体の課税（ハイブリッド・ミスマッチの効果の無効化）
③ タックス・ヘイブン税制強化の勧告
④ 利子等の損金算入による税源侵食の制限
⑤ 有害な税実務に対する対応
⑥ 租税条約の濫用防止
⑦ 恒久的施設（PE）を利用した租税回避の防止
⑧ 移転価格税制（無形資産の関連者間移転に関する整備）
⑨ 移転価格税制（リスクの移転あるいは過度の資本の配分によるBEPS防止）
⑩ 移転価格税制（第三者との間ではほとんど生じない取引等に係るルールの進展）
⑪ BEPSに係る資料収集と分析に関する方法の確立
⑫ タックス・プランニングに関する開示義務に関する勧告
⑬ 移転価格文書化の再検討
⑭ 相互協議の効率化としての仲裁等の活用
⑮ 多国間協定の開発

(3) BEPSへの日本の対応

BEPSへの日本の対応は，次のとおりである。政府税制調査会等において検討されたが，平成29年度改正に盛り込まれることのなかった行動4，行動12等は今後の課題である。

---

(1) 電子経済の発展への対応
 ・行動1：2015年（平成27）年度改正で対応
(2) 各国制度の国際的一貫性の確立
 ・行動2（ハイブリッド・ミスマッチ）：2015（平成27）年度改正で対応
 ・行動3（外国子会社合算税制の強化）：2017（平成29）年度改正で対応
 ・行動4（利子制限控除）：今後の法改正の要否を含めて検討
 ・行動5（有害税制への対応）：既存の枠組みで対応
(3) 国際基準の効果の回復
 ・行動6（条約濫用の防止）：租税条約の拡充の中で統合
 ・行動7（人為的なPE認定回避の防止）：租税条約の拡充の中で統合
 ・行動8-10（移転価格税制と価値創造の一致）：今後の法改正の要否を含めて検討
(4) 透明性の向上
 ・行動5（ルーリングに係る自発的情報交換）
 ・行動11（BEPS関連のデータ収集・分析方法の確立）
 ・行動12（タックス・プランニングの義務的開示）：今後検討
 ・行動13（多国籍企業情報の報告制度）：移転価格税制に係る文書化（2016（平成28）年度税制改正で対応）
(5) 法的安定性の向上
 ・行動14（より効率的な紛争解決メカニズムの構築）：対応済み
(6) BEPSへの迅速な対応
 ・行動15（多国間協定の開発）：2017年6月に参加署名

---

21 金融情報自動交換

2014年9月の20か国財務大臣・中央銀行総裁会議（於：豪州・ケアンズ）および同年11月のG20ブリスベン・サミットにおいて，OECDが策定した金融口

座情報の自動的交換に関する共通報告基準が承認され,各国は所要の法制手続の完了(日本は2015年度税制改正において整備済み)を条件として,2017年または2018年末までに,相互に自動的情報交換を開始することとされた。

(1) FATCAから金融口座情報自動交換制度へ

金融口座情報自動交換制度が,国際的取組みとして,これまでどのような理由から創設され,その後に変遷を経たのかを時系列に整理すると次のとおりである。

2008年 (米国:UBS事件)	スイス最大手の銀行であるUBSの社員が米国人の顧客に対して脱税のほう助をしたことで起訴された事件を契機に米国は同行に米国人口座情報の提供を要請し,最終的には,UBSは,2009年8月に4,450口座の所有者名を公表することになった。
2010年3月18日 (FATCA:2013年1月施行)	UBS事件に関する米国国内の批判を受けて法案(H.R.2847:the Hiring Incentives to Restore Employment Act)の一部である「外国口座税務コンプライアンス法(FATCA:Foreign Account Tax Compliance Act)」が成立した。FATCAは,外国金融機関に対して米国人等の口座情報を米国財務省に報告することを規定したものである。
2012年(OECD)	OECDは,各国のFATCAに関する米国との合意を受けて,自動的情報交換に関する国際基準の策定に着手した。
2012年6月21日 (日本のFATCA共同声明)	金融庁,財務省,国税庁は,米国の財務省とともに,「米国の外国口座税務コンプライアンス法(FATCA)実施の円滑化と国際的な税務コンプライアンスの向上のための政府間協力の枠組みに関する米国及び日本による共同声明」を発表。
2013年4月9日 (欧州多国間情報交換協定)	英国,フランス,ドイツ,イタリア,スペインが,多国間情報交換協定に合意した。
2013年6月11日 (日本のFATCAに関する声明)	財務省,国税庁,金融庁等および米国財務省は,「国際的な税務コンプライアンスの向上及び米国のFATCA実施の円滑化のための米国財務省と日本当局の間の相互協力及び理解に関する声明」を発表。
2013年9月(G20:サンクトペテルブルグ)	ロシアのサンクトペテルブルグで開催されたG20首脳会議において,OECDによる自動的情報交換に関する国際基準の策定が支持された。

2013年9月(スイス議会)	スイス議会は,日本と同様にFATCAに関する協定を批准した。
2014年1月(OECD)	OECD租税委員会が共通報告基準(CRS)を承認し,OECDは,同年2月13日に公表した。
2014年2月(G20)	G20財務大臣・中央銀行総裁会議(豪州シドニーで開催)においてCRSが支持された。
2014年5月13日(OECD閣僚理事会)	パリにおいて開催されたOECD閣僚理事会において,各国間において,租税に係る金融情報の自動交換の宣言(Declaration on Automatic Exchange of Information in Tax Matters)が採択された。
2014年9月(G20財務大臣・中央銀行総裁会議)	OECDによるCRSを承認し,所要の法制手続の完了を条件として,2017年又は2018年末までに,相互に及びその他の国との間で自動的情報交換を開始するとした。
2014年10月(OECDグローバルフォーラム)	OECDがベルリンで開催した「税の透明性と情報交換に関するグローバル・フォーラム」年次総会において,OECD加盟国およびG20各国,主要金融センターが,自動的情報交換に関する新たなOECD/G20スタンダードを承認した。
2014年10月(税務執行共助条約に基づく自動的情報交換)	税務執行共助条約に基づく自動的情報交換について合意した51の国・地域が署名し,最初の情報交換を2017年9月あるいは2018年度までに実施すると宣言した(日本は,2018年9月を初年度とした。)。なお,2018年7月2日現在,署名した国等は86である。
2014年11月(G20首脳会議)	豪州(ブリスベン)G20首脳会議において,法制手続の完了を条件として,2017年または2018年末までに,税に関する情報の自動的な交換を開始することが首脳宣言に盛り込まれた。
2015年(平成27年度税制改正)	日本の金融機関に対し非居住者の口座情報の報告を求める制度が整備された(2018年が初回の情報交換初年度となる。)。
2015年12月11日(OECD)	金融口座情報自動交換制度(AEOI)の参加国リストを公表。2017年適用国は56か国,2018年適用国は41か国,期限を公表していない国が3か国である。

(2) CRSにおける口座特定手続の概要

イ 報告対象となる金融口座

銀行,証券会社,投資信託等,保険会社の保有する①預金口座,②証券口座

等，③信託等，④保険契約等，が報告対象口座となる。

□ 口座特定手続の概要

個人口座の場合，新規であれば，口座開設者による自己宣誓書により居住地国を特定し，既存であれば，低額口座（残高100万ドル以下）と高額口座（残高100万ドル超）に分けて居住地国が特定される。法人等の事業体口座の場合，新規であれば，口座開設者による自己宣誓書により法人等の居住地国を特定し，既存であれば，残高25万ドル以下の場合は手続不要であり，残高25万ドル超の場合，金融機関の保有情報等により居住地国を特定することになる（以上は国税庁『改正税法のすべて　2015年版』627頁を参考にした。）。

(3) 金融口座情報の自動交換の問題点

実例として，2006年にリヒテンシュタイン銀行であるLGTの元行員が約1,400人分の顧客名簿を持ち出してドイツ連邦情報局に500万ユーロでこの名簿を売却した事件がある。この事件では，脱税をしたドイツの納税義務者は，預金の名義を自身の名前ではなく財団（foundation）としてリヒテンシュタインにおける課税の軽減と匿名性をねらいとしたのである。非居住者の預金口座等に関しては，本人確認が厳格に行われることから，仮名口座の存在は考慮の外にして，国別に固有の取引等があることから，情報交換を行う場合，各国共通の報告基準が必要となる。OECDは前述のとおり共通報告基準（CRS）を制定し，世界各国は自動的情報交換を開始することを表明している。

(4) 日本の実施スケジュール

日本は2018（平成30）年適用国であるが，その具体的な実施作業は次のようになる。

2015年〜2016年	国内法（2015年度税制）の整備
2017年	金融機関による手続開始
2018年	租税条約に基づき第1回目の情報交換

(5) 金融口座情報自動交換制度(AEOI)の参加国リスト

2017年適用国および2018年適用国のうちの主要国は,次のとおりである。

2017年適用国	フランス,ドイツ,インド,韓国,英国
2018年適用国	豪州,カナダ,中国,香港,インドネシア,日本,マレーシア,シンガポール,スイス

22 日本の租税条約の現状

日本が現在締結している租税条約およびモデル租税条約の一覧表は,以下のとおりである。なお,カッコ内は租税条約の件数である。

包括的所得税租税条約(一般に租税条約といわれている。)	アジア諸国(14),大洋州(3),ヨーロッパ(24),旧ソ連(12),米州(5),中東・アフリカ(10) 累計68
相続税・贈与税租税条約	日米相続税・贈与税租税条約(1)
情報交換協定	アジア(1),大洋州(1),ヨーロッパ(4),米州(5)
税務行政執行条約締結国	ヨーロッパ(14),米州(16),アフリカ(8),大洋州(4)
モデル租税条約	OECDモデル租税条約,国連モデル租税条約,米国モデル租税条約他
その他	日本・台湾民間租税取決め

日本がタックスヘイブンと締結している情報交換協定は,次のとおりである。
① 2010(平成22)年2月署名:対バミューダ租税協定(2010年8月発効)
② 2011(平成23)年1月署名:対バハマ情報交換協定(2011年8月発効)
③ 2011(平成23)年2月署名:対ケイマン諸島租税協定(2011年11月発効)
④ 2011(平成23)年6月署名:マン島情報交換協定(2011年9月発効)
⑤ 2011(平成23)年12月署名:ジャージー租税協定(2013年8月発効)
⑥ 2011(平成23)年12月署名:ガーンジー租税協定(2013年7月発効)
⑦ 2012(平成24)年7月署名:リヒテンシュタイン情報交換協定(2012年

12月発効)
⑧ 2013（平成25）年6月署名：サモア独立国情報交換協定（2013年7月発効)
⑨ 2014（平成26）年3月署名：マカオ租税情報交換協定（2014年5月発効）
⑩ 2014（平成26）年6月署名：英領バージン諸島租税情報交換協定（2014年10月発効）
⑪ 2016（平成28）年8月署名：パナマ共和国租税情報交換協定（2017年3月12日発効）

既存または新規の租税条約で情報交換規定が拡大改正されたものは，次のとおりである。
① 2010（平成22）年1月署名：ルクセンブルク租税条約改正
② 2010（平成22）年1月署名：ベルギー租税条約改正
③ 2010（平成22）年2月署名：シンガポール租税条約改正
④ 2010（平成22）年2月署名：マレーシア租税条約改正
⑤ 2010（平成22）年5月署名：スイス租税条約改正
⑥ 2010（平成22）年11月署名：香港租税協定

23　日本の租税条約の方向性

以上を踏まえて，日本の租税条約における今後の展開を考える際の方向性はどのようなものかをまとめることとする。
① 租税条約は，本来，国際的投資に対して税がその障害にならないことを目的としてきたが，近年は，これに加えて，対先進国租税条約における限度税率の引き下げ等から，このような租税条約の特典を享受できない者が，他国の締結した租税条約を不正に利用する可能性が増加したため，特典を制限するための条項（LOB，PPT）という租税回避防止条項が発展した。
② OECDモデル租税条約が金融所得等の国際税務に対応するために，既存の独立企業の原則に代わるAOAを創設したことにより，外国法人の課税

が変化した。
③　税務行政執行共助条約を先例として，BEPS防止措置実施条約が作成された。
④　OECDによるBEPS行動計画により，国際間の税務に係る協調，国際税務に係る国内法の標準的整備が行われるようになった。
⑤　金融口座情報自動交換制度の実施により，国際的な情報交換網が拡充した。

24　BEPS防止措置実施条約の概要

　BEPS防止措置実施条約（以下「BEPS条約」という。）は2017年6月7日に67か国（香港を含めて68）により署名され，日本もこれに参加している。BEPS条約の英文タイトルは，Multilateral Convention to implement Tax Treaty Related Measures to Prevent BEPS，であり，財務省の報道にある和文名称は，「BEPS防止措置実施条約」である。BEPS条約は，現行の二国間租税条約とは異なる多国間租税条約であり，1つの租税条約（BEPS条約）を多くの国が承認するという形態をとることで，二国間租税条約を個々に改定する必要がなく効率的である点等が特徴である。
　この多国間租税条約の例としては，2011年11月4日に日本が署名した税務行政執行共助条約がある。この共助条約は，情報交換，徴収共助と文書送達に関して各国の課税当局の税務執行を相互に助け合う内容であるが，OECDは，この共助条約を先例として，BEPS条約制定を行ったのである[44]。
　日本は，今後，BEPS条約の国会における承認手続，BEPS条約の適用対象となる条約相手国の選択，日本および条約相手国が同条約における適用を選択した規定等を定めて，OECD事務局に通知をすることになるが，2018年以降に適用されるというBEPS条約が，今後の日本企業等の国際的活動に有利または不利に働くのかが焦点である。

◆注

1 小松芳明「日米租税条約の改正について―新条約の解説―」『租税研究』第282号，1971年8月30日，20頁。
2 1954年にはサンフランシスコ平和条約が発効して日本は占領下を脱している。
3 鈴木源吾「日米租税協定成立について」『租税研究』第31号，1952年11月30日，5頁。
4 忠氏保存文書以外に，国税庁は1951年に『国際租税協定関係の参考資料集』（国税庁税務大学校租税資料室『租税資料目録 第4集』1982年3月，119頁記載）を作成していたことが判明した。これらのことから，条約第1回専門家会議のための準備として，租税条約に関連する資料の収集を主税局および国税庁が行っていたことは明らかである。この主税局調査課の外国税制研究については，大蔵財務協会『昭和税制の回顧と展望』（下巻）331頁以降に伝統的に精度の高い外国税制研究が行われていたことが述べられている。
5 OECDの前身であるOEECは，1956（昭和31）年に財政委員会を設置してモデル租税条約の検討を開始する。なお，日本がOECDに加盟するのは1964（昭和39）年である。
6 志場喜徳郎「日米租税条約について」『税経通信』第9巻第6号，1954年6月，90-91頁。
7 矢内一好『現代米国税務会計史』中央大学出版部，2012年，第10章参照。
8 この条約の正式名称は，Convention between the United States and the United Kingdom of Great Britain and Northern Ireland for avoidance of double taxation and prevention of fiscal evasion，である。なお，名称における国の順序は，米国では，米国が先になり，英国は後になる。米英所得税租税条約と同時に相続税租税条約が締結されている。その条約の正式名称は，Convention between the United States and the United Kingdom of Great Britain and Northern Ireland respecting double taxation and tax on estates of deceased persons，であり，署名等の手続の日は，所得税租税条約と同じである。
9 所得税租税条約当時に署名された英米相続税租税条約は，全11条から構成されている。各条項と筆者が付した見出しは次のとおりである。本文は，1条（対象税目），2条（一般的定義），3条（財産の所在地），4条（諸控除），5条（外国税額控除），6条（外国税額控除の期間制限），7条（情報交換），8条（適用拡大），9条（北アイルランドへの適用），10条（発効・適用），11条（終了），である。
10 塩崎潤「最近の租税条約」『租税研究』第132号，1961年，1頁に，日米原租税条約は，外資導入について税がこれを阻害しない方向で考えている旨の記述がある。
11 船舶については，「外国船舶ノ所得税又ハ所得ニ対スル法人税及営業税免除ニ関スル法律（大正13年法律第6号）」の規定がある。
12 恒久的施設を示すpermanent establishmentという用語が使用されたのは，1927年国際連盟モデル租税条約設定のための第8回会議からである（矢内一好『国際課税と租税条約』ぎょうせい，1992年，65頁）。
13 日本の初期の租税条約については，飯田彬「日本における租税条約の歴史と展望」税務大学校，1973年8月参照。

14 『租税研究』第51号，1954年7月30日，11頁。
15 同上，12頁。
16 対スウェーデン租税条約については，1957年3月5日および同月19日の第26回国会・外務委員会において質疑されている。また，この北欧3か国との租税条約がほぼ同様の内容であるとされている（塩崎潤「パキスタン，ノルウェー，デンマークとの租税条約」『租税研究』第109号，1959年5月30日）。
17 現シンガポール共和国は，1959年に英国から自治権を獲得し，1965年にマレーシアから分離独立した。日本は，自治権を獲得後のシンガポール自治州と租税条約を締結したことになる。
18 1971年にバングラデシュがパキスタンから分離独立している。この対パキスタン租税条約はバングラデシュの分離独立前ということになる。
19 みなし外国税額控除（tax sparing credit）は，発展途上国における租税優遇措置等により免税等の措置を受けた税額について，居住地国はこれらの税額を納付したものとみなして外国税額控除を適用するというものである。
20 塩崎潤，前掲論文，5頁。
21 塩崎潤「最近の租税条約」『租税研究』第132号，1961年4月30日。
22 飯田彬，前掲論文。
23 米国では，1957年（昭和32年）署名された対パキスタン租税条約におけるタックススペアリング・クレジットを認めるか否かについて米国上院で議論になり，米中租税条約等においても議論されたが，米国はこれを認めないことが租税条約締結方針となっている（参照：矢内一好『租税条約の論点』中央経済社，1997年，192-194頁）。
24 OEECは，1948年に欧州16か国が参加して設立され，1950年に，米国，カナダが準加盟国として参加した。OEECはその後1961年に改組されてOECD（経済協力開発機構）が創立され，日本は1964年4月28日に加盟している。
25 OECDモデル租税条約草案の解説書としては，平尾照夫『租税条約の解説－OECD租税条約草案－』日本租税研究協会，1964年11月がある。
26 注4）にある忠氏保存文書。
27 この文書は，OECD財政委員会という訳語で統一されている。現行では，租税委員会という訳が一般的であるが，本章では，財政委員会という用語を使用する。
28 OEECは1956年5月から1961年9月までの期間26回，OECDは1961年11月から1963年6月までの期間11回の財政委員会が開催されている（平尾，前掲書，3頁）。
29 この米国の改正が第2次日米租税条約改正を促す原因となる。日米原租税条約時代から議論があった帰属主義を整理する。
  ① 所得源泉ルールの帰属主義：日米第2次租税条約第6条第8項において規定された帰属主義で，これは，所得の源泉ルールを規定したものである。以下では，他と区別する意味からこの帰属主義を「所得源泉ルールの帰属主義」とする。

② 租税条約における帰属主義：現行の日米第3次租税条約第7条（事業所得条項）第1項は，「(略）一方の締約国の企業が他方の締約国内にある恒久的施設を通じて当該他方の締約国内において事業を行う場合には，その企業の利得のうち当該恒久的施設に帰せられる部分に対してのみ，当該他方の締約国において租税を課することができる。」と規定している。この引用した規定は，帰属主義といわれているが，「所得源泉ルールの帰属主義」ではないと一般に解されてきた。仮に，この規定が「所得源泉ルールの帰属主義」であれば，所得源泉置換規定の適用を受けて国内法として適用になるはずであるが，そのような適用はされていない。その理由の1つとして考えられることは，ここにいう帰属主義が総合主義を採用しないことの意味で使用されているという解釈である。1963年に制定されたOECDモデル租税条約草案において採用された帰属主義はこの解釈が当てはまるものといえる。他の1つは，日本の国内法が総合主義であることから，当該租税条約の適用上，国内源泉所得のうち，恒久的施設に帰属するものと理解されたことで，これについては，「課税範囲決定の帰属主義」とする。

③ 国外源泉所得を取り込む帰属主義：米国における外国投資家課税法（Foreign Investors Tax Act of 1966）における規定のように，恒久的施設に帰せられる国外源泉所得も課税所得に含めるということを帰属主義と解する考え方がある。これは，「所得源泉ルールの帰属主義」ではなく，「課税範囲決定の帰属主義」の類型である。

30 この書籍は，1976年全訂版で定価は8,000円と当時としては高価であったにもかかわらず，初版から5訂版まで出版された。当時いかにこの情報が重宝されたかがわかる。

31 本書の作成には，筆者（矢内）も加えていただき，その際，小松教授から「所得に対する租税に関する二重課税の回避及び脱税の防止のための日本国とアメリカ合衆国との間の条約についての想定問答及び説明書」（外務省・大蔵省，1971年3月）の写しを執筆の参考資料として頂戴した。

32 日米第2次租税条約については，小松教授が，当時，大蔵省主税局国際租税課課長補佐として，条約締結の実務を担当されていたので，この条約に関する著書，論文も多い。筆者（矢内）は，『逐条研究 日米租税条約』の執筆者グループに加えていただいた関係から小松教授から，「第2次条約」に「譲渡収益に係る事業譲渡類似の規定」を加えることを検討したが，条約改正を急ぐという当時の方針からいくつかの点で改正に加えることなく，第2次条約が締結された，という当時の話を聞いている。

33 単行本以外では，小松芳明「日米租税条約の改正について－新条約の解説－」『租税研究』第282号，1973年8月30日。

34 小松芳明編著『逐条研究 日米租税条約 第3版』税務経理協会，1997年，3-7頁。

35 同上，3頁。

36 同上，5-7頁。

37 Jon E. Bischel ed. Income Tax Treaties（Practising Law Institute, 1978, Ch.12），pp.565-566, p.577.

38 Ibid. p.581. 米国側は所得源泉置換規定による日本の国内法の適用関係については，無視しているといえる。
39 小松芳明編著，前掲書，90頁。
40 同上，5頁。
41 第3次条約は2013（平成25）年1月24日に一部改正の議定書に署名され，日本側は，衆議院が2013年（平成25年）5月に，参議院は翌月の6月に改正案を承認しているが，米国議会の承認手続が行われないため現在未発効である。投資所得に関連する改正としては，特定の親子間配当の免税要件の改正と，利子を免税にしたことであり，それ以外では，相互協議に仲裁条項を新設したこと，徴収共助を拡大したこと等がある。
42 AOA導入までのOECDにおける活動の経緯は，矢内一好『Q&A 国際税務の基本問題』財経詳報社，2008年，95頁以降に詳しい。
43 このあたりの動向については，拙著，同上，123頁に詳述してある。
44 BEPS条約に関しては，次の拙著がある。
　① 矢内一好『解説　BEPS防止措置実施条約』財経詳報社，2018年1月。
　② 矢内一好『租税条約はこう変わる！　BEPS条約と企業の国際取引』第一法規，2018年3月。

(資料１) 租税条約関連の訴訟等事案

1967年6月9日	最高裁	日米原租税条約8条（不動産の譲渡）の適用
1974年10月2日	裁決	外国法人の日本支店の費用として配賦した本店管理費は損金に算入することができないとされた事例（国税不服審判所裁決例集6448頁）
1975年12月17日	裁決	外国銀行の内部利息関連 ・裁決事例集11巻43頁（原処分相当） ・1976年5月26日（事例集12巻）（借入れ承諾日のロイターレート） ・平成2年2月5日（事例集39巻）（通算不可）
1982年6月11日	東京地判	日米原条約に規定する国際運輸業所得の範囲
1985年5月13日	東京地判	外国法人に支払った使用料がその製品の輸出した部分も含めて国内源泉所得に当たるとされた事例
1991年5月16日	裁決	外国人出向者の日本における税金を立替払いした場合の源泉徴収の存否
1997年7月2日	裁決	韓国芸能人に支払われた人的役務の報酬は日韓租税条約上免税とならないとして事例（裁決事例集54集）
1998年1月27日	最高裁	日米租税条約25条の相互協議による対応的調整は国内法がなくてもできるとされた事例 ・横浜地判　1995年3月6日 ・東京高判　1996年3月28日
1998年6月25日	裁決	米国内国歳入法典401条K項の拠出型年金の掛金は給与等の収入金額に当たるとして事例
2000年3月23日	裁決	日本法人が米国法人に支払うパッケージソフトの使用料（源泉徴収の対象）
2002年10月7日	神戸地判	賃貸事業の業務を行う事務所を恒久的施設とは認めなかった事例
2003年2月27日	最高裁	米国法人に支払ったテレビ放送権料の国内源泉所得該当性（使用料に該当） ・東京地判　1994年3月30日 ・東京高判　1997年9月25日
2004年6月24日	最高裁	シルバー精工事案 ・東京地判　1992年10月27日 ・東京高判　2004年6月24日
2005年1月26日	東京高判	日本居住者がカナダ法人から受領した他の外国法人の株式分配を配当所得とされた事例

			・東京地判　2004年9月17日
2007年6月28日	東京高判		日蘭租税条約（ガイタント事案） ・東京地判　2005年9月30日 ・最高裁　2008年6月5日上告棄却不受理決定
2008年10月28日	最高裁		レポ取引に係る源泉徴収（原告の請求認容） ・東京地判　2007年4月17日 ・東京高判　2008年3月12日
2009年3月24日	裁決（棄却）		日中租税条約21条（研修生）
2009年7月15日	最高裁		都税の還付加算金（ドイツ法人）
2011年12月1日	大阪地判		来料加工
2013年10月30日	名古屋高判		来料加工（機械、ミシン製造業） ・名古屋地判　平成23年9月29日 ・最高裁　平成26年7月15日上告棄却決定
2014年10月29日	東京高判		ケイマン法人の日本支店を営業者，アイルランド法人を匿名組合員とする匿名組合契約に関する日愛租税条約の適用の可否 ・東京地判　2013年11月1日 ・最高裁　2016年6月10日上告不受理
2016年1月28日	東京高判		自動車分の輸入販売をインターネットを通じて行った原告が日本に恒久的施設を有していると判断された事例 ・東京地判　2015年5月28日

（資料２）米国デラウェア州LPS事案の裁判一覧

	第一審	控訴審	最高裁
東京	2011年7月19日 （納税義務者勝訴）	2013年3月13日 （国側勝訴）	2015年7月17日 （上告不受理決定）
大阪	2010年12月17日 （国側勝訴）	2013年4月25日 （国側勝訴）	2015年7月17日 （上告不受理決定）
名古屋	2011年12月14日 （納税義務者勝訴）	2013年1月24日 （納税義務者勝訴）	2015年7月17日 （国側勝訴）

国内源泉所得・非居住者の課税

1　国内源泉所得・非居住者課税の概要

　国内源泉所得あるいは非居住者という用語が立法当局で使用されるようになるのは，第2次世界大戦終了後しばらく時間が経過してからであるが，具体的に，非居住者および外国法人の税務に係る規定がどのように変化したのかということが焦点となる。

　国内源泉所得，非居住者および外国法人の税務について，当時の主税局臨時税法整備室長であった植松守雄氏は，1962年4月17日から21日までの5日間にわたり国税庁部内で説明をしているが，そこで次のように語っている[1]。

> 日本の外国人及び外国法人に関する税制は，非常に整備が遅れておったと言っても言い過ぎではないと思います。

　本書では，第2章において，第2次世界大戦終了後の外国人課税についてその経過をたどったのでここでは再度取り上げないが，第2次世界大戦終了直後における税制において，国内源泉所得（第2次世界大戦後は，国内源泉所得という用語の使用がなく「制限納税義務者の課税所得の範囲」と表記されていた。）がどのように規定されていたのかという点から始めることとする。

(1) 1940年改正所得税法と1947年所得税法

1940年改正所得税法（昭和15年3月29日法律第24号：以下「1940年法」という。）第2条は，制限納税義務者が納税義務を負う所得の範囲について次のように規定している[2]。

また，第2次世界大戦後の1947年の所得税法（昭和22年3月31日法律第27号：以下「1947年法」という。）も同様に第2条に，制限納税義務者が納税義務を負う所得の範囲について規定している。これらを比較したのが以下の表である。

1940年所得税法第2条	1947年所得税法第2条
1号：本法施行地ニ資産又ハ事業ヲ有スルトキ	1号：この法律の施行地にある資産又は事業の所得を有するとき
2号：本法施行地ニ於テ公債，社債若ハ預金ノ利子又ハ合同運用信託ノ利益ノ支払ヲ受クルトキ	2号：この法律の施行地において，公債，社債若しくは預金（貯金その他これに準ずるものを含む。以下同じ。）の利子又は合同運用信託の利益の支払を受けるとき
3号：本法施行地ニ本店又ハ主タル事務所ヲ有スル法人ヨリ利益若ハ利息ノ配当又ハ剰余金ノ分配ヲ受クルトキ	3号：この法律の施行地に本店又は主たる事務所を有する法人から利益若しくは利息の配当又は剰余金の分配を受けるとき
4号：本法施行地ニ於テ俸給，給料，歳費，費用弁償（月額又ハ年額ヲ以テ支給スルモノニ限ル以下同ジ），年金（郵便年金ヲ除ク以下同ジ），恩給，賞与若ハ退職給与又ハ此等ノ性質ヲ有スル給与ノ支払ヲ受クルトキ	4号：この法律の施行地において，俸給，給料，賃金，歳費，費用弁償（月額又は年額を以って支給するものに限る，以下同じ。）恩給，賞与若しくは退職給与又はこれらの性質を有する給与の支払を受けるとき

(2) 1955年所得税法

1947年法は施行後毎年改正されているが，1955年の段階では，制限納税義務者の課税所得の範囲が以下のように増加している。以下は，1955年所得税法第2条の規定である。

第2条第1号	この法律の施行地にある資産又は事業の所得（第2号乃至第9号に該当するものを除く。）を有するとき
第2条第2号	国債，地方債又はこの法律の施行地に本店若しくは主たる事務所を有する法人の発行する債券につき利子の支払を受けるとき
第2条第3号	この法律の施行地にある営業所（事業所を含む。以下同じ。）に預入された預金（貯金その他これに準ずるものを含む。以下同じ。）の利子若しくはこの法律の施行地にある営業所に信託された合同運用信託の利益の支払を受けるとき又はこの法律の施行地において事業をなす者に対する出資につき匿名組合契約及びこれに準ずる契約で命令（※）で定めるもの（以下匿名組合契約という。）に基く利益の分配を受けるとき （※） 施規一（10人以上の者との匿名組合契約及び10人以上の出資者との利益分配契約）
第2条第4号	この法律の施行地に本店又は主たる事務所を有する法人から利益若しくは利息の配当，剰余金の分配又は証券投資信託の収益の分配を受けるとき
第2条第5号	この法律の施行地においてなした勤務又は役務の提供に因り俸給，給料，賃金，歳費，年金（郵便年金を除く。），恩給，賞与，退職給与若しくはこれらの性質を有する給与（年金，恩給，退職給与及びこれらの性質を有する給与については，その者がこの法律の施行地に住所又は1年以上の居所を有した期間になした勤務に係るものに限る。）又は役務の報酬の支払を受けるとき
第2条第6号	この法律の施行地において事業をなす者から工業所有権その他の技術に関する権利若しくは特別の技術による生産方式及びこれに準ずるもの又は著作権（映画フィルムの上映権を含む。）の使用料で当該者のこの法律の施行地にある事業に係るものの支払を受けるとき
第2条第7号	この法律の施行地において事業をなす者に対する貸付金で当該者のこの法律の施行地にある事業に係るものの利子の支払を受けるとき
第2条第8号	この法律の施行地にある不動産，当該不動産の上に存する権利若しくは採石法による採石権の貸付（地上権又は採石権の設定その他他人をして不動産，不動産の上に存する権利又は採石権を使用せしめる一切の場合を含む。）又は鉱業法による租鉱権の設定に因る所得

第2条第9号	前2号乃至前号に規定する場合の外，資産をこの法律の施行地にある事業のように供することに因りその対価として支払を受ける所得その他のその源泉がこの法律の施行地にある所得で命令（※）で定めるものを有するとき （※）施規一の二（法施行地で事業をするものに対する機械器具等の貸付による所得

(3) 外国人・外国法人に対する課税

　資料から見ると，シャウプ勧告に基づく改正を行った1950年税制改正に関する解説書である以下の2点については，外国人等の税制に関する特記事項はない。
　① 大蔵財務協会『新税詳解』（1950年4月）
　② 税務経理協会「改正税法の解説」『税経通信臨時増刊号』（1950年3月）
　その後，以下に掲げる1953年以降の税制改正の解説には，外国人・外国法人に対する課税が特記されている。
　③ 大蔵省主税局税制第一課編「改正税法総解」（大蔵財務協会『財政』第18巻（以下「1953年度改正解説」という。）
　④ 大蔵省主税局税制第一課編「改正税法総解」（大蔵財務協会『財政』第19巻（以下「1954年度改正解説」という。）
　⑤ 大蔵省主税局税制第一課編「改正税法総解」（大蔵財務協会『財政』第20巻（以下「1955年度改正解説」という。）
　なお，非永住者の規定が創設されるのは，1957年税制改正であることから，上記の年分は，その前段階の時期であり，主税局調査課による『居住者及び非居住者に関する取扱』（調査資料D-1，1956年5月1日）では，米国，英国，ドイツの同税制の調査報告が行われており，居住者および非居住者概念に関する調査が進展したといえる。

イ　1953年度改正解説[3]
（イ）制限納税義務者の範囲
　個人の場合は，日本国内に住所も1年以上の居所も有しない個人が制限納税

義務者であり，来日して日本に居留する外国人は，最初の1年間は制限納税義務者であり，1年を経過した時から以後無制限納税義務者となる。

外国法人は，日本国内に本店も主たる事務所も有しない法人である。

(ロ) 個人の場合の課税所得の範囲

前出の1(2)に掲げた1955年所得税法第2条を参照すると，第2条第1号から同条第7号までが課税所得の範囲である。

(ハ) 外国法人の課税所得の範囲

前出の1(2)に掲げた1955年所得税法第2条を参照すると，第2条第2号から給与所得等の第5号を除く同条第7号までと第2条第8号が1953年度改正により追加されている。

(ニ) 個人の場合の課税方法

資産または事業の所得を有する場合，所得税法第2条第6号および第7号の所得（20％の源泉徴収後に合算して税額は税額控除）と総合合算して申告納税する。なお，所得控除は，雑損控除と基礎控除が認められる。また，第2条の第2号から第7号までの所得は，20％の税率による源泉徴収となる。

資産または事業の所得を有しない場合は，20％の源泉徴収となるが，日本で勤務する者の給与等で，外国払いで，かつ，その支払者が国内に事業所等を有しない場合，20％税率の適用となる申告納税になる。

(ホ) 外国法人の場合の課税方法

申告納税はなく，すべて20％の源泉徴収となる。

(ヘ) 源泉徴収の代位納付制度

課税対象となる所得が現実に外国で支払われる場合，支払者の国内にある営業所の管理の責任者などが納税義務者に代わってその税額を納付するのである。

(ト) 税率の軽減

日米原条約の施行は1955年4月であることから，この年分には租税条約の適用はない。

税率の軽減は20％から10％への軽減である。以下はその対象となる所得である。

① 制限納税義務者が外貨その他の対外支払手段を提供して合法的に取得した日本の公社債，日本法人の発行する社債，株式，出資又は貸付信託又は証券投資信託の収益証券又は貸付金債権について受ける利子，利益又は利息の配当，剰余金の分配，利益又は収益の分配

② 制限納税義務者が外国において取得した工業所有権その他の技術に関する権利又は特別の技術による生産方式及びこれに準ずるもののうち，一定の種類の事業（大蔵省令で規定）の用に直接供するものを日本国内事業を行う者に対して提供したことに因って受ける使用料

(チ) 使用料の非課税

上記（ト）②の所得について，工業所有権等の提供が1953年3月31日までに締結された契約に基づいてなされたものである場合，日本との租税条約の効力が生じた日から6か月を経過した日までの間に支払われたものについては，所得税が課されない。

(リ) 無制限納税義務者の定義

第2次世界大戦後に来日した外国人は，本人が積極的に日本に住所を有する意思を表明しない限り，原則として日本に住所を有しないと解されてきた。ただし，日本に1年以降居所を有する場合は，無制限納税義務者となる。

(ヌ) 無制限納税義務者の給与所得または退職所得の収入金額の計算の特例

原則は，国内で支払われた金額を給与所得または退職所得の収入金額として所得金額を計算する。

外国払いの給与については，日本に送金した場合，課税対象となる収入金額に加算する。

このように計算した収入金額がその者の生活に通常必要な金額として大蔵大臣の定めた金額に満たない場合，その満たない金額（外国で支払われた金額を限度とする。）を収入金額に加算する。

(ル) 無制限納税義務者が外資法人等から受ける給与所得または特定の自由職業所得に対する課税の特例

外国法人等からの投資の額1億円以上の日本法人あるいは特定の事業を営む外国法人で，日本国内の事業用資産の額が1億円以上である外資法人から受け取る給与等は，その収入金額から5割相当額（金額上限350万円）を控除する。また，銀行業等の特定の事業を営む法人からの給与所得あるいは自由職業所得についても，上記の控除（金額上限350万円）が認められている。

ロ　外国税額控除の導入

1953年税制改正により外国税額控除の直接控除が導入されたが，その改正解説によれば，導入の理由として，本邦商社の海外活動の促進に資するため，二重課税の排除を目的とした，と説明されている。

ハ　1954年度改正解説[4]

以下に掲げた項目以外の箇所は，1953年度改正と同様である。

(イ) 非居住者の課税範囲

1955年改正の所得税法第2条を参照すると，1953年度と比して，第8号（不動産所得），第9号（機械等の貸付の所得）が追加されている。

(ロ) 非居住者の課税方法

日本国内に事業を有する場合は，非居住者の課税範囲に掲げた所得を総合課税することになる。これは1954年度の改正事項である。これは，日米原条約が1954年4月に署名され，事業所得については総合主義を採用したことが国内法の改正に影響したものと思われる。

日本国内に事業等を有しない場合は，第1号（資産又は事業の所得）と第8

号（不動産所得）を除き総合課税されない。原則として20％の源泉徴収で課税は終了する。

（ハ）外国法人の課税
第1号（資産又は事業の所得）と第5号（給与所得）以外の所得は所得税が課税される。源泉徴収税率は20％である。

二　1955年度改正解説
1955年度は，新たな改正が行われなかった。

2　国内源泉所得という用語の使用開始

現行の所得税法（2017年度改正）の第161条には，見出しが，「国内源泉所得」で，「この編において「国内源泉所得」とは，次に掲げるものをいう。」と規定されている。

しかし，1955年までの税制改正では，制限納税義務者から非居住者という用語に代わってはいるが，国内源泉所得という用語の使用はなく，非居住者の課税所得の範囲という表現である。

では，国内源泉所得あるいは国外源泉所得という用語がいつから使用されるようになったのかという点であるが，1957年2月21日開催の「参議院」大蔵委員会会議録第6号」に掲載されている塩崎潤氏（当時：大蔵省主税局税制第一課長）は，次のように発言している。

> 「税法の建前は，もう住所或いは居所が1年以上こしますれば，居住者といたしまして，所得の全部，国内源泉所得，国外源泉所得を問わず課税になると（以下略）」

したがって，主税局では，国内源泉所得あるいは国外源泉所得という用語は一般に使用されていたものと思われる。

3 1962年税制改正における非居住者および外国法人の課税の基礎データ[5]

(1) 1962年当時の日本の租税条約

1962年には，日本は，以下に掲げる初期の7租税条約を締結していた。

	租税条約	発　効
1	対米国租税条約	1955年4月
2	対スウェーデン租税条約	1957年6月
3	対デンマーク租税条約	1959年3月
4	対パキスタン租税条約	1959年5月
5	対ノルウェー租税条約	1959年9月
6	対インド租税条約	1960年6月
7	対シンガポール自治州租税条約	1961年9月

(2) OECD等の動向

1962年当時，日本はOECDには加盟していなかったが，その動向は注視していたのである。

1958（昭33）年9月	OEEC（Organization for European Economic Cooperation：欧州経済協力機構）租税委員会第1次報告書
1959（昭34）年7月	OEEC租税委員会第2次報告書
1960（昭35）年7月	OEEC租税委員会第3次報告書
1961（昭36）年8月	OEEC租税委員会第4次報告書
1961年	OECD創設
1963（昭38）年	OECDモデル租税条約草案制定
1964（昭39）年4月	日本がOECDに加盟

当時の国内におけるOECDに対する姿勢は，次の文献等に示されている[6]。

① 「OECD財政委員会関係資料　No.1」1962年5月15日（主税局総務課）
② 「OECD財政委員会関係資料　No.2」1962年6月29日（主税局国際租税課）

③ 「OECD財政委員会関係資料　No.3」1962年8月8日（主税局国際租税課）

(3) 非永住者概念の創設

1957年の税制改正において改正された条文は，次のとおりである。

| 1957（昭32）年改正（第2条第2項） | 「居住者のうち，この法律の施行地に現に住所がなく過去1年以上5年以下の期間居所又は住所を有する者（以下本条において「非永住者」という。）については，前項の規定にかかわらず，命令の定めるところにより，この法律の施行地に源泉のある所得及びその他の所得でこの法律の施行地において支払われ又はその施行地外から送金されたものに対し，所得税を課する。」 |

1962年に非永住者の規定の改正が以下のように行われ，2006年度まで継続したのである。

非永住者規定の改正（1957年創設　1962年度改正）
「居住者のうち，国内に永住する意思がなく，かつ，現在まで引き続いて5年以下の期間国内に住所または居所を有する個人をいう。」

この永住の意思の推定に関しては，1962年政令は次のように規定している（所規1の10：昭和37年政令94号追加）。

　法施行地に居住することとなった個人が左の各号の一に該当する場合には，当該個人は，法施行地に永住する意思がないものと推定する。
(1)　当該個人が日本国籍を有せず，かつ，法施行地に永住する許可を受けていないこと。
(2)　当該個人が日本国の国籍のほか外国の国籍を有し，かつ，その納税地の所轄税務署長に対し，法施行地に永住する意思がない旨を表明したこと。

(4)　1962年度改正の背景

前述したように，1962年度税制改正について解説をした植松氏は次のように

述べている。

> 日本の外国人及び外国法人に関する税制は非常に整備が遅れておったと言っても言い過ぎではないと思う。

また，1962年度改正項目であった外国税額控除については，その創設以降次のような変遷があった。

1953（昭28）年	外国税額控除制度の創設（控除限度額は国別控除限度額方式，直接控除のみが認められた。）
1962（昭37）年	地方住民税から控除できるように地方税が改正され，控除限度額は国別限度額方式と一括限度額方式の選択となった。間接税額控除が採用された。
1963（昭38）年	赤字国の欠損金を黒字国の所得と通算しないこととして国別限度額方式を廃止し，控除余裕額，控除限度超過額の5年繰越制度が創設された。

(5) 当時の背景

1962（昭和37）年は，池田勇人内閣による所得倍増計画が1960年から始まり，日本が戦後の経済から脱却して高度成長に突入した時期である。

この時期の非居住者等の課税に関する検討を行った成果は次の文書に見ることができる。

① 税制調査会「税制調査会第一次答申関係資料集（その2）」1961年4月，750頁以降（以下「1961年資料」という。）。
② 税制調査会「税制調査会答申及びその審議の内容と経過の説明」1961年12月，512頁 以降（以下「1961年答申」という。）。
③ 税制調査会「税制調査会答申関係資料集（第2分冊）」1962年3月，901頁以降（以下「1962年資料」という。）。
④ 国税庁「非居住者，外国法人及び外国税額控除に関する改正税法の解説」1962年5月（以下「1962年解説」という。）。
⑤ 福山博隆「外国法人及び非居住者の課税その他国際的側面に関する税制

改正」『税経通信』1962年5月。
⑥　吉田哲朗「国際的な側面に関する法人税法の改正」『改正税法詳解特集号』（以下「吉田解説」という。）1962年。
⑦　税制調査会「所得税法及び法人税法の整備に関する答申」1963年12月, 66-68頁（以下「1963年答申」という。）。

(6)　1962年から1965年前の規定

1965年に所得税および法人税は全文改正されて，国内源泉所得に関しては2014年改正前の条文構成になるが，その全文改正前の規定は，それ以前の例えば1955年当時とどのように異なっていたのかを最初に検証する必要がある。

1955年法第1条	1964年所得税法第1条	1964年法人税法第1条
第2項1号：資産又は事業所得	第3項1号：同左	第3項1号：同左
第2項2号：債券利子	第3項2号：同左	第3項2号：所得税法2号から9号
第2項3号：預金利子, 匿名組合分配金	第3項3号：同左	―
第2項4号：配当	第3項4号：同左	―
第2項5号：給与等	第3項5号：公務員の国外勤務の規定追加, 人的役務提供事業追加	―
第2項6号：使用料	第3項6号：同左	―
第2項7号：貸付金利子	第3項7号：同左	―
第2項8号：不動産	第3項8号：同左	―
第2項9号：資産貸付の所得	第3項9号：同左	―
第3項：外国に勤務する公務員の住所	第4項：同左	―
第4項：施行地内の法人	第5項：同左	―
第5項：施行地外の法人	第6項：同左	―
	第7項：法人でない社団又は財団	第2項：同左

	第8項：事業の定義（恒久的施設，建設PE，代理人PE）	第4項：同左
	第9項：所得源泉置換規定	第5項：同左
	第10項：事業の所得等の政令等への委任	第6項：同左

4　1961年資料

　この答申では，非居住者等に対する課税に関する主要問題点として，次の3点が挙げられている。
　① 外国人の事業に対しては，どのような要件が備わった場合に日本の課税権に服するべきものと考えるのか。
　② 日本に「事業」ないし「恒久的施設」を有しない非居住者または外国法人が取得する日本源泉の所得に対する課税およびその税率は，いかにあるべきか。
　③ その他非居住者等に対する課税に関する問題
　さらに資料として，米国，英国，西独における非居住者課税の方法および日本が締結した租税条約およびOEECにおける条約案における「恒久的施設」の概念等の資料が添付されている。

5　1961年答申

　当時日本が締結していた初期7条約，主要諸外国の制度等を参考にして，非居住者等の課税の要件，課税所得の範囲，各所得種類に対する課税方法および税率等と外国税額控除について整備することを提言している。
　この答申では，以下に掲げる各項目について，現行制度の概要，諸外国の制度，問題の所在，検討と結論，について検討されている。
　検討された項目は，次のとおりである。

(1) 事業所得の課税

ここでは，①事業所得の課税の要件，②事業所得の課税の範囲，③事業所得のほか資産所得を有する場合の課税方式，がそれぞれ検討された。

イ 事業所得の課税の要件
国内法においても，非居住者の課税所得の範囲に，「事業」を有するときとなっているが，その内容が，租税条約に定めのある恒久的施設と比較すると不明瞭である。

ロ 事業所得の課税の範囲
国内法には規定がなく，租税条約に規定のある独立企業の原則を採用することが適当であり，物品購入から所得は生じないとすることが適切である。

ハ 事業所得のほか資産所得を有する場合の課税方式
国内に事業を有する場合は総合主義を堅持することとしているが，帰属主義を採用している対インド，シンガポール租税条約では，恒久的施設に帰属しない投資所得は，分離して課税する方式とする。

(2) 人的役務の提供による所得の課税

以下の(3)では給与所得等の課税が検討されていることから，ここでは，自由職業所得，芸能人等の所得が対象となっている。

(3) 給与所得等

非永住者規定の改正（1957年創設）が検討され，「居住者のうち，国内に永住する意思がなく」という文言を追加することが検討され，1962年度改正で改正されている。

(4) 資産所得に対する課税

源泉徴収税率の引き下げ等が検討されている。

(5) **譲渡所得その他の資産の譲渡による所得に対する課税**

国内法で課税する所得を明記するとしてその例が掲げられている。

(6) **所得の源泉地**

これまでの国内法は，所得源泉規定が未整備であったので改正が必要である。また，国内法と租税条約の所得源泉ルールが異なる場合に備えて，所得源泉置換規定を創設することが提言されている。

(7) **外国政府職員に対する非課税**

国内法の規定の整備が必要としている。

(8) **出国等の規制**

米国等の制度を参考にして制度を設けることの検討が必要としている。

(9) **外国税額控除**

控除限度額の計算には一括限度額が適当としている。1962年度改正では，国別限度額方式と一括限度額方式の選択となる改正が行われている。

6　1962年資料

1962年資料は1961年答申をまとめたものである。

7　1963年答申

1963年答申は，1962年改正後であることから，従前とは異なる以下の論点が検討されている。
　① 内国法人の判定に管理支配主義の併用の可否

②　代位納付制度の改正
　③　船舶又は航空機の乗組員の給与等の課税
　④　同族会社の留保金課税（外国法人に対して留保金課税を行わないことを明文化する。）

8　1962年解説

(1)　1962年解説までの経緯

1962年解説までの経緯をまとめると，次のようになる。
①　初期7条約の締結により，非居住者・外国法人に対する課税要件である恒久的施設，所得源泉，源泉徴収制度の整備等が行われた。
②　第2次世界大戦後から日米原条約以後までは，外資導入を目的として税負担の軽減を図ってきたが，1960年代に入り，経済の自立と高度成長という状況になり，これまで戦後の負の部分（来日外国人等に対する課税上の特例）等を払拭する時期となった。
③　1961年答申が，各項目について，現行制度の概要，諸外国の制度，問題の所在，検討と結論という分析を行い，1962年度改正の導入を導いた形となっている[7]。
④　初期7条約等の締結を通じて，日本の国際税務の規定の不備が明らかになったことから，諸外国の同制度等を参考にして国内法の整備充実を図ったのである。

(2)　1962年解説で指摘されている事項

1962年解説では，改正を要した事由が次のように述べられている。
①　租税条約と国内法に矛盾抵触があった場合
②　条約自体の個々の規定の解釈の基準となるような問題を国内法で明らかにする問題

1962年解説の基本線は，1961年答申であり，その背景には，すでに述べたよ

うに，初期7条約の締結が国内法の改正をプッシュした形となっている。

(3) 1962年解説の条文解釈

以下は，3(6)に掲げた第1条第3項の各号所得に対する説明である。
① 第1条第3項は，「左に掲げる所得は，この法律の施行地に源泉のある所得とする。」と書かれているが，第3項は限定列挙ではない。
② 第1条第3項第1号にある，「第2号乃至第9号に該当するものを除く」の意味は，第2号から第9号までにあるものは第2号から第9号で処理して，それで処理できないものが第1号に行くという考え方である。
③ 第5号所得に人的役務提供を主たる内容とする事業について規定している。
④ 第1条第8項は，事業を3つに区分している。第1は，事務所等の事業を行う一定の場所，第2は，建設工事等，第3は，代理店の関係である。
⑤ 租税条約では，租税条約よりも国内法が有利な場合は国内法によることになっていることから，租税条約では課税となるが，国内法では課税にならない場合を回避する必要があり，所得源泉置換規定が置かれたのである。

(4) 吉田解説による1962年法改正

1962年法改正は，所得税法の一部を改正する法律（昭和37年法律第44号）と法人税法の一部を改正する法律（昭和37年法律第45号）である。なお，1962年解説および吉田解説の双方に，外国税額控除の改正があるが，本書では，外国税額控除を別に扱うことから，ここでは除いてある。以下は，吉田解説の主要部分である。

イ 所得源泉に関する改正
（イ）人的役務の提供を主たる内容とする事業の所得

非居住者と同様に外国法人についても，わが国において行う事業内容が人的役務の提供を主要なものとしている場合，源泉徴収を行うことになった。

(ロ) 国内事業に係る貸付金の所得

　法施行地において事業をなす者に対する貸付金で当該者の法施行地にある事業に係るものの利子は日本に源泉がある所得とされてきたが，執行上論議を招いた事項もあり，政令で具体的な規定が置かれた。

(ハ) 法施行地にある資産の所得

　資産の所得の範囲についてこれまで具体的な規定がなかったことから，新たに規定が設けられた。

(ニ) 法施行地にある事業の所得と非居住者の事業所得の課税要件

　租税条約における恒久的施設の概念，各国の制度を参考にして，非居住者が日本に事業を有する場合が具体的に規定された（1964年所法1⑧）。

(ホ) 所得源泉置換規定の創設

　これについては，すでに説明が行われたので，ここでは省略する。

ロ　非居住者の譲渡所得の課税範囲の改正

　これまで法施行地にある資産の範囲について具体的な規定がなかったことから，非居住者の譲渡所得課税の範囲を日本と属地的応益関係の深い重要な資産の譲渡による次に掲げる所得に限定した。

① 法施行地にある不動産の譲渡による所得
② 法施行地にある山林の伐採又は譲渡による所得
③ 内国法人の発行する有価証券の譲渡による所得で，有価証券の買い占めに伴って，当該有価証券を発行法人若しくはその特殊関係者に対し譲渡をすることによる所得
④ 事業譲渡類似所得
⑤ 国内に事業を有する非居住者の資産の譲渡に因る所得
⑥ 非居住者が国内に滞在する間に行う国内にある資産の譲渡による所得

9　1965年度改正（国内源泉所得）

　1965年度の所得税法，法人税法の全文改正により非居住者・外国法人課税は，国内源泉所得等，課税の方法等が次のように整備された。以下は，所得税法第161条（国内源泉所得）の規定である。

(1)　**用語の定義等**

　1965年度改正前の所得税法，法人税法の規定に非居住者の課税所得の範囲としての規定が存在していたが，「国内源泉所得」という税法における規定はなかった[8]。

(2)　**1号所得（事業又は資産からの所得）**

　1号所得は，①国内の事業から生ずる所得，②国内にある資産の運用，保有若しくは譲渡により生ずる所得（2号から11号までに該当するものを除く。），③その他その源泉が国内にある所得として政令で定めるもの，から構成されている。

(3)　**2号所得（人的役務の提供事業の対価）**

　この人的役務提供事業には，①芸能人及び運動家等を派遣する事業，②自由職業者を派遣する事業，③科学技術，経営管理の技術者等を派遣する事業（機械設備等のアフターサービス，建設工事の指揮監督等を除く。）が含まれる。

(4)　**3号所得（不動産の賃貸料等）**

　国内にある不動産，国内にある不動産の上に存する権利等の貸付けによる対価，居住者又は内国法人に対する船舶，航空機の貸付けによる対価

(5)　**4号所得（利子所得）**

　国債，地方債，内国法人の社債の利子，国内にある営業所に預け入れられた預貯金の利子，国内にある営業所に信託された合同運用信託，公社債投資信託

又は所定の公募公社債等運用投資信託の収益の分配

(6)　5号所得（配当所得）

内国法人から受け取る配当等

(7)　6号所得（貸付金の利子）

国内において業務を行う者に対する貸付金で当該業務に係るものの利子

(8)　7号所得（工業所有権等の使用料）

国内において業務を行う者から受ける，①工業所有権等の使用料又はその譲渡による対価，②著作権（出版権及び著作隣接権その他これに準ずるものを含む。）の使用料又はその譲渡による対価，③機械，装置その他政令で定める用具の使用料，で当該業務に係るもの

(9)　8号所得

給与，給与等とみなす年金に関する規定である。

(10)　9号所得（事業の広告宣伝のための賞金）

国内において行う事業の広告宣伝のための賞金として，国内において行われる事業の広告宣伝のために賞として支払われる金品その他の経済的利益（法令182）

(11)　10号所得（年金等）

国内にある営業所又は国内において契約締結の代理人を通じて締結した生命保険契約，損害保険契約等に基づいて受ける年金

(12)　11号所得（匿名組合契約等に基づく利益の分配）

国内において事業を行う者に対する出資につき匿名組合契約（これに準ずる契約を含む。）で政令で定めるものに基づいて受ける利益の分配

10　所得源泉置換規定の意義

　この規定は前述のとおり1962年度改正であるが，1965年度改正により「租税条約に異なる定めがある場合の国内源泉所得」という見出しが付されて整備されたことから，以下に再論する。

(1)　条文（所162，法139：1962年度改正）（条文中のカッコ書きは筆者注）

「日本国が締結した所得に対する租税に関する二重課税防止のための条約において国内源泉所得につき前条の規定と異なる定めがある場合には，その条約の適用を受ける法人については，同条の規定にかかわらず，国内源泉所得は，その異なる定めがある限りにおいて，その条約に定めるところによる（ここまでを以下「前段」とする。）。この場合において，その条約が同条第2号から第11号までの規定に代わって国内源泉所得を定めているときは，この法律中これらの号に規定する事項に関する部分の適用については，その条約により国内源泉所得とされたものをもってこれに対応するこれらの号に掲げる国内源泉所得とみなす（ここまでを以下「後段」とする。）。」

(2)　租税条約の条理

　租税条約よりも国内法が有利な場合は国内法によるということが租税条約の条理である（租税条約ではプリザベーションクローズとして規定しているものがある。）。言い換えれば，租税条約は，国内法以上に税負担を増やす新たな課税関係を作り出さないということである。具体的に示すと次の2つの場合において①がこれに該当する。

　① 　租税条約≦国内法
　② 　租税条約＞国内法

(3)　所得源泉置換規定の前段の意義

　貸付金の利子のように，国内法が使用地主義で，租税条約が債務者主義の場合，外国法人から内国法人が借り入れた資金を日本の国外における業務に使用

し，その利子が，当該内国法人により支払われている場合，国内法では，当該利子は国外源泉所得で課税なし，租税条約を適用すると国内源泉所得として課税となる。

　租税条約に規定する所得源泉地規定は，条約相手国に便益を与えたものではなく，両国間で合意した共通の所得源泉ルールを決定することが目的であることから，プリザベーションクローズが納税者に有利な所得源泉ルールを選択することに適用されないとするのが，立法当局における解釈である。したがって，所得源泉の置換規定の前段は，プリザベーションクローズと所得源泉ルールの間の関係を明確にするために規定されたものであるから，所得源泉ルールという点において対応する規定であれば租税条約に置き換わることになる。ただし，所得源泉ルール以外の規定で，上記(2)②の関係になる場合は，この規定の適用があるとはいえない。

(4)　所得源泉置換規定の後段の意義

　この後段は，前段の規定を受けて，源泉徴収に係る規定である。したがって，源泉徴収に関連のない第1号所得はこの規定から除かれている。国内法における源泉徴収の規定は，国内源泉所得の規定を前提にしていることから，租税条約により置き換えられたものを国内源泉所得とみなすことにより国内法における源泉徴収の規定の適用があることになる。

(5)　所得源泉置換規定の立法趣旨

　所得源泉置換規定が創設された1962年度改正時における立法趣旨は，国内源泉所得のうち，源泉徴収の対象となる2号所得以降の所得について，租税条約と国内法の所得源泉ルールが異なる場合，租税条約が国内法に定める税負担以上の課税を行わないとする租税条約に規定または内在する条理と対立することのないように，租税条約に定める所得源泉ルールが適用されることを明確にしたものである。そして，前段における規定を受けて，後段における規定により，租税条約により置き換えられた所得を国内源泉所得とみなすことにより源泉徴収に係る国内法の規定の適用を行えるようにしたものといえよう。

11 国内源泉所得と課税の方法

(1) 総括表

　以下は，1965年度改正後の所得税法第161条（国内源泉所得）と同法第164条（非居住者に対する課税の方法）をまとめた表である。なお，1号PEは，所得税法第164条第1項第1号に規定する恒久的施設のことで，2・3号PEは，同条第1項第2号および第3号に規定のある恒久的施設のことである。

国内源泉所得の種類	1号PE	2・3号PE	PEを有しない非居住者・外国法人	源泉徴収の有無
1号（事業）			課税なし	×
1号（資産の運用保有）				×
1号（資産の譲渡）				×
1号（政令で定めるもの）				×
2号				○
3号				○
4号				○
5号				○
6号				○
7号				○
8号				○
9号				○
10号				○
11号				○

※1　上記塗りつぶし部分は，総合課税されるもの
※2　それ以外の部分は分離して課税されるもの
※3　2・3号PEの4号所得から11号所得までの「事業に帰せられる」部分について，帰属主義と解するむきもあるが，これは課税所得の範囲を決める意味であり，所得の源泉を決める帰属主義とは異なるものである。

(2) 国内源泉所得の用語の創設

　事業の場合は純所得，それ以外の所得は収入概念である。国内源泉所得という用語は，純所得と収入金額の異なる性質の2つの概念を含むものである[9]。

12　外国投資家課税法

(1) 外国投資家課税法の概要

　外国投資家課税法は1966年11月13日に成立し，公法番号は89-809である。

　外国投資家課税法は，1954年法N節（Subchapter N）「米国国内源泉所得或いは国外源泉所得からの所得に対する課税」の改正として組み込まれ，1967年1月以降施行されている[10]。

　外国投資家課税法が与えた影響は3つあるといえる。1つは，米国国内法における非居住者課税の方式を改正したことであり，第2は，日米租税条約が改正されて，第2次日米租税条約が制定されたこと，そして第3は，国内法の国内源泉所得の改正に影響を与えた点と2014年税制改正（総合主義から帰属主義）への影響である。

(2) 外国投資家課税法による主要な改正点

　外国投資家課税法導入前の外国法人課税は，米国国内において事業に従事（engaged in business in United States）しているか否かを課税における判定要素としていた。

　外国法人が米国における事業に従事している場合は，国内源泉所得である事業所得およびその他の投資所得のすべてを総合課税された。また，外国法人が米国における事業に従事していない場合は，投資所得に対して源泉徴収されて課税関係が終了していたのである。結果として，外国法人が米国国内において事業に従事していれば，その事業と関連のない国内源泉所得である投資所得も総合課税の課税対象となる欠陥が指摘されていた。

この欠陥を補正するために，外国投資家課税法は，第1の改正点として，実質関連（effectively connected）概念を導入して，外国法人の課税について次のように整理したのである[11]。
① 米国において事業に従事しているか否かが第1の判定基準である。
② 米国において事業を行い，すべての所得がその事業と実質的に関連する場合は総合課税となる。
③ 米国において事業を行うが事業と関連のない所得がある場合及び米国において事業を行わない場合の米国国内源泉所得のうち，定額定期的所得（fixed or determinable annual or periodical gains, profits and income）に該当する所得は比例税率（30%）による源泉徴収課税となる。

第2の改正点は，外国法人が取得する一定の国外源泉所得について租税回避防止の観点から課税所得として取り込むことを規定したことである[12]。

非居住者の所定の国外源泉所得を課税所得とする場合，外国法人が米国国内に事業を行う事務所あるいは一定の場所を有していることが要件となる。この場合，課税対象となる国外源泉所得は次のとおりである，
① 無形資産の使用料（無形資産の譲渡損益を含む。）等
② 金融業等の活動から生じる配当，利子及び株式等の譲渡損益等
③ 米国における事務所等を通じての動産の売却から生じた所得。ただし，当該動産が米国外において使用，消費，処分されるために売却される場合，あるいは米国国外の事務所等が当該売却の主要な点に関与する場合は除かれる。

上記の結果，外国法人等に対して国外源泉所得が課税対象となることから，外国税額控除が認められることになった[13]。

上記第2の点は，外国法人が米国に支店等を設立して，棚卸資産の権原（title）を国外で移転する等の操作を行うことで，租税回避となることを防止するねらいがある。例えば，内国法人に対して国内源泉所得のみを課税所得の範囲とする属地主義を採用している南米のいくつのかの国の場合，米国国内源泉所得は，本国において課税所得とならない。しかも，米国の事務所等の所得について，米国国外源泉所得であれば，本国と米国の双方で課税にならないことになる。さらに，資産の販売地である第三国において，恒久的施設がないこと

等から課税にならないのであれば、いずれの国においても課税のない状態になる。このことを防止するために、所定の米国国外源泉所得を課税所得の範囲とする改正が行われたのである[14]。

(3) 米国の恒久的施設に帰せられる所得

第2次日米租税条約を含めて、以下に掲げた3つの概念があり、これらの概念は混同して使用されるおそれがあることから、それぞれの概念の相違を明らかにする必要がある。

① 実質関連概念（米国国内法）
② 恒久的施設に帰せられる国外源泉所得（米国国内法）
③ 産業上又は商業上の利得で恒久的施設に帰せられる所得（第2次日米租税条約第6条）

上記①の実質関連概念については、租税条約に規定されている帰属主義に類似するものといえるが、事業の存在を前提としてそれを補完することにより、よりその事業の実態に適合した課税を行おうとするものである[15]、という解釈があり、実質関連概念と帰属主義は同じものとは理解されていない。

実質関連概念は、これまで検討したように、総合課税に含まれるのか、定額定期的所得として源泉徴収の対象となるのかを区分する基準として機能しており、いわゆる帰属主義とはその役割が異なるものである。

前記③は、1963年のOECDモデル草案と同様の事業所得条項（同租税条約第8条）を規定する一方、所得源泉については、国内法の実質関連概念の判定要素である資産テストと活動テストを同租税条約の規定に入れている[16]。

以上のことから、外国投資家課税法以降、米国の非居住者課税は現行の方式に改正されたのであるが、米国国内法が所得源泉ルールの帰属主義になったのではなく、国内法と租税条約を調整するために、第2次日米租税条約のみを帰属主義としたのである。

13　帰属主義導入に係る論点整理

　帰属主義は，恒久的施設に帰属するすべての所得に課税すべきという考え方であるが，以下は，一般的にいわれている帰属主義について整理する。

(1)　所得源泉ルールの帰属主義

　第2次日米租税条約第6条第8項において規定された帰属主義で，これは，所得の源泉ルールを規定したものである。

(2)　租税条約における帰属主義

　現行の第3次日米租税条約第7条（事業所得条項）第1項は，「（略）一方の締約国の企業が他方の締約国内にある恒久的施設を通じて当該他方の締約国内において事業を行う場合には，その企業の利得のうち当該恒久的施設に帰せられる部分に対してのみ，当該他方の締約国において租税を課することができる。」と規定している。この引用した規定は，帰属主義といわれているが，「所得源泉ルールの帰属主義」ではないと一般に解されてきた。
　仮に，この規定が「所得源泉ルールの帰属主義」であれば，所得源泉置換規定（所法162および法法139）の適用を受けて国内法として適用になるはずであるが，そのような適用はされていない。その理由の1つとして考えられることは，ここにいう帰属主義が総合主義を採用しないことの意味で使用されているという解釈である。1963年に制定されたOECDモデル租税条約草案において採用された帰属主義はこの解釈が当てはまるものといえる。他の1つは，日本の国内法が総合主義であることから，当該租税条約の適用上，国内源泉所得のうち，恒久的施設に帰属するものと理解されたことで，これについては，すでに述べた「課税範囲決定の帰属主義」ということになる。

(3)　国外源泉所得を取り込む帰属主義

　本来あるべきものではないが，米国における外国投資家課税法における規定のように，恒久的施設に帰せられる国外源泉所得も課税所得に含めるというこ

とを帰属主義と解する考え方がある。これは,「所得源泉ルールの帰属主義」ではなく,「課税範囲決定の帰属主義」の類型であるが,日本がこの規定を採用する可能性はない。以下,この類型は,前記の(2)と区分する意味から,「米国型課税範囲決定の帰属主義」とする。

(4) 所得税法施行令旧第279条第5項および法人税法施行令旧第176条第5項の意義

　所得税法施行令旧第279条第5項および法人税法施行令旧第176条第5項は,1973（昭和48）年度税制改正により創設された規定であるが,当該条項が創設された理由は,外国法人の国内支店を通じて国外に投融資を行う場合,この種の事業活動から生ずる所得の取扱いが明確でなかったため,国外における投融資先の選定等,投融資等に関連する業務をもっぱら国内に所在する支店が行っている場合,その所得について国内支店に帰属するものとするのが適当であるとした規定である。

　この規定によれば,国内,国外の双方にわたって事業活動を行う外国法人が,国内の支店等を通じて国外にある者に対する金銭の貸付け,投資その他これらに準ずる行為により生ずる所得で,国内支店等で行う事業に帰せられるものは国内源泉所得としたのである。この規定を創設した趣旨は,タックス・ヘイブン国内に本店を持つ外国法人が日本国内の拠点を通じて東南アジアその他の免税産業に投融資を行った場合における課税のほ脱を防止することをねらいとしているのである。

　この規定は,米国における外国投資家課税法を範としたものであり,外国投資家課税法にあるように,国内にある支店等の恒久的施設の存在を前提として,国外で生じた所得を恒久的施設の所得として取り込むことにしたのであるが,米国の場合は,国外源泉所得として取り込んだのに対して,日本の場合は,国内源泉所得としたのである。これをもって,日本の国内法における「帰属主義」と解するむきもあるが,これは非居住者に関する規定を複雑にしないために国外源泉所得を国内源泉所得とするとしたもので,日本の国内法が帰属主義を採用したとはいえないのである。しかし,区分上,これは「海外投融資に係る所得源泉ルール」とする。

(5) 帰属主義概念の純化

 2011年度税制改正大綱「国際課税」の基本的な考え方において，帰属主義の導入が示唆されたのであるが，今後のわが国における検討を視野に，ここまでの検討を整理すると，いわゆる帰属主義といわれているものについて，その類型は，再度掲げると次のようになる。
① 所得源泉ルールの帰属主義
② 課税範囲決定の帰属主義
③ 米国型課税範囲決定の帰属主義
④ 海外投融資に係る所得源泉ルール

 しかし，税制改正大綱が示唆した帰属主義は上記①であるとすれば，国内法における事業所得について，現行の棚卸資産の販売地で所得源泉を決定する原則（法令176①）は廃止することになる。これに代わって，第2次条約に規定のあったものと本質的に同じ，「所得源泉ルールの帰属主義」が導入されることが最も妥当といえる。その結果，所得源泉ルールの帰属主義であれば，外国法人の支店の事業による所得は国外における活動に基因するものであっても国内源泉所得とすることになる。これは，棚卸資産の販売地にかかわらず，支店の事業による所得であれば，支店所在地国の所得源泉ということになる。

 次に問題となるのは，帰属主義に代える理由は，OECDモデル租税条約における事業所得条項の改正であるが，現行の租税条約の改正は，すぐにはできないということである。

 例えば，日米租税条約のような影響のある租税条約から順次改正するにしても，議会の承認等に時間がかかることになる。

14 帰属主義導入までの議論

(1) 2011年度税制改正大綱「国際課税」の基本的な考え方

 帰属主義とは，恒久的施設に帰属するすべての所得に課税すべきという考え

方をいうが，2011年度税制改正大綱「国際課税」の基本的な考え方において，帰属主義の導入が次のように示唆されたのである。

「非居住者及び外国法人に対する課税原則について，今般のOECDモデル租税条約の改正を踏まえ，今後，国内法にいわゆる「総合主義」から「帰属主義」に見直すとともに，これに応じた適切な課税を確保するために必要な法整備を検討する必要性」が提起された。

この問題提起は，2010年9月に開催された政府税制調査会国際課税小委員会において，「非居住者・外国法人の課税ベースのあり方」のうち帰属主義に関して委員から次のような質問あるいは意見が出されている。

① わが国にとって経済的重要性を有する外国とはほとんどの場合租税条約を締結しており，条約締結国に本店を置く企業のPEについては，条約に基づき既に帰属主義が適用されているので，国内法を帰属主義に改めることの経済的な効果は，法律を実態に合わせる程度の限定的なものではないか。

② OECDモデル条約第7条で規定されたOECD承認アプローチ（AOA：Authorized OECD Approach）に各国が足並みを揃えることで，二重課税リスクや二重非課税リスクが確実に緩和されることが見込まれる。

③ AOAは，現行の移転価格ガイドラインで強化・再構築が行われた独立企業原則の考え方と整合的である。

④ 国内法を帰属主義に改める場合は，あわせて，適正な課税を確保するために必要な法整備についても検討する必要がある。

以上のことから，上記①のように帰属主義の経済的効果について懐疑的な意見も出されたようであるが，最終的に，冒頭にあるように，「総合主義」から「帰属主義」に見直すことと，これに応じた適切な課税を確保するために必要な法整備を検討することの2点が税制改正大綱において確認されたのである。

(2) 2010年OECDモデル租税条約の事業所得条項の改正

2011年度税制改正大綱「国際課税」の基本的な考え方において，帰属主義の導入が次のように示唆された契機となったのは，OECDモデル租税条約における事業所得条項の改正である。

OECDは，1994年にPEへの所得の帰属を検討した報告書（Model Tax Convention：Attribution of Income to Permanent Establishments, Issues in International Taxation No.5, 1994）を公表し，1995年以降移転価格課税のガイドライン（TPガイドライン）を暫時公表している。この1994年の報告書は，PE課税と独立企業の原則に検討を加えている。2010年OECDモデル租税条約の事業所得条項の改正に至るまでの経緯は，次のような動向である。
① OECD　2008年7月に事業所得条項改正案公表
② OECD　2009年11月に事業所得条項改正公表
③ OECD　2010年7月に改正事業所得条項をモデル租税条約に反映

(3)　2010年7月の改正

　OECDモデル租税条約新第7条（以下「新7条」という。）は，次のように改正された。

> 1項：一方の締約国の企業の利得（profits）に対しては，その企業が他方の締約国内にある恒久的施設を通じて当該他方の締約国内において事業を行わない限り，当該一方の締約国においてのみ租税を課することができる。一方の締約国の企業が他方の締約国内にある恒久的施設を通じて当該他方の締約国内において事業を行う場合には，第2項の規定に基づいて当該恒久的施設に帰属する利得に対して，当該他方の締約国において租税を課することができる。
> 2項：本条及び第[23A]，[23B]条の適用上，各締約国において第1項にいう恒久的施設に帰属する利得は，特に当該企業の他の部門との内部取引において，当該恒久的施設が，同一又は類似の条件で同一又は類似の活動を行う分離かつ独立した企業であるとしたならば，当該企業が当該恒久的施設を通じて，及び当該企業の他の部門を通じて遂行した機能，使用した資産，及び引き受けたリスクを考慮したうえで，当該恒久的施設が取得したとみられる利得である。
> 3項：第2項に従って，一方の締約国が他方の締約国の企業の恒久的施設に帰属する利得を修正し，他方の締約国においてすでに課税された利得に課税をする場合，他方の締約国は，当該利得に対する二重課税を排除する範囲において，当該利得に課された租税の金額を適切に調整することになる。当該修正額の決定に際して，双方の締約国の権限ある当局は，必要ある場合には相互に協議を行うこととする。

> **4項**：本条約の他の条で別個に取り扱われている種類の所得が企業の利得に含まれる場合には，当該他の条の規定は，この条の規定によって影響されることはない。

　このOECDモデル租税条約における事業所得条項の改正において，AOA（authorized OECD approach）が適用されている。このアプローチが検討された理由は，これまでのOECDモデル租税条約第7条（以下「旧第7条型」という。）の規定に関して，各国における解釈等に相違があり，その結果，二重課税等の事態が想定されたことから，現代の多国籍な事業活動および取引（金融業および一般事業会社等のグローバル・トレーディング等）を踏まえつつ，第7条の下で恒久的施設への利得の帰属について望ましいアプローチを構築することであった。その結果，新7条は，恒久的施設の所得算定において，本店と同一企業であるとする従前の考え方がなくなり，本店配賦経費に係る規定，単純購入非課税の原則が廃止され，恒久的施設において，これまで内部取引とされた本店からの借入に係る支払利子等の損金算入が可能となったのである。これは，移転価格税制の精緻化を受けて恒久的施設を独立企業として厳格に擬制することに基因するものである。

15　2014年度改正（国内源泉所得関連）

(1)　2014年度改正の意義

　1965年度に改正され，その後一部改正はあったが，基本的な骨組みは維持されたままであった，非居住者および外国法人の課税は，平成26年度の「総合主義から帰属主義へ」の改正（以下「2014年改正」という。）により大きくその内容を変えた。改正の理由としては，外国法人に対する課税原則については，国内法において，「総合主義」を採用してきたが，条約においては，「帰属主義」を採用してきたことの調整がその1つである。また，OECDは，従来のモデル租税条約第7条（事業所得条項）において帰属主義を原則としていたが，その

解釈や運用が各国で統一されていなかったため、結果として二重課税・二重非課税を効果的に排除することができていないという問題提起がなされた結果、第2の理由であるAOAがモデル租税条約新7条に2010年に導入されたのである。

(2) 外国法人に対する課税関係の概要

以下は、外国法人に対する課税関係の総括表である[17]。

所得の種類	PEを有する外国法人		PEを有しない外国法人	源泉徴収
	PE帰属所得	PEに帰属しない所得		
①事業所得	PEに帰せられるべき所得	課税なし	課税なし	×
②国内にある資産の運用・保有		(法人税)		×
③国内にある資産の譲渡				×
④人的役務提供事業の対価				20%
⑤国内不動産の賃貸料等				20%
⑥その他の国内源泉所得				×
⑦債券利子等		(源泉徴収のみ)		⑦15%
⑧配当等				⑧20%
⑨貸付金利子				⑨20%
⑩使用料等				⑩20%
⑪事業の広告宣伝のための賞金				⑪20%
⑫生命保険契約に基づく年金等				⑫20%
⑬定期積金の給付補填金等				⑬15%
⑭匿名組合契約等				⑭20%

上記の表では、PEの有無と国内源泉所得がPEに帰せられるか否かを基準に区分がされている。

(3) 国内源泉所得の構成に係る改正

イ　2014年改正の概要

1965年法の国内源泉所得は，次のような構成となっていた。

1号所得	すべての国内源泉所得を網羅
2号所得以下	源泉徴収の対象

2014年改正により，国内源泉所得は次の6種類に区分された。

1	恒久的施設（PE）帰属所得
2	国内にある資産の運用・保有による所得
3	国内の資産の譲渡による所得
4	人的役務提供事業の対価
5	国内不動産等の貸付け対価
6	その他その源泉が国内にある所得

　上記の優先適用関係としては，国内源泉所得をPE帰属所得とその他の国内源泉所得に区分し，その他の国内源泉所得からPE帰属所得を除外することで，PE帰属所得の該当性が優先となる。

ロ　PE帰属所得

　PE帰属所得は，①PEの果たす機能および事実関係に基づいて，外部取引，資産，リスク，資本をPEに帰属させ，②PEと本店等との内部取引を認識し，③その内部取引が独立企業間価格で行われたものとして，PE帰属所得を算定するアプローチ（AOA）が採用されている。

　PE帰属所得導入後の特徴は，①PE帰属所得とPE非帰属所得の区分，②本支店間内部取引損益の認識，③PEへの資本配賦による支払利子控除制限，④PEが本店所在地国以外の第三国で得た所得（国外源泉所得）がPE帰属所得として日本で課税になることから外国税額控除制度が新設されたこと，⑤PEに係る文書化が規定されたこと，である。

(4) 所得の計算

上記イで国内源泉所得を6区分したが，課税上の区分は次のようになる。

PE帰属所得	PEに帰属する所得	総合課税（A）
PE非帰属所得	国内資産譲渡所得等 PEに帰属しない配当等	資産譲渡所得等は総合課税（B）
PEを有しない外国法人		配当等は分離課税

上記のAとBは別々の課税標準となることから，各課税標準に応じた法人税の税率が適用となる。

16 2018年度改正（恒久的施設関連規定の見直し）

2017年6月7日に，日本は，「BEPS防止措置実施条約」（以下「BEPS条約」という。）に参加署名をした。このBEPS条約は，BEPS行動計画7の勧告を反映しており，これらの動向を受けて国内法が次のように改正された。

① 従前は，準備的補助的活動を恒久的施設とはしないというものであったが，非居住者等の事業活動が補完的な機能を果たす場合は，恒久的施設として判定される。この規定は，外国法人である大規模通信事業者の源泉地国課税を想定した規定である。

② 代理人PEの範囲を拡大し，非居住者のための契約に主要な役割を果たす者等が加えられた。

③ 独立代理人に関して，専ら又は主として1又は2以上の自己と密接に関連する者に代わって行動する者は独立代理人から除かれることになった。

④ 建設PEの期間計算における分割が建設PEの要件を逃れることが主たる目的であった場合，分割された期間を合計して判定することになった。

⑤ 日本が締結している租税条約に国内法の恒久的施設と異なる定めがある場合，その租税条約の適用を受ける非居住者については，租税条約上の恒久的施設を国内法上の恒久的施設とする。

◆注

1 国税庁「非居住者,外国法人及び外国税額控除に関する改正税法の解説」1962年5月,1頁。
2 無制限納税義務者及び制限納税義務者という所得税の解説は,1954年度改正後は,居住者と非居住者になっている(大蔵財務協会『財政』第18巻:1953年度改正,『財政』第29巻:1954年度改正)。
3 大蔵省主税局税制第一課編「改正税法総解」大蔵財務協会『財政』第18巻,1953年,83-89頁。
4 大蔵省主税局税制第一課編「改正税法総解」大蔵財務協会『財政』第19巻,1954年,93-99頁。
5 国税庁,前掲書
6 ①は主税局総務課,②は主税局国際租税課が主務課になっていることから,国際租税課の設立はこの頃と思われる。
7 1961年答申の作業の多くは,大蔵省主税局による行われたものと推測できることから,1962年解説は,1961年答申の理論的背景の説明ということになろう。
8 1965年以前に,大蔵省による国会答弁において「国内源泉所得」「国外源泉所得」という用語の使用はあるが,税法には規定がなかった。
9 米国の内国歳入法典においても,gross incomeという用語について,事業の場合は売上総利益を示し,他の所得は収入金額を示している。これについては,矢内一好『米国税務会計史』中央大学出版部,2011年,244-245頁。
10 外国投資家課税法が制定された背景としては,1963年に米国の国際収支改善と対米国投資の障害を排除する目的で,当時のケネディ大統領の勧告により,財務省次官のファウラー氏を中心とする作業部会が発足し,非居住者に対する課税方式の全面的な改正の検討を行った(小松芳明「米国の外国投資者課税法について」『租税研究』第204号,1967年2月28日,54頁)。
11 外国人投資家課税法成立後の内国歳入法典(1967年法)第881条および第882条。
12 1967年法第864条(c)(4)(B)。
13 1967年法第906条。
14 米国の外国法人課税については,矢内一好『国際課税と租税条約』ぎょうせい,1992年,第6章第4節参照。
15 小松芳明,前掲論文,54頁。
16 1967年法第864条(c)(2)(A),(B)に2つのテストに関する規定がある。この第2次条約の事業所得に係る所得源泉規定は,外国投資家課税法と抵触しないように米国が租税条約を改正したといえるのである(Bischel, Jon E., Income Tax Treaties, Practising Law Institute, 1978, p.581.)。
17 『改正税法のすべて 平成26年版』大蔵財務協会,686頁の表を参考にした。

外国税額控除

1 外国税額控除の意義

外国税額控除は，同一所得に対する国際的二重課税（源泉地国と居住地国の双方で課税）を排除するために，居住地国において源泉地国における税額を控除することをいい，国際間の投資等に租税が障害にならないようにするための措置である。

(1) 外国税額控除の概要

外国税額控除を適用するに当たり，主要な項目としては次のものが挙げられる。

① 控除対象税目の範囲
② 適用対象となる納税義務者
③ 外国税額控除の種類
④ 外国税額控除の計算要素（国外所得，控除限度額等）

(2) 外国税額控除の適用要件

外国税額控除は，所得の生じた源泉地国において課税を受け，その者の居住地国で再度課税を受けることが要件であり，源泉地国における租税の納付は必須要件であるが，これのみで外国税額控除が適用になることはない。源泉地国と居住地国の双方で課税を受ける国際的二重課税がなければ，外国税額控除の

適用はないことになる。

(3) 租税条約と国内法における規定

租税条約には,「二重課税の排除」という条項があり,国内法にも「外国税額の控除」という規定がある。両者の適用関係は次のように考えられる。

① 租税条約に定める対象税目について,租税条約の規定に従って源泉地国が課税をした場合,居住地国は二重課税排除の義務を負うのである。
② 租税条約の「二重課税の排除」の規定では,外国税額控除の適用をする場合不足する事項がある。例えば,控除限度超過額あるいは控除余裕額の繰越は国内法に規定されており,租税条約のみでは適用できない。
③ 租税条約に定める外国税額控除の対象税目の範囲よりも,国内法が広範囲に規定している場合,国内法の適用により外国税額控除を行う場合がある。例えば,米国の州所得税等の場合がこれに該当する。

(4) タックススペアリング・クレジット重視の時代

タックススペアリング・クレジット(みなし税額控除)は,租税条約においてのみ認められた税額控除の方法である。これは,源泉地国において軽減された税額を居住地国における外国税額控除において,払ったものとして控除するもので,これについては,日米原条約の箇所で述べているのでここでは説明を省略する[1]。

2 米国の外国税額控除の変遷

外国税額控除を最初に始めたのは英国であるが,米国は恒久税としての所得税導入の直後から外国税額控除に係る規定が整備されている[2]。日本が外国税額控除を導入した時期は,日米原条約締結の前年であることから,条約交渉期間も含めて当時の米国国内法における外国税額控除の状況を検討する。

米国の外国税額控除の変遷は,次のとおりである[3]。

1913年	所得税が再度導入されたが，そのときの所得税法には外国税額控除に関する規定はなく，外国税額は損金算入という扱いであった。
1918年	内国法人の直接税額控除および内国法人の間接税額控除（要件は外国子会社の議決権の過半数所有）を規定した。
1921年	1921年所得税法第222条(a)(5)，第238条(a)において控除限度額に係る規定（一括限度額方式）を創設した。米国は，1921年まで高い実効税率により外国税額を控除できる状態にあったが，第1次世界大戦後の1921年以降，一連の減税により米国の実効税率が低下するにつれて控除限度額を設けて自国の税収確保を行ったと考えられる。
1932年〜1954年	国別限度額方式と一括限度額方式の双方が強制適用され，いずれか低い金額を控除限度額とした。
1942年	間接税額控除は孫会社までその範囲を拡大した。
1951年	間接税額控除の要件である，外国子会社に対する持株割合が50％から10％に引き下げられ，孫会社に対する持株比率は100％から50％に引き下げられた。
1986年	1986年の税制改正により，法人税の最高税率が34％に引き下げられたこと，所得源泉地の操作しやすい資産所得に制限を課すこと等の要因として，1986年に外国税額控除に関連する規定が改正され，控除限度額に関して国外所得を10のバスケットに分類する方式を採用したのである。この10のバスケットによる区分方式は，2007年1月以降，3つに区分されている（the passive category basket, the treaty source basket, general limitation basket）である。

3　日米原租税条約の動向

　日本の外国税額控除創設に影響を及ぼした日米原租税条約の締結等の動向は，下記のとおりである。

1951（昭26）年12月	日米租税条約第1回専門家会議：ワシントン
1952（昭27）年10月	10月1日から10月31日（日米租税条約第2回会議：ワシントン）（日本側：鈴木源吾（大蔵省財務参事官）・志場事務官）所得税租税条約と相続税租税条約の草案作成
1954（昭29）年4月16日	日米原租税条約ワシントンで署名（1955年4月1日発効）（1955年4月1日条約第1号）

以上の動向と上記2の米国の外国税額控除の変遷を重ね合わせると，日米原租税条約当時（1951年から1954年頃）の米国の外国税額控除の概要は，以下のとおりである。

① 直接税額控除と間接税額控除の双方が規定されていた。
② 間接税額控除は孫会社まで拡大していた。
③ 控除限度額は，国別限度額方式と一括限度額方式の双方が強制適用され，いずれか低い金額を控除限度額とした。

4　1953年法における外国税額控除の規定

(1)　1953年法の規定

外国税額控除を導入した1953年改正法では，所得税法第15条の8（外国税の控除）と法人税法第10条の3（外国法人税の控除）に規定がある。以下は，法人税法第10条の3の規定である。

> **第10条の3第1項**：この法律の施行地外にある資産又は事業を有する内国法人が，当該資産又は事業から生じた所得（以下外国から生じた所得という。）についてその所在地国の法令により課せられる法人税に相当する税（以下外国の法人税という。）を納付することとなる場合においては，命令の定めるところにより，当該外国から生じた所得についての外国法人税の課税上の計算期間内に生じた当該法人の所得のうち，当該外国から生じた所得に対応するものとして命令の定めるところにより計算した部分の金額に対し，当該法人の区分に応じ第17条第1項第1号の税率を乗じて算出した金額を限度として，

> 当該外国の法人税の額を当該計算期間の末日を含む事業年度の所得に対する法人税額から控除する。
> **第2項**：前項に規定する外国法人税の額は，法人の各事業年度の所得の計算上，これを損金に算入しない。

　この改正の説明では[4]，従来はこの国際間の二重課税はやむを得ないものとされていたが，今回の税制改正において，本邦商社の海外活動の促進に資するため，二重課税を排除することとされた。そして，現行の外国税額控除にある控除限度超過額等の繰越制度がなかったことから，次のような措置が講じられている。なお，控除限度額は国別限度額方式であるが，これは法律ではなく命令に規定されている。

> **法人税法第26条の7**：外国税額の還付：外国で納付した法人税に相当する税で，法人税から控除することができなかった税額は，法人の申告により還付される。

(2) 日米原租税条約と外国税額控除の導入の関係

　日米原租税条約第14条に規定する二重課税の排除については，日本側として次のような特徴がある。
　① 日本居住者又は法人等に対して米国所得に米国で課された税額を，米国所得に対応する日本の税額を限度として税額控除する。
　② 米国は，日本からの配当の受領者が米国で納付すべき租税から配当金額の25％を控除することを認める。

　この上記②は，配当に係る二重課税が国内法では法人税と所得税の二重課税について，日本では所得税で配当控除をすることで調整しているが，これを国際版として認めるというのがこの規定の趣旨と説明されている[5]。

　しかし，日米原租税条約については，すでに検討していることから，日本側の目的は，戦後復興のインフラ整備のための，米国資本（外資）の日本投資に対する税の障害の除去である。そのために，日本からの配当については，タッ

クススペアリング・クレジット（みなし外国税額控除）と同様な国際版配当控除を認めたのである。

また，外国税額控除の導入は，本邦商社の海外活動の促進に資するため，と説明されているが，日米原租税条約締結の準備としての国内法の整備に外国税額控除が必要であったのかという疑問が起こる。朝鮮戦争により日本経済が持ち直したが，高度成長期（1960年代）まではまだ時間のあるこの時期に，商社等の一部を除き，日本企業の海外進出（対米投資）が多くあったとは思えないのである。

すでに外国税額控除の適用について，1(3)で述べたように，日米原租税条約は，「米国所得に対応する日本の税額を限度として税額控除する。」と規定している。

国内法は，「当該外国から生じた所得に対応するものとして命令の定めるところにより計算した部分の金額に対し」と規定して，その詳細は命令に委任している。したがって，日米原租税条約における控除限度額を適用するには，国内法の第10条の3の命令により計算することになることから，国内法の整備が必要であったことになる。

5　1962年度改正

1962年度改正における外国税額控除に係るものは，次の5点である[6]。
① 控除限度額に一括控除限度額を導入した。これについて，外国の税が国内所得に食い込んで控除されないことが原則で，国別限度で計算するという必然性はない，と説明されている。
② 地方住民税から控除できるように地方税を改正した。
③ 控除対象外国税額の基準が明確になった。
④ 外国税額控除の控除時期
⑤ 間接税額控除の導入

6　1963年度改正

1962年度改正において整備された外国税額控除の合理化拡充は，1963年度改正により次のように図られた[7]。
① 外国税額控除の適用時期は，外国税の納付確定事業年度で行い，所得発生年度に遡らない。
② 控除余裕額，控除限度超過額の5年繰越制度が創設された。
③ 政令事項であるが，控除限度額の計算上，国外所得の計算上，赤字国の欠損金を黒字国の所得金額と通算しないこととし，国別限度額方式が廃止された。

7　控除限度額方式の変遷

外国税額控除における適用上の原則は，外国で課された税金が日本の国内所得に食い込んで控除されることを防ぐことである。その意味で，控除限度額の計算は重要な要素であるが，また，過去において多くの議論を重ねた項目でもある。

(1)　米国の場合

米国は，1921年に控除限度額を導入して以来，（一括限度額方式）→（一括と国別の選択）→（国別限度額方式）→（一括と国別の選択）→（一括限度額方式：1976年以降）→（10のバスケット区分方式）→（2007年以降，3つに区分）と変遷を重ねている。

(2)　日本の場合

日本は，外国税額控除制度を創設した1953（昭和28）年における控除限度額は国別限度額方式である。1962年改正で，控除限度額は従来の国別限度額方式から一括限度額方式も選択できるようになった。1963年改正で，控除限度額の

計算上,国外所得の計算において赤字国の欠損金を黒字国の所得と通算しないこととして国別限度額方式は廃止された。そして,1988年12月の改正で,一括限度額方式による控除限度額の算定は簡明ではあるが,日本より実効税率が高い国の外国税額まで日本で控除可能であり,企業が控除枠を創出するための投資活動を行う誘因となっていることから,国外所得に対するシーリングの設定,高率外国税額の高率対応部分(50%超の部分)を控除対象外国法人税から除外等の改正が行われている。したがって,日本における控除限度額の変遷は,(国別限度額方式)→(一括と国別の選択)→(一括限度額方式)→(一括限度額方式の一部修正)となっている[8]。

8 控除限度額方式の検討

上記7に示したように,日米ともに,控除限度額方式には,国別控除限度額と一括限度額方式が交互に検討されている。

(1) 日本における一括限度額方式導入時の検討

わが国は,1962年税制改正において,国別限度額方式のみではなく,一括限度額方式の選択も認める改正を行った。ここでは,一括限度額方式について,「国別限度で計算するという論理的な必然性はない。外国税額の控除であることから,外国税額を一括して全部平均化して控除してもよいという考え方が成り立つ」としている[9]。しかし,実際は,国別限度額方式の複雑さが実務界から敬遠されたのが実情ではなかったのかと思われる。

一括限度額方式と国別限度額方式は,前者が計算の簡便性という利点を持つ一方,国外所得に課された税率を平均化するという欠点がある。例えば,居住地国よりも高税率で課税を受けた外国税額は,通常であれば,控除限度額の制限を受けて外国税額控除できないが,同一事業年度において居住地国よりも低税率で課税を受けた外国税額があれば,平均化されて高税率部分も控除可能となる。一括限度額方式または国別限度額方式の選択は長く外国税額控除における主要な論点であったが,1986年米国の税制改正以降,一括限度額方式をベー

スとして，所得ごとに区分してそれぞれに控除限度額を設ける方式が考案されたのである。

(2) 1986年10月の「税制の抜本的見直しについての答申」

1986年10月に政府税制調査会により「税制の抜本的見直しについての答申」（以下「86年答申」という。）が行われた。

86年答申は，外国税額控除について一括限度額方式をとっているが，この方式は控除限度額の計算が比較的簡明という利点のある反面，わが国の実効税率を超える高率で課された外国税についてまでわが国で控除されるため，企業が控除枠の創出を目的とした投資活動をとる誘因になるという問題点がある，と指摘した。また，答申は，収入および費用を国内国外に適正に配分し国外所得を算定する必要があるため，国外所得の算定方式の再検討を提言している。

以上のような答申を受けて，1988年に外国税額控除に係る改正が行われ，そのフレームワークが現在も維持されている。

9 1983年度改正

1983年度改正では，国外所得金額の算定方法の改正として以下の点が改正された[10]。

(1) 国外欠損金の除外計算の廃止

1963年度改正により，国別限度額方式が廃止されたことに伴い，国外欠損金を除外して国外所得を計算する特則が定められていた。この特則は，国外所得を増加させることで控除限度額を増加させることになるが，一括限度額方式の考え方を徹底させるために，このような例外的な取扱いが廃止された。

(2) 棚卸資産の譲渡地に関する判定基準の改正

棚卸資産の譲渡が国外の事業所等を通じてなされたものに限って国外で譲渡があったものとされたが，それ以外の場合でもその譲渡所得が国外で課税され

た場合，法人の選択により，国外で譲渡があったものとすることができるとされた（旧法令142④）。この国外事業所等を通じて譲渡が行われるとは，国外事業所等が棚卸資産の販売行為に実際に関与していること意味する。

(3) 共通費用の国外所得への適正配分

国内源泉所得と国外源泉所得に係る所得の双方に関連した生じた額は，収入金額，資産の価額，使用人の数等の合理的な基準を用いて双方の所得金額に適正に配分することが明示された（旧法令142⑥）。

10　1984年元旦・読売新聞（外国税額控除）

日本の国内法において外国税額控除が創設されたのは，すでに述べたように，1953（昭和28）年の税制改正である。当時は，朝鮮戦争が停戦して，戦後の日本経済が少し立ち直りかけたという時期に当たり，当時外貨が稼げたのは，一部の商社等その範囲は，限られていたはずである。日本に外国税額控除が導入されたのは，日本企業の国際的二重課税問題が生じたというよりも，真の理由は，日米租税条約の締結準備としての国内法の整備であったと思われる。そして，外国税額控除の実務が進展するのは，1965年以降の高度経済成長期を経て，日本企業の海外進出が増加した時期からといえる。

日本における外国税額控除に関する沿革における大きな出来事の1つは，1984年元旦の読売新聞一面の「大手七大商社法人税0」という記事であった。外国税額控除は，その企業の所得の多くが国外所得であり，かつ，その所得に外国税額が課されていれば，日本における納付税額は減少するシステムである。

外国税額控除制度は，1953年の導入後，1962年に，地方住民税から控除できるように地方税が改正され，控除限度額は国別限度額方式と一括限度額方式の選択となり，間接税額控除が採用されている。そして翌1963年に，国別限度額方式を廃止し，控除余裕額，控除限度超過額の5年繰越制度が創設されている。

わが国の外国税額控除額の推移は，次のとおりである[11]。

年　　分	外税控除額（単位：百万円）	指　　数
1972（昭47）年	47,968	100
1975（昭50）年	152,476	317
1980（昭55）年	343,129	715
1982（昭57）年	409,957（概算）	854

　この記事は，課税当局が外国税額控除の再整備を訴えるために公開した資料に基づく報道と思われるが，外国税額控除の規定の整備が図られたのが1962年・1963年であり，その後の1972年から1982年の10年間で約8倍強の控除額になっている。このような状況から，日本に最低限の税額を確保するという趣旨から1988年12月の改正が行われたものといえる。

11　1988年度改正

(1)　1985年以降の状況

1975年以降に生じた経済的事象を列挙すると，次のとおりである。
① 　1973年に続いて1979年に第2次オイルショックがあった。
② 　特例国債（赤字国債）の発行額の増加。
③ 　1987年に中曽根内閣が売上税の導入断念。
④ 　1988年に竹下内閣により消費税導入。

(2)　1988年度外国税額控除の改正理由[12]

この改正の理由として，次のような項目が挙げられている。
① 　外国税額控除は，二重課税排除の方式として国際的に確立された制度である，いわゆる政策的な優遇措置ではない。
② 　現行の外国税額控除制度は諸外国と比較すると相当に寛大である。
③ 　国際的二重課税の排除という制度本来の趣旨を超えた控除が行われる問題点がある。

④　法人所得が黒字であるにもかかわらず外国税額控除を適用して日本への納税額が全くなくなるというケースは課税の公平の観点から疑問が寄せられている。

　以上の点にコメントすると，上記②は，一括控除限度額では，本来ならば控除しきれない高率外国税額が軽課税等と平均化することで控除されるという同一事業年度内の問題と，繰越制度により数年間の事業年度を通じて控除されるという問題があった。この時期，米国は，1986年の外国税額控除改正におけるバスケット・アプローチ等を採用したことも影響したのであろう。また，上記①で外国税額控除が国際的二重課税を排除するための制度であるならば，国際的二重課税となる部分についてはこれを排除するのが制度の趣旨であることから，④で指摘しているように，黒字の法人に納付税額がない点を疑問視するのは論理的に矛盾した部分もある。

　しかし，前出の適用額では，1984年に約4,800億円の外国税額控除が行われており，この税額に対して日本の外国税額控除が寛大であることが原因というのが，当時の立法に携わった者の見解であったものと思われる[13]。また，上記①にあるように，外国税額控除は，政策的な優遇措置ではないが，増加する外国税額控除に対してその適用を厳格にするという意味では，外国税額控除制度は相当に弾力的な運用がされていたともいえるのである。

(3)　主たる改正項目

　外国税額控除制度について，控除限度額，控除対象となる外国税額の範囲等について以下に掲げるような全般的な見直しが行われ，日本の企業は原則としてその全所得に法人税率を乗じた額の最低限10％は日本で納税することになった。

①　控除限度額の制限等として，非課税国外所得の２分の１除外（1992年度改正により３分の２に改正），国外所得に対するシーリング（90％）の設定をした。
②　高率外国税額控除の高率対応部分（50％超）を控除対象外国法人税から除外し，利子の高率外国源泉税の高率部分を控除対象外国法人税から除外した。
③　高率間接外国税額控除の制限
④　控除余裕額及び控除限度額の繰越期間を５年から３年に圧縮等の改正が行

われた。

(4) 各項目の概要

イ 非課税国外所得の２分の１除外

外国で非課税とされる所得を国外所得の金額とすると，控除限度額の額が増加して高率で課された外国税額が控除されることになる。この除外割合は，軽課税を受ける国外所得とのバランスや激変緩和の観点から２分の１とされた[14]。なお，この規定は，1992年度改正により２分の１が３分の２に改正されている。

ロ 国外所得に対するシーリングの設定

全所得に占める国外所得の割合は原則として90％を限度とするシーリングが設定された。この規定は，次の２つの趣旨を持つものと考えられる[15]。
① 国外所得が全所得の90％を超える法人に限って最低10％は国内本社等の貢献として最低限の税負担を求める。
② 所得の内外区分基準（ソース・ルール），費用配賦基準を全体として積み上げた結果，企業が国内で相当程度の事業活動を行っていても，国外所得が大きくなるという結果になり，その企業の活動の実態が反映されていないのでこれを補正する。

ハ 高率外国税額の高率対応部分（50％超の部分）を控除対象外国法人税から除外

ここで50％を基準とした理由は，法人に係る実効税率が概ね50％であるからである。この基準を超える外国税額を控除対象外国法人税から除外するとともに，除外された部分の金額は損金算入が認められる。また，租税条約に定めるみなし納付外国法人税がこの高率除外部分を構成するときは，外国税額控除および損金算入のいずれも認められない。さらに，外国法人税額のなかにみなし納付外国法人税額が含まれているときは高率部分の金額はまずみなし納付外国法人税の額からなるものとされている。

ニ　利子に係る高率外国源泉税の高率部分の控除対象外国税額からの除外

利子の収入金額を課税標準として源泉徴収されるものについては上記ハとは別に高率部分の判定を行う基準が設定された。

ホ　間接税額控除

間接税額控除に関連する事項としては，次の2つが改正された。
① 　外国子会社の要件として規定されていた持株会社，租税回避のための会社でないことの要件が削除された。
② 　配当に対する外国源泉税と間接納付外国法人税を合わせた負担が高率である場合，その部分を控除対象外国税額から除外する。

ヘ　控除余裕額および控除限度超過額の繰越期間が5年から3年に短縮された。

12　1992年度改正

1992年度の外国税額控除に係る改正は，次のとおりである[16]。
① 　間接外国税額控除制度の対象範囲を外国孫会社まで拡大した。外国孫会社の支払った外国法人税のうち外国子会社の受取配当に対応する部分を外国子会社が支払ったものとみなし，従前の間接外国税額控除の適用を認めることとした。
② 　国外所得の金額から外国で非課税となる所得の2分の1を除外することになっていたが，3分の2まで除外することに改正された。

13　2001年度・2002年度改正

(1)　銀行の外国税額控除訴訟と控除対象外国税額に係る改正

2001年および2002年にかけて，大手銀行が行った外国税額控除関連事案の訴訟の地裁判決が出され，いずれも国側が敗訴するという事態になった[17]。

この事案は，大手銀行が，借入金利が貸付金利よりも高いという逆ザヤ取引を仕組み，外国税額控除における控除余裕額を利用することで，大手銀行に損のない取引をしたものであるが，最高裁は，これを制度の濫用と判断して国側勝訴の判決を出している。

(2)　改正の背景

外国税額控除における控除対象外国税額について，2001年度に改正され，2002年度改正により追加された「通常行われない取引に係る外国法人税」は，政令にこれに該当する取引を例示して，外国税額控除に係る法律上の規定の趣旨から，ここに例示された取引と認められないものに基因して生じる所得に関する外国法人税について，控除対象外国法人税から除かれるものとした。

このような改正の背景には，上記の外国税額控除事案が直接的な影響を与えていることはほぼ間違いのないことであろう。

(3)　通常行われない取引に係る外国法人税

内国法人が通常行われる取引と認められないものに基因して生じる所得に関して外国法人税を納付する場合には，これらの税を控除対象外国法人税から除くことになった（法法69①，法令141④：2001年度改正）。

以下に掲げる，通常行われない取引に係る規定は，2001年度改正により創設され，2002年度改正により追加（法令141④）されている。

① 　内国法人が，当該内国法人が借り入れをしている者と特殊な関係のある者に対し，当該借り入れられた金銭の額に相当する金銭を貸し付ける取引（当該貸付けに係る利率その他の条件が，当該借入れに係る利率その他の条件に

比し特に有利な条件であると認められる場合に限られる。）（2001年度改正）
② 債権譲渡を利用した通常行われない取引（2002年度改正）

(4) 外国法人税の定義の明確化

外国税額控除の対象となる控除対象外国法人税については、法人税法第69条第1項において、「外国の法令により課される法人税に相当する税で政令で定めるものをいう」と定義され、政令（法令141①②）において外国法人税に含まれるものが以下のように列挙されていた。

① 外国の法令に基づき外国又はその地方公共団体により法人の所得を課税標準として課される税
② 超過利潤税その他法人の所得の特定の部分を課税標準として課される税
③ 法人の所得又はその特定の部分を課税標準として課される税の附加税
④ 法人の所得を課税標準として貸される税と同一の税目に属する税で、法人の特定の所得につき、徴税上の便宜のため、所得に代えて収入金額その他これに準ずるものを課税標準として課される税
⑤ 法人の特定の所得につき、所得を課税標準とする税に代え、法人の収入金額その他これに準ずるものを課税標準として課される税

2001年度の改正では、外国または地方公共団体により課される税のうち、控除対象外国法人税に含まれないものが新たに次のように規定された（法令141③）。

① 税を納付する者が、当該税の納付後、任意にその税の金額の税の全部又は一部の還付を請求することができる税
② 税の納付が猶予される期間を、その税の納付をすることとなる者が任意に定めることができる税
③ みなし配当に掲げる事由により交付を受ける金銭の額又はその他の資産の価額に対して課される税
④ 移転価格税制の第二次調整において課されるみなし配当課税
⑤ 外国法人税に附帯して課される附帯税に相当する税は控除の対象となる外国法人税には該当しない、わが国の附帯税、利子税、過少申告加算税に相当する税

上記の④は，日本親会社，米国子会社間で，当該子会社から親会社に対して所得が移転したものとみなした金額を米国が配当として源泉徴収した場合，当該源泉徴収の税額を外国税額控除できるのかという話であるが，日本側で所得と認識しないことで国際的二重課税とならないことから外国税額控除の対象にならないということが理由となろう。

14　外国子会社配当益金不算入制度の導入等（2009年度）

(1)　外国子会社配当益金不算入制度の導入

内国法人の外国子会社の利益が留保されて国内に還流しない理由は，日本の実効税率が高いことが主たる原因とされた。そこで，外国子会社からの配当については，2009（平成21）年度税制改正により，これまでの間接税額控除に代えて，所定の外国子会社（持株割合25％以上，6月以上の継続保有）等からの受取配当について，国外所得免除方式が採用されて，配当受取法人において95％相当額が益金不算入となった。また，外国子会社から受ける配当等に係る外国源泉税等は損金不算入，外国税額控除の不適用である。

この持株割合の規定について，租税条約に特例を定めている場合は，その出資比率が適用となる。そこで，国内法の要件である25％の持株割合よりも低い比率を規定している租税条約は，日米租税条約第23条2(a)，日英租税条約第23条1(b)，日豪租税条約第25条1(b)，日本・ブラジル租税条約22条2(a)(ii)ではその要件を10％に引き下げ，日仏租税条約第23条2(b)では15％ということになっている。

(2)　控除対象外国法人税の範囲に関する改正

控除対象外国法人税の範囲に関する規定について，2009年度税制改正において，条文の一部組み換えと整備が行われた。

外国税額控除の対象とならない外国法人税の額として，旧法（旧法令141③）では，外国法人税に含まれないものとして規定されていた次の2つの条文が，

外国税額控除の対象とならない外国法人税の額（法令142の3⑦）に移行した。これまで，この2つの項目の外国法人税は，わが国において所得を構成しないことを理由として外国法人税に含まれないとされたものである。

① みなし配当に掲げる事由により交付を受ける金銭の額またはその他の資産の価額に対して課される税
② 取引の対価の額につき租税条約に基づく合意があった場合の更正の特例の規定により減額される場合において，相手国の居住者に支払われない金額に対し，配当とみなして課される税

また，旧法では外国法人税に含まれないとされた，内国法人が通常行われる取引と認められないものとして政令で定める取引に基因して生じた所得に対する外国法人税を納付する場合は，外国税額控除の対象とならない外国法人税の額に係る規定（法令142の3⑤）に移行した。

結果として，2009年度改正後の控除対象外国法人税の判定は，次のような順序となった。

① 外国税額控除の対象とならない外国法人税の額が外国法人税の範囲から除かれた（法法69①，法令142の3）。したがって，ここに掲げられた外国法人税等は，最初から外国税額控除の対象から外されていることになる。
② 外国またはその地方公共団体により課される所定の税は，外国法人税に含まれないものになった（法令141③）。ここに掲げられた外国法人税は，上記の①と異なり，最初から外国税額控除の対象外ではなく，②または③のいずれかの判定を行うことになった。
③ 外国の法令により課される法人税に相当する税で政令で定めるものは，控除対象外国法人税となる（法令141②）。

(3) 改正後

外国法人税に含まれないものは，次のとおりである。

・税を納付する者が，当該税の納付後，任意にその税の金額の税の全部又は一部の還付を請求することができる税
・税の納付が猶予される期間を，その税の納付をすることとなる者が任意に定

- めることができる税
- 外国法人税に附帯して課される附帯税に相当する税は控除の対象となる外国法人税には該当しない。

控除対象外国法人税から除かれるものは，次のとおりである。

- 高率負担部分（50％超）の除外
- 内国法人の通常行われる取引と認められないものとして政令で定める取引に基因して生じた所得に対して課される外国法人税の額
- 内国法人の法人税に関する法令の規定により法人税が課されないこととなる金額を課税標準として課されるもの（①みなし配当に係る源泉税，②移転価格税制の第2次調整として課されるみなし配当課税，③外国子会社配当益金不算入制度の適用対象となる配当等に課される外国法人税の額）
- コーポレーション・インバージョン対策税制におけると同様の配当に係る外国法人税の額

15　2011年12月の改正

この改正の概要は，次のとおりである。

- 外国税額控除の対象外である「高率」な外国法人税の水準を，わが国の法人実効税率（引下げ後の法人実効税率）と概ね同水準となるよう改正前の50％超から35％超に引き下げた（法令142の2①）。
- 控除限度額の計算上，改正前の3分の2を非課税の国外所得の全額を国外所得から除外した。
- 所得源泉置換規定のある租税条約（相手国で課税された所得はその国の国内源泉所得とする規定：米国，英国，豪州，カザフスタン，ブルネイ）を除き，相手国で外国法人税を課された所得は，国外源泉所得として扱われる（法令142④三，155の28④三，所令222④三）。

16 2015年度改正

　2015年度の税制改正により，内国法人の外国税額控除における国外所得金額は，(国外事業所等帰属所得に係る所得の金額)＋(その他の国外源泉所得に係る所得の金額)の合計額となり，(その他の国外源泉所得に係る所得の金額)は，その他の国外源泉所得に係る所得のみについて各事業年度の所得に対する法人税を課するものとした場合に課税標準となるべきその事業年度の所得の金額に相当する金額とされた（法令141の2，141の8①）。

　また，外国税額の控除限度額は，次の算式によって計算した金額とされている（法令142①）。

$$\text{当期の調整国外所得金額} \times \frac{\text{当期の全世界所得金額に対する法人税額}}{\text{当期の全世界所得金額}} = \text{外国税額の控除限度額}$$

　上記の調整国外所得金額は，青色繰越欠損金を適用しないで計算した国外所得金額に，非課税国外源泉所得を除外し，国外所得金額の90％シーリング等の調整を加えた金額をいう（令142③）。

17 2014年度改正（外国法人に係る外国税額控除）

　2014年度改正により，帰属主義が導入されたことに伴い，外国法人の日本支店等の恒久的施設（PE）が第三国で取得した所得がPE帰属所得として日本において課税となることから，第三国と日本の二重課税を調整するために外国税額控除が設けられた。

◆注
1　タックススペアリング・クレジットについては，矢内一好『租税条約の論点』中央経済社，1997年，第11章に詳述してある。

2　英国の外国税額控除に関する沿革の特徴は，英国本国からの外国投資の多くが英国植民地に対するものであったことから，英国居住者に生じた国際的二重課税の多くが英国本国と植民地の間のものであった。その結果，英国では対植民地との二重課税問題に重点が置かれて一般的な外国税額控除の規定の創設は米国よりも遅れて第2次世界大戦後になる。所得に係る国際的二重課税問題が最初に生じたのは英国である。1860年にインドが所得税を導入したことにより，英国居住者が英国とインドの双方で課税を受ける事態に至った。しかし，この問題に関する救済措置について議論がなされたが，具体的な方策は採られなかった。この状態は，その後当時の大英帝国内の諸国が所得税制を導入したことにより大英帝国内における二重課税が顕在化しても継続した。

外国税額控除が検討された要因は，1914年に始まった第一次世界大戦の戦費調達のための所得税の増税である。1916年財政法により，英国と植民地の双方で所得税を納付した者は，英国の所得税率17.5％を超える税額と植民地所得税のいずれか小さい金額の還付を受ける措置を講じた。その後，1920年の財政法により英連邦内税額控除制度（Dominion income tax relief）が導入された。

英国は，1950年財政法により国内法としての外国税額控除を創設した。また，1961年以降，みなし外国税額控除を租税条約に規定することを始めている（David R. Davis, Principles of International Double Taxation Relief, Sweet & Maxwell, 1985, pp.29-32.）。

英国は，初めての包括的所得税租税条約を1945年に米国との間で署名し，同年から適用しているが，この英米租税条約第13条には「二重課税の排除」条項がある。英国の場合は，日本と異なり，先に租税条約を締結し，その後に国内法を整備したのである（矢内一好『英国税務会計史』中央大学出版部，2014年，第13章参照）。

3　矢内一好・高山政信『外国税額控除の理論と実務』同文舘出版，2008年，20-21頁。
4　大蔵省主税局税制第一課編「改正税法総解」『財政』第18巻，1953年，135-136頁。
5　志場喜徳郎「日米租税条約について」『税経通信』第9巻第6号，1954年6月，103頁。
6　国税庁「非居住者，外国法人及び外国税額控除に関する改正税法の解説」1962年5月，73頁以降。
7　原一郎「改正法人税法解説」『税理』第5巻第5号，1963年5月，61頁。
8　日米以外の国の外国税額控除として，英国とドイツについて紹介する。

英国の外国税額控除では，英国居住者（個人・法人）の英国における課税所得の範囲は，全世界所得であり，外国税額控除の適用がある点では日米両国と相違していない。しかし，英国の外国税額控除の特徴は，所得項目別方式といい，同じ税額控除方式とはいえ日米のものとは異なる方式である。英国の方式は，国外所得に課された税をその所得に課される英国の税から控除するもので，控除限度超過額の繰越，繰戻もなく，他の国外所得との通算も認められていない。そのために，英国では外国税額を平均化させるための受け皿会社（mixing corporations）が外国に設立される場合もある。

また，ドイツの外国税額控除では，ドイツ居住者（個人・法人）のドイツにおける課税

所得の範囲は，全世界所得であり，外国税額控除の適用がある点では日米両国と相違していない。ドイツ国内法に規定する外国税額控除の特徴は，控除限度額が国別限度額方式であることである（米国議会資料：House Committee, Description and Analysis of Present-Law Rules relating to International Taxation, June 30, 1999）。

ただし，国際的二重課税を排除する場合，ドイツは，租税条約の適用を認めており，日本との租税条約は，国外所得免税方式を規定している（ただし，投資所得等はドイツにおいて外国税額控除適用）。したがって，ドイツでは，租税条約の適用ができないまたは租税条約を締結していない場合に，国内法が適用される。

また，控除限度超過額が生じた場合は，繰越ができない。納税者は，外国税額控除と損金算入のいずれかを選択できるが，ただし，損金算入を選択する場合，その外国のすべての所得に係る税額を損金算入しなければならない。

間接税額控除は外国子会社の株式の10％以上を所有することを要件とするが，その外国子会社が実際の事業活動に従事していることが条件となる（投資等を管理する会社の場合は不可）。間接税額控除は孫会社まで認められている。

9　国税庁「非居住者，外国法人及び外国税額控除に関する改正税法の解説」1962年5月，73頁以降。
10　国税庁『昭和58年　改正税法のすべて』104-105頁。
11　この新聞記事については，1984年2月18日の衆議院予算委員会で質疑が行われている。そして，外国税額控除額の推移等の資料が開示されている（「外国税額控除制度の現状と問題点」『国際税務』Vol.4, No.3, 1984年3月，47-50頁）。また，1985年2月16日の衆議院予算委員会においても外国税額控除の問題点が質疑されている（「外国税額控除の問題点」『国際税務』Vol.5, No.4, 1985年4月，42-45頁）。
12　国税庁『昭和63年　改正税法のすべて』381頁。
13　国税庁の「会社標本調査」によれば，1988年度改正が適用となる1989年以降，1989年から1991年までは4,000億円台，1992年および1993年は5,000億台である。なお，2014年は7,113億円，2015年は5,489億円である。
14　『改正税法のすべて－平成4年の国税・地方税の改正点の詳解』日本税務協会，213頁。
15　国税庁『昭和63年　改正税法のすべて』390-391頁。
16　『改正税法のすべて－平成4年の国税・地方税の改正点の詳解』日本税務協会，207頁。
17　銀行3行の訴訟の判決は，次のとおりである。

旧住友銀行事案 （現三井住友銀行）	・2001年5月18日判決　大阪地裁（銀行側勝訴） ・2002年6月14日判決　大阪高裁（国側勝訴） ・2005年12月19日判決　最高裁（上告棄却・不受理　国側勝訴）
旧大和銀行事案 （現りそな銀行）	・2001年12月14日判決　大阪地裁（銀行側勝訴） ・2003年5月14日判決　大阪高裁（銀行側勝訴） ・2005年12月19日判決　最高裁（上告棄却・不受理　国側勝訴）

旧三和銀行事案 (現三菱UFJ銀行)	・2002年9月20日判決　大阪地裁（銀行側勝訴） ・2004年7月29日判決　大阪高裁（銀行側勝訴） ・2006年2月23日判決　最高裁（国側勝訴）

（資料１）　外国税額控除の変遷

1953（昭28）年	外国税額控除制度の創設（控除限度額は国別限度額方式，直接控除のみが認められた。）
1962（昭37）年	・地方住民税から控除できるように地方税を改正した。 ・控除限度額の国別限度額方式と一括限度額方式の選択制導入 ・間接税額控除が採用された。
1963（昭38）年	・赤字国の欠損金を黒字国の所得と通算しないこととして国別限度額方式を廃止 ・控除余裕額，控除限度超過額の5年繰越制度創設
1965（昭40）年	外国法人税の額が減額された場合の処理について改正された。
1971（昭46）年	欠損金額の通算は法人の選択とした。
1978（昭53）年	タックス・ヘイブン対策税制の導入に伴い課税対象留保金額に係る外国法人税が外国税額控除の対象となった。
1983（昭58）年	・一括限度額方式の考え方を徹底させる趣旨から国別欠損金の除外計算制度を廃止 ・棚卸資産の譲渡地は，国外事業所等を通じてなされたものに限り国外での譲渡と判定することになり，国外所得金額が増加するように操作される余地を制限した。 ・各種引当金，準備金の繰入額を国内所得に優先的に配分できる取扱いを廃止，国内および国外双方の業務に関連する経費は，合理的な基準を用いて国内所得と国外所得に適正に配分
1988（昭63）年	・非課税国外所得の2分の1除外 ・国外所得に対するシーリングの設定 ・高率外国税額控除の高率対応部分を控除対象外国法人税から除外 ・利子の高率外国源泉税の高率部分の控除対象外国税額からの除外 ・間接税額控除（持株会社に係る改正） ・控除余裕額および控除限度超過額の繰越期間が5年から3年に短縮
1992（平4）年	・間接税額控除の対象を外国孫会社まで拡大 ・非課税国外所得の2分の1除外を3分の2に改正

2001（平13）年	控除対象外国法人税に含まれないものが規定
2002（平14）年	通常行われない取引に係る外国法人税を控除対象外国法人税から排除
2005（平17）年	居住者の外国税額控除の改正
2011（平23）年12月	・外国税額控除の対象外である「高率」な外国法人税の水準を，わが国の法人実効税率（引下げ後の法人実効税率）と概ね同水準となるよう改正前の50％超から35％超に引き下げた（法令142の2①）。 ・控除限度額の計算上，改正前の3分の2を非課税の国外所得の全額を国外所得から除外した。 ・所得源泉置換規定のある租税条約（相手国で課税された所得はその国の国内源泉所得とする規定：米国，英国，豪州，カザフスタン，ブルネイ）を除き，役員報酬等で国際間の二重課税になることから，相手国で外国法人税を課された所得は，国外源泉所得と扱われる（法令142④三，155の28④三，所令222④三）。

（資料2） 1961年から1963年という外国税額控除が整備された年分における外国税額控除の規定

（当時は，現行の施行令，施行規則ではなく，施行規則，施行細則という名称である。）

(1961年施行規則の概要)

第23条の4	（法人税額から控除すべき外国の法人税額の範囲及びその計算） ① 内国法人が，法施行地外にある所得について納付することとなる外国法人税のうち，日本と外国の賠償の実施のために締結された契約の履行により生じた所得及び輸出所得の特別控除に掲げる取引又は技術輸出所得の特別控除に規定する技術輸出取引により生じた所得に係る部分の額については適用しない。 ② 国別限度額方式の規定 ③ 損金算入した貸倒準備金繰入額等を，当該法人の選択によりその金額の範囲内において当該源泉の所在地国の所得に係る損金としてこれらを計算することができる。 ④ 外国法人税の課税上の計算期間と当該法人の事業年度の期間が異なる場合の調整方法 ⑤ ④の月数計算の細則
第23条の5	（外国の法人税額の控除の申告） ① 外国の法人税の額の控除に関する申告の記載がない場合は適用しない。

（1962年施行規則の概要）

第23条の4	外国の法令により課される法人税に相当する税は，外国又はその地方公共団体により法人の所得を課税標準として課される税とし，以下に掲げる税を含み，これらの税に附帯して課される延滞税，利子税，過少申告加算税，無申告加算税，不納付加算税及び重加算税に相当する税その他これらに類する税を含まない。 　一　超過利潤税その他の法人所得の特定の部分を課税標準として課される税 　二　法人の所得又は前号の所得を課税標準として課される税の附加税 　三　法人又は個人の所得を課税標準として課される税と同一の税目に属する税で，法人の特定の所得につき，徴税上の便宜のため，所得に代えて収入金額その他これに準ずるものを課税標準として課されるもの 　四　特定の所得につき法人の所得を課税標準とする税を課さず，当該税に代え，法人の収入金額その他これに準ずるものを課税標準として課されるもの ②　一括限度額方式と国別限度額方式の選択 ③　一括限度額方式と国別限度額方式の計算 ④　みなし外国税額控除がある場合の一括限度額方式の計算 ⑤　損金算入した貸倒準備金繰入額等の処理 ⑥　外国法人税の課税上の計算期間と当該法人の事業年度の調整 ⑦　外国税額控除は，外国の法令により外国法人税を納付すべきことが確定した場合に，その確定した日の属する事業年度の所得に対する法人税額から控除するものとする。 ⑧　36年施行規則第23条の4第1項と同じ。
第23条の5	（外国子会社の要件及びその配当に係る外国税額控除の計算）
第23条の6	（外国の法人税額の控除の申告）

(資料3) 1961年と1966年の法人税取扱通達の比較

外国税額控除導入初期の法人税取扱通達（1961年）と（1966年）を比較すると，1961年度および1963年度の改正前と改正後となることから，以下は両者の比較である。なお，使用した資料は，いずれも財団法人大蔵財務協会発行の「法人税取扱通達」であり，表にある数字は通達の番号である。

1961年		1966年	
第1項　外国の法人税の範囲及び控除の時期		第1項　外国の法人税の範囲及び控除の時期	
1799	外国の法人税の意義	2385	同左
1800	外国の法人税の範囲		
1801	沖縄において課される法人税に相当する税	2386	同左
1802	賠償の実施に伴い取得する所得に係る外国法人税	2387	同左
1803	輸出所得の損金算入額等に係る外国の法人税の損金算入	2388	同左
1804	税額控除と損金算入の選択	2389	同左
1805	外国の法人税の控除申告をしない場合の取扱	2390	同左
1806	外国の法人税の概算控除		
1807	外国の法人税が確定した場合の控除		
1808	中間申告に係る法人税額から外国の法人税額の不控除	2391	仮決算をした場合の中間申告にかかる法人税額からの外国法人税額の控除
第2項　控除限度額の計算		第2項　控除限度額の計算	
1809	外国から生じた所得の計算	2392	同左
1810	外国の法人税及び前期以前の欠損金	2393	同左
1811	外国から生じた所得を計算する場合の貸倒準備金等の繰入額等の配賦	2394	同左
1812	外国から生じた所得を計算する場合における貸倒準備金等の繰入額等の配賦の特例	2395	同左

1813	貸倒準備金等の繰入額の任意配賦の選択	2396	同左
1814	貸倒準備金等の繰入額の任意配賦の適用要件	2397	同左
1815	法人が計算した任意配賦額がその限度をこえることとなった場合の処理	2398	同左
1816	貸倒準備金等の繰入超過額があった場合の任意配賦額の計算	2399	同左
1817	外国から生じた所得を計算する場合の本部経費の配賦	2400	同左
1818	損金に算入しない寄附金	2401	同左
1819	損金に算入しない交際費	2402	同左
1820	赴任旅費	2403	同左
1821	輸出所得の損金算入額	2404	同左
1822	外国に源泉がある運賃収入金額	2405	同左
1823	運航による付随所得	2406	同左
1824	外国の運賃収入金額に係る原価の計算の特例	2407	同左
1825	運賃収入金額に係る原価の意義	2408	同左
1826	源泉徴収された利子又は配当等の外国の所得の計算	2409	同左
1827	繰越欠損金がある場合の総所得の計算		
1828	輸出所得等の損金算入額に対応する外国の法人税の額の計算		
1829	外国の課税所得のうちに含まれる輸出所得等の損金算額に相当する金額		
		2410	技術等海外取引による所得に対して課される外国法人税の額の計算

第7章

外国子会社合算税制
（タックス・ヘイブン対策税制）

1 税制名称と本税制の概要

(1) 創設時

　この税制が創設されたのは1978（昭和53）年である。この税制は，税負担のないあるいは著しく低い国または地域（軽課税国等）にペーパー会社等を設立して利益を留保するという租税回避に対応するための税制であり，立法当局は，タックス・ヘイブンという用語に代えて軽課税国等という表現を用いているが，税制の名称は「タックス・ヘイブン対策税制」である。当時の立法に携わった関係者が書き下ろした『タックス・ヘイブン対策税制の解説』（高橋元監修，清文社）は，この税制導入時を解説した唯一の本であるが，ここでも名称は，タックス・ヘイブン対策税制である[1]。

(2) 創設時のタックス・ヘイブン対策税制の特徴

　この税制は1992（平成4）年の改正により軽課税国指定制度を廃止して，課税対象となる特定外国子会社等の判定に，税負担基準25％以下というトリガー税率を採用したが，それ以前の軽課税国等では，大蔵大臣の告示により，全所得軽課税国等（15か国：1992年廃止時19か国），国外源泉所得軽課税国等（1か国：1992年廃止時5か国），特定事業所得軽課税国等（11か国：1992年廃止時18か国）が指定されていた。この税制の対象となる国等が3つに区分されていたこ

とから，これらを総括する，タックス・ヘイブンという呼称を使用していないが，これらの国等に対する規制を一般的にタックス・ヘイブン対策税制と呼ぶ。そして，1992年に，諸外国の税制改正等が頻繁になり，新しい軽課税国が出現したこと等から，軽課税国指定制度が廃止されたが，その時の『改正税法のすべて』においても，「内国法人の特定外国子会社等に係る所得の課税の特例（タックス・ヘイブン税制）」という名称を使用している。

(3) 名称の変更

1992年度の税制改正の説明（『改正税法のすべて』）には，特定外国子会社等の税負担基準を25％とした理由の説明はないが，この改正により全世界に所在する子会社，孫会社等がこの税制の適用になるということが述べられていることから，本税制の創設時の性格は相当に希薄になったといえる。

そして，立法当局が外国子会社合算税制という用語を使用するようになったのは，『平成16年版　改正税法のすべて』以降である（本書では，導入以降の名称「外国子会社合算税制」を使用し，略称を「合算税制」とする。）。特にその名称変更に関する説明はない。この時期，シンガポールは，2002年まで法人税率が24.5％であったが，それ以降毎年のように税率の引き下げを行い，2010年には17％まで引き下げられている。このような状況下で，2015年の税制改正により「20％以上」であったトリガー税率が「20％未満」に改正されている。2010年度税制改正によりトリガー税率は25％から20％以下となり，2015年度の改正で再度改正されて20％未満となり，2017年度に抜本的改正が行われてトリガー税率が廃止されている。

2　タックス・ヘイブンの基礎的事項

(1)　タックス・ヘイブンとは何か

2016年春に報道され注目を集めた「パナマ文書」および2017年の「パラダイス文書」において，多くの者がタックス・ヘイブンを利用している実態が報道

された。米国では，1950年代からタックス・ヘイブンを利用した租税回避が行われたことから，タックス・ヘイブン税制が1962年に導入されている。

　一般的に，タックス・ヘイブンとは，税金のない国または税金の著しく低い国または地域をいい，タックス・ヘイブンという用語の意味は，税の回避地というものである。ほとんどのタックス・ヘイブンは，人口も少なく，国家財政の規模も小さく，租税に依存しなくとも財政上問題が少ないことから，税負担をなくしまたは低くしており，著名なタックス・ヘイブンであるケイマン諸島は，関税と会社の登録料等が主たる歳入源になっている。また，ケイマン諸島は，英国の海外領土であるが，主権が認められており，独自の税制を定めていることから，これに対して他国がその税制に干渉することはできない。

　タックス・ヘイブンは，その租税等に関する特徴を列挙すると次のようになる。

① 　居住者又は居住法人等に対する所得税，法人税が無税あるいは著しく低い税率である。
② 　従来は，先進諸国と租税条約が締結されていなかったことから，租税に関する情報交換等は行われていなかったが，多くのタックス・ヘイブンが税務情報交換協定を締結している。
③ 　従来は銀行の秘密保護法により情報が保護されていたが，OECDが推進している共通報告基準（Common Reporting Standard：CRS）に基づく自動的情報交換が進展したことで情報公開が行われるようになった。
④ 　為替管理等における法規制がほとんどない。
⑤ 　先進国の旧海外領土等が多く，経済規模は小さく，観光等の産業のみの国等が多い。

　わが国からの外国直接投資（1951年から2000年まで間の累計額）によれば[2]，第1位は米国，タックス・ヘイブンでは，第4位にパナマ，第7位にケイマン諸島，第8位に香港という順位になり，中国は第9位，第10位はシンガポールである。すなわち，わが国は，人口数万人というカリブ海の島であるケイマン諸島に対中国よりも多額の投資を過去に行っていたことになる。

(2) 軽課税国とされる国または地域

合算税制の導入時に，大蔵省告示第38号（別表第1号，第2号，第3号）により軽課税国とされた国または地域は次のとおりである。

(1978年当時)

(全所得軽課税国等：15) アンドラ，バハマ，バハレーン，バミューダ，英領チャネル諸島，英領バージン諸島，ケイマン諸島，ジブティ，香港，マン島，リヒテンシュタイン，マカオ，ナウル，ニュー・ヘブリデス，タークス＆カイコス諸島，
(国外源泉所得軽課税国等：1) パナマ
(特定事業所得軽課税国等：12か国，15事業) アンティグァ，バルバドス，グレナダ，ジブラルタル，ジャマイカ，リベリア，ルクセンブルク，モントセラト，オランダ領アンチル（2事業），セントビンセント（2事業），スイス（2事業），リベリア

この上記リストには，1992年の改正時までに次の国等が追加されている（追加された国等には下線を付した）。

(全所得軽課税国等：19) アンドラ，_アンギラ_，バハマ，バハレーン，バミューダ，英領チャネル諸島，英領バージン諸島，ケイマン諸島，ジブティ，香港，マン島，リヒテンシュタイン，マカオ，ナウル，_ニュー・カレドニア_，_バヌアツ_，タークス＆カイコス諸島，_モルディブ_，_モナコ_（ニュー・ヘブリデス削除）
(国外源泉所得軽課税国等：5) _コスタリカ_，パナマ，_セントヘレナ_，_ウルグァイ_，_ソロモン_
(特定事業所得軽課税国等：18か国，23事業) アンティグァ，バルバドス，グレナダ，ジブラルタル，ジャマイカ，リベリア，ルクセンブルク，モントセラト，オランダ領アンチル（2事業），セントビンセント（2事業），スイス（2事業），リベリア，_マルタ_，_サイプラス（2事業）_，_クック諸島_，_セイシェル_，_アルバ（2事業）_，_ネイヴィース_

3 合算税制導入の背景

(1) 便宜置籍船の課税問題

　合算税制導入前の1960年代前半は，日本の対外投資の増加と企業活動の国際化という現象があるが，この税制の導入の直接的な理由として考えられるものは，便宜置籍船の課税問題である。

　船舶は，その登録をした国に船籍があり，その登録した国の法律の適用を受けることになるが，先進国の船会社の多くは，船舶の登録税等の節約および人件費の高い自国の船員の乗船を回避する等の目的から，自国に船舶の登録を行わず，登録した船舶に規制の緩いパナマ，リベリア等に登録を行っている。このように便宜的に外国籍で登録を行っている船舶のことを便宜置籍船という。

　国際運輸を行う日本の海運会社は，外国子会社等をパナマ等に設立して，その法人所有の船舶として外航船を登録し，その船舶の得た利益をこの外国子会社等に留保していた。このパナマの税制では，パナマ船籍の国際的リースによる利益は課税されず，便宜置籍船の国外における収益はパナマで課税されないという租税上の優遇措置があった。したがって，このような外国子会社等の税負担は，日本における同様の所得に対する税負担と比べると著しく低いという結果であった。

　このような状況下において，これらの便宜置籍船を置く外国子会社等が実体のない法人であったとしても，この外国子会社の所得を機械的に日本親会社の所得と合算するという税法上の規定は合算税制創設前のわが国にはなかったことから，別法人である日本の親会社と外国子会社に対して，当時の課税当局は，この外国子会社に所有されている船舶が実質的に日本親会社の所有であるという認識に基づいてこの外国子会社の所得を日本親会社の所得に含めるよう日本の海運会社に対して1975年３月10日に以下のような申告指導を行ったのである[3]。

> ① 便宜置籍船会社の決算尻を親会社の所得として，確定決算に織り込むかあるいは申告調整をするか。
> ② 便宜置籍船会社が赤字の場合，確定決算に織り込むことを条件に税務計算上もこれを認めるが，申告調整は粉飾決算を認めることになるので，税務上も認めない。
> ③ この指導に従わず，他人名義を使って取引する場合は，仮装隠蔽として厳重な処分を行う。
> ④ 自社船を便宜置籍船会社に売却するのは一種の仮装取引であるから，その船の減価償却費は親会社の確定決算に計上されていない限り，便宜置籍船会社の費用としては認めない。

続いて1976年3月26日の第2回申告指導会では，次のような申告指導があった[4]。

> 便宜置籍船会社に対する課税方針の原則は合算方式であるが，特に理由のある場合には，外国法人として個別に申告することも認める。

要するに，1975年，1976年当時は，便宜置籍船の存在という現実に対して，課税上の取扱いが一定しなかったのである。

(2) 1978年度税制改正に関する税制調査会答申

1977年12月に税制調査会は，「昭和53年度の税制改正に関する答申」において「タックス・ヘイブン対策税制の導入」を提言している。1978年度に講じる立法措置の骨子は，次のとおりである。

① タックス・ヘイブンに所在する海外子会社等に留保された所得のうち，その持分に対応する部分を親会社の所得に合算して課税することとする。
② 法人税が全くないか若しくはわが国法人税に比しその実効税率が著しく低い国又は国外源泉所得を非課税としている国等を対象とする。
③ 合算対象となる海外子会社等の範囲は，内国法人又は居住者が全体として発行済株式総数（出資総額）の50％を超える株式（出資）を直接又は間接に保有する海外子会社等とする。但し，少額の持分を保有するに過ぎない株主は合算課税の対象外とする。

④　その地において事業活動を行うことに十分な経済的合理性があると認められる海外子会社等は適用除外とする。

4　合算課税方式の採用の理由

(1)　立法者の説明

合算課税方式が採用されたことについて，立法に携わった人々による説明を列挙すると，次のとおりである[5]。

> ①　この税制の目的は，日本の株主が，軽課税国にある支配している子会社に所得を留保し，日本における税負担を不当に軽減することを規制することである。
> ②　合算方式採用の土台となる考え方は，租税回避防止であり，課税の中立論の立場に立つと，タックス・ヘイブン所在のすべての子会社を合算課税の対象としなければならないため，これは採用されていない。
> ③　軽課税国の子会社に留保された所得は，課税の時点で株主に何ら金銭の交付等が行われていたわけではないので，配当所得とみなすのは適当ではなく，個人居住者の場合，いずれの所得にも属さないことから雑所得に含められた。
> ④　この税制は，子会社等の法人格を否認することなく，その留保所得が実質的に帰属する者である日本の株主に課税しようとするものである。また，本税制は，連結納税制度的な考え方に基づくものではない。
> ⑤　法人税法に定める「実質所得者課税」と本税制はそれぞれ独立した規定として存在することが意図されている。

(2)　金子教授説

租税法分野では広く利用されている金子宏教授の『租税法』[6]によれば，この制度の趣旨と目的は，タックス・ヘイブン所在の子会社の課税対象金額相当額を株主であるわが国の内国法人等の擬制収益ないし擬制配当として課税し，租税回避手段としてのタックス・ヘイブン子会社の機能を実質的に減殺することである，と述べられている。この制度は個別的否認措置である。

(3) 合算税制の趣旨についての考え方

前述のように，立法に携わった者が，この合算税制の趣旨を明確に述べていないことから，なぜ，タックス・ヘイブンに所在する子会社の留保所得を内国法人等の所得として合算課税するのかという点について，いくつかの考え方がある[7]。

① 実質所得者課税の延長線上で課税要件を明確にしたとする考え方。
② みなし支店課税方式：親会社に支配されている外国子会社の法人格を否認して支店と同様の課税をするという考え方。
③ みなし配当方式：米国のタックス・ヘイブン税制における考え方で，外国子会社の留保所得を配当が行われない場合であっても配当したこととみなして株主の所得に合算する。
④ 所得の帰属再調整方式：外国子会社と親会社等の所得の帰属を問題とする考え方。

(4) 合算課税が成立するための要件

軽課税国に所在する所定の外国子会社の留保所得を，株主である内国法人あるいは居住者が合算課税を実施するためには，理論的に克服する必要がある次のような事項がある。

① 合算税制は法の域外適用ではないのか。
② 軽課税国所在の子会社の法人格を否認していないか。
③ 親会社の所得と軽課税国所在の子会社の欠損金の通算の可否等。

上記①については，日本の課税管轄にある内国法人あるいは居住者の所得課税であり，軽課税国に所在する外国子会社への課税でないことから，法の域外適用の問題はない。また，②は，立法者の説明でも明らかなように，法人格否認の法理を適用していないことが明言されている。③については，2007年9月28日最高裁第二小法廷判決（双輝汽船事案）で通算はできないことが判示され

ている。

5 合算税制の概要（2017年改正前）

以下は，2017年度税制改正前の合算税制の概要である。

(1) 特定外国子会社等の意義

外国関係会社のうち，①法人の所得に対して課される税が存在しない国又は地域に，本店又は主たる事務所を有する外国関係会社，②その各事業年度の所得に対して課される租税の額が，当該所得の金額の20％未満（2010年度改正で25％➡20％以下，2015年度改正で20％未満）である外国関係会社，のいずれかの条件を満たすものを特定外国子会社等という。したがって，外国孫会社等でも要件を充足する場合は，この税制の適用がある。

したがって，この税制の適用対象の判定は，外国関係会社➡特定外国子会社等という順序になる。

(2) 外国関係会社

イ　原　則

外国関係会社は，外国法人で，その発行済株式又は出資の総数又は総額のうち居住者，内国法人及び特定関係非居住者が有する直接間接に有する株式の合計数又は合計額が50％を超えるものをいう。

ロ　外国法人が，次に掲げるように，議決権が１個でない株式等又は請求権の内容が異なる株式等を発行している場合（2007年度改正）

この場合は，原則による割合とそれぞれ次の割合のいずれか高い割合で判定することになる。

① 議決権が１個でない株式等を発行している法人の場合（③の法人を除く），外国法人の議決権総数に占める居住者及び内国法人ならびに特殊関係非居住者が有する外国法人の直接間接に保有する議決権の割合

②　請求権の内容が異なる株式等を発行している法人の場合（③の法人を除く），外国法人が株式等の請求権に基づき受けることのできる剰余金等の配当等の総額に占める居住者及び内国法人ならびに特殊関係非居住者が有する外国法人の直接間接に保有する請求権に基づく剰余金の配当等の合計額の割合

③　議決権が1個でない株式等及び請求権の内容が異なる株式等を発行している法人の場合，上記①又は②のいずれか高い割合

(3)　特定外国子会社等の判定

20％基準の判定は，次の算式の割合による。

特定外国子会社等の判定における要件である20％基準の適用においては，外国関係会社の所在地国の法人税率により判定するものではない。その判定の算式では，分母となる特定外国子会社等の所得金額には，その所在地国の法令による非課税所得等も含まれることから，実際の適用税率のみにより判断することは危険である。

イ　分　母

この算式の分母は，当該事業年度の決算に基づく所得の金額につき，その本店所在地国の外国法人税（源泉所得税を含む。）に関する法令の規定により計算した所得の金額である。

ロ　分母の調整事項

①　非課税所得の加算（その本店所在地国に所在する法人からのみなし配当を含む受取配当及びその本店所在地国以外の国又は地域に所在する法人からの受取配当で持株割合が一定割合以上である場合に非課税とされるもの，租税回避スキームの一部として支払われたものでないことを与件として非課税とされる配当等を除く。）

②　損金算入支払配当の加算

③　損金算入外国法人税額の加算

④　損金算入されない保険準備金の加算

⑤　益金算入すべき保険準備金の加算
⑥　還付外国法人税額の減算（還付法人税が益金加算されている場合）

　2011年度改正により，トリガー税率の計算上，外国関係会社の本店所在地国の法令により非課税とされる配当等は分母の所得の金額に加算すべき非課税所得から除くこととされた。また，外国関係会社の所得の金額が零の場合のトリガー税率の判定は，外国法人税の表面税率により行うことが明確化された。

ハ　分　子

　この算式の分子は，当該事業年度の所得につき，その本店所在地国又はその本店所在地国以外において課される外国法人税の額である。なお，判定の際に法人税額が確定していないときは，本店所在地国等の法令に従って税額を計算する。

ニ　分子の調整事項
①　本店所在地以外で課される外国法人税（非課税配当に係る外国法人税を除く）の加算
②　みなし納付外国法人税額の加算（租税条約に定めるタックススペアリングの規定により日本において間接外国税額控除の適用を受ける場合に減免された外国法人税の額）

ホ　20％判定の特則

　税負担の要件である20％の判定に係る特則は，次のとおりである。
①　外国関係会社の本店所在地国における外国法人税の税率が所得金額に応じて異なる場合，最高税率を適用して算定した税額とすることができる。
②　外国関係会社が欠損の場合，その外国関係会社の行う主たる事業に係る収入金額から所得が生じた場合にその所得に対して適用されることになる外国法人税の税率により判定する。

ヘ　適用対象となる内国法人等

　外国関係会社の発行済株式（自己株式を除く。）のうち，直接，間接に5％以

上所有する居住者あるいは内国法人等ならびに全体として直接間接に10％以上（平成22年改正5％➡10％）保有する同族株主グループに属する居住者あるいは内国法人等は，その持分に応じた特定外国子会社等の課税対象金額が益金に算入され，わが国の法人税が適用される。なお，個人居住者の合算課税の場合，その所得は，雑所得の収入金額に算入される。

6　持分割合の判定と課税対象金額の計算

(1)　持分割合の判定

　移転価格税制では持分の連鎖関係により判定するが，本税制では，その特定外国子会社等の所得の配分にかかわるものであることから，いわゆる掛け算方式が適用されて判定を行うことになる（2017年度改正で連鎖関係に改正）。

　本税制の適用上，内国法人（親会社）が国内に子会社を有し，その国内子会社が特定外国子会社等を有することも想定できる。この場合は，当該親会社は，子会社である内国法人を通じてこの特定外国子会社等を保有することになることから，本税制の適用を受けることはない。前述の特定外国子会社等の判定の要件であった当該法人株式の間接の保有は，内国法人等が外国子会社等を通じて間接保有する意味であり，内国法人が他の内国法人を通じての間接保有までを含めるものではない。

　外国関係会社の要件である内国法人等による所定の株式の50％を超える所有について，資本関係のない内国法人数社がある外国法人の株式を所有し，その合計持分割合が50％を超える場合，本税制の適用上，当該外国法人は，外国関係会社に該当することになる。

　また，納税義務の生じる5％の持分割合を有する内国法人が複数ある場合，これらの内国法人間の資本関係は問われない。

　同族グループに属する内国法人または居住者の場合，同族グループ全体として10％以上を保有しているときには，個々の内国法人等が10％未満の持分であっても納税義務者となる。

(2) 課税対象金額の意義

2009年度税制改正により使用される用語等が改正されて，合算課税対象の所得金額の算定については，(基準所得金額の計算) → (適用対象金額の計算) → (課税対象金額の計算) という順序により計算が行われることになった。これをまとめると次のようになる。

① 基準所得金額（特定外国子会社等が受け取る子会社配当（持株割合25％以上で6月以上継続保有）と控除対象配当等を除く。）
② 適用対象金額＝基準所得金額－繰越欠損金－納付法人所得税
③ 適用対象金額×持株割合等＝課税対象金額

(3) 基準所得金額の計算

基準所得金額の計算は，次のように行われる。

① わが国の法令に基づいて計算する方式または本店所在地国の法人所得税に関する法令により計算する方式のいずれかにより計算した特定外国子会社等の各事業年度の所得金額
② 上記①の金額に，その事業年度に納付する法人所得税を加算し，還付を受ける法人所得税がある場合はこれを控除する。
③ 特定外国子会社等が当該各事業年度において子会社（子会社の議決権株式等の25％以上を配当支払確定日前6月以上継続保有している場合：以下「受取配当益金不算入対象子会社」という。）からの受取配当を控除する。なお，これに該当する子会社が特定目的会社（措法67の14①），投資法人（措法67の15②），特定目的信託に係る受託法人（措法68の3の2，⑨），特定投資信託に係る受託法人（措法68の3の3）の場合，この適用はない。
④ 控除対象配当等の額を控除する。この控除対象配当等とは，特定外国子会社等が他の特定外国子会社等から配当を受け取っている場合に生ずる処理で，他の特定外国子会社等が2009年度改正による受取配当益金不算入対象子会社に該当する場合等を除き，配当を受け取った特定外国子会社等と配当を支払った特定外国子会社等に双方で合算課税が二重に行われることを避けるためである。なお，控除される配当等の額は，配当支払法人の所

定の配当可能金額の範囲内で，配当支払法人が合算課税の対象となる事業年度である場合にはその受取配当の額であり，受取配当の額が配当支払法人の所定の配当可能金額を超える場合（以前の事業年度の所得を配当原資とする場合），対象となった以前の事業年度の配当可能金額の合計額となる。

(4) 適用対象金額の計算

適用対象金額は，上記(3)の基準所得金額に次の金額を調整した額となる。
① 特定外国子会社等に生じた欠損金額は7年繰り越して控除される。
② 特定外国子会社等が納付する法人所得税の額は控除される。

なお，特定外国子会社等の欠損金は，合算対象となる内国法人または他の特定外国子会社等の所得と相殺することはできない。

(5) 課税対象金額の計算

課税対象金額（合算対象となる金額）は，適用対象金額に内国法人の株式保有割合（特定外国子会社等の発行済株式等に占める内国法人の有する特定外国子会社等の請求権勘案保有株式等の割合）を乗じて計算した金額である。なお，請求権勘案保有株式等の割合とは，外国法人が請求権の内容が異なる株式等を発行している場合，配当総額に占める内国法人が請求権に基づいて受けることができる額の割合のことである。

(6) 資産性所得（2010年度改正）

一定の税負担の水準（20％）未満の外国子会社等が得る資産性所得は，適用除外基準を満たす場合であっても，内国法人等の所得とみなして合算して課税となる。

7 適用除外

(1) 適用除外の意義

合算税制が適用された事案は多いが，移転価格税制と比較すると，訴訟の件数が多いこと，主としてその争点が適用除外の適否に集中していることが特徴である。適用除外が導入された理由は，1978年度の政府税制調査会答申にあるように，「事業活動を行うことに十分な経済的合理性があると認められる海外子会社等は適用除外とする。」ということであったが，逆の意味では，内国法人等が，軽課税国に子会社を所有していたとしても，適用除外の要件を満たせば，合算課税を受けないということであり，適用除外が合算課税を受けないための安全地帯になる。

(2) 適用除外基準の変遷

以下は適用除外基準の合算税制創設時からの変遷の表である。

基準名	基準の概要	導入年度
事業基準（適用除外を受けられない法人）	主な事業が株式等又は債券の保有，工業所有権等又は著作権の提供，船舶又は航空機の貸付けなどの事業ではないこと。	創設時
実体基準（すべての業種に共通する要件）	外国子会社の本店又は主たる事務所の所在地国において，その事業を遂行するのに必要な人員ならびに事務所，店舗，工場等の固定的施設を有すること。	創設時
管理支配基準（すべての業種に共通する要件）	特定外国子会社等がその本店所在地国で事業の管理，支配，運営を自ら行っていること。	創設時
非関連者基準	（卸売業，銀行業，信託業，証券業，保険業，水運業又は航空運送業の7業種の場合）取引の50％超を非関連者と行っていること。	創設時
所在国基準（上記7業種以外の業種の場合）	主に本店所在地国で事業を行っていること。	創設時

| 配当基準 | 本税制の適用を受ける他の特定外国子会社等から受け取る配当等の額が，配当を受領する特定外国子会社等の各事業年度の総収入金額の5％を超えてはならないという規定である。 | 創設時，1985年度改正により廃止 |

(3) 1985年元旦・読売新聞（タックス・ヘイブン対策税制）

　1985年読売新聞元旦の一面に，有名な日本の会社が，オランダに子会社を設立し，タックス・ヘイブン子会社を孫会社にする仕組みを作り，タックス・ヘイブン子会社からオランダへ配当をすることで租税回避を図る事例が紹介された。これを契機として，1985年度税制改正において，タックス・ヘイブン子会社からの支払配当を控除しない制限が規定されたのである。この事例は，日本の国際税務において比較的初期に遭遇した租税回避事例であり，税務調査による是正措置ができない合法的なスキームであったのである。結果として，法改正を余儀なくされたのである。

　この事例は，具体的には次のような内容である。
① タックス・ヘイブンに所在する合算対象法人（内国法人の孫会社）
② 資本参加免税（海外子会社からの配当免税）のある国の子会社（内国法人の子会社）
③ 内国法人

　従来は①と③との関係であったことから，合算対象法人の留保所得は合算課税であった。しかし，②を介在させると，①の留保所得から配当分が減額となり，②で受取配当免税ということで，二重不課税となることとなる。

(4) 配当基準の廃止

　特定外国子会社等が他の特定外国子会社等に配当を支払った場合，支払配当を控除しないで留保所得とすることに改正されたことから，この基準が廃止された。

(5) みなし本店所在地の採用（1985年）と廃止（1992年）

イ　1985年の採用

次のような事例の場合，租税回避となることから「みなし本店所在地」の規定が採用された[8]。

① 内国法人（親会社）が100％出資の子会社（S社）を管理支配地主義を採用している国（非タックス・ヘイブン国：Y国）に設立（本店登記）する。
② S社は，軽課税国（Z国）に支店を設置して管理支配を行っている。

このようなスキームの場合，Z国では軽課税国であることから税負担が少なく，Y国では，管理支配地が外国であることから，国内源泉所得のみが課税となる。合算税制はS社が対象になるが，軽課税国に所在しないことから課税対象にならない。

改正後は，支店の所在地国であるZ国がS社の本店所在地とみなされ，子会社は特定外国子会社等に該当することになる。

ロ　1992年の廃止

1992年度改正により，軽課税国の指定制度が廃止されたことで，「みなし本店所在地」の取扱いが廃止となった。

8　1992年度以降の合算税制の主要な変遷事項

合算税制の変遷は次のように区分することができる。
① 1978年～1991年：軽課税国指定制度の時期（以下「第1期」という。）
② 1992年～2016年：トリガー税率の時期（以下「第2期」という。）
③ 2017年以降：トリガー税率廃止の時期（以下「第3期」という。）

この3区分は，単に，外国子会社等の判定方法の変遷のようにみえるが，合算税制の性格を考える場合，それぞれが重要な転換点である。なお，合算税制の税法上の本質論は，配当説が主流であるが，必ずしも定説といえるものは今のところ見当たらないのが現状である。

(1) 第1期

　第1期は，指定された軽課税国に実体のない子会社等を設立して租税回避することを防止することを目的としていることから，本税制の創設時の性格は鮮明といえよう。軽課税国指定制度は，①全所得軽課税国等，②国外源泉所得軽課税国等，③特定事業所得軽課税国等，に区分することにより，合算対象となる特定外国子会社等の性格が明らかであり，合算の理由が明白であった。

(2) 第2期

イ　1992年度改正

　第2期は，本税制創設以来軽課税国指定制度であったが，マレーシアのラブアン島の軽課税への改正等により指定制度方式が限界とみた立法当局は，1992年にこの制度を廃止して一定の税負担（25％以下）を要件とするトリガー税率を要件とした[9]。結果として，合算課税を受ける子会社等は次のとおりである[10]。

> ①　法人の所得に対して課される税が存在しない国に本店又は主たる事務所を有する外国関係会社
> ②　その事業年度の所得に対して課される租税の額が当該所得の金額の25％以下である外国関係会社

　上記の①は，軽課税国指定制度における「全所得軽課税国等」に該当していることから，軽課税国指定制度の「全所得軽課税国等」に該当および適用除外となる法人を除いて，税負担が25％以下の法人に該当すれば，合算課税の対象となることから，実体のない海外子会社等でその税負担が日本の半分程度の場合，租税回避とみなして課税をすると理解できるのである。この点に関しては，後述する2010年度改正で明らかになっている。

ロ　2010年度改正

　2010年度改正において，トリガー税率が25％以下から20％以下に引き下げられたことについて立法当局の説明は，次のとおりである[11]。

① 日本企業の主な進出先である周辺国における法人税率の引下げ[12]
② 日本企業の事務負担の軽減[13]
③ 実効税率の半分を目安にしてきたこと（当時の法人の実効税率は39.54％）

ハ　2015年度改正

2015年度改正により，トリガー税率は20％未満に改正され，「法人の所得に対して課される税が存在しない国に本店又は主たる事務所を有する外国関係会社」はそのままである。

20％以下を20％未満とした理由は，次のように説明されている[14]。

英国で活動する子会社に関し，英国法制上の義務に沿って業務を2つの法人に分けて行う結果，各々の法人単位では適用除外基準を満たさないと判断される可能性のある事例が把握されており，英国の法人税率が21％から20％に引き下げられた結果，本税制の適用可能性が生じたことである。

英国の法人税率は，2017年4月1日から19％に引き下げられている。このような状況下において，2015年度のトリガー税率の引き下げの意味がなくなったのである。そこで，2015年度改正後，英国の法人税率引き下げは周知の事実であったことから，トリガー税率を改正して18％に引き下げるのではという憶測を生んだのである[15]。

9　OECDの有害な税競争

(1)　有害な税競争の概要

OECDは，2012年6月に第7回G20メキシコ・ロスカボス・サミット首脳会合宣言において，租税分野では，情報交換の強化，多国間執行共助条約署名への奨励とともに，多国籍企業による租税回避を防止する必要性が再確認され，OECD租税委員会は，BEPS（税源浸食と所得移転）プロジェクトを開始したが，

このBEPSに先立ってOECDが租税回避に取り組んだのが「有害な税競争」である。

OECDは，1996年以降，各国の経済および税制に悪影響を及ぼすタックス・ヘイブン，租税優遇措置を有害な税競争として，この有害性を除去する活動を開始した。その対象は，タックス・ヘイブンへの情報開示等の規制緩和，先進国等の租税優遇措置の廃止であった。

(2) 有害な税競争の沿革

「有害な税競争」に関連するOECDにおける主たる事項は，時系列に並べると次のとおりである。

1996年5月	OECD	有害な税競争への対策についての閣僚会議からの指示
1997年12月	EU理事会	有害な税競争への対抗策（パッケージ）の策定に同意
1998年4月9日	OECD理事会	報告書（Harmful Tax Competition：An Emerging global Issues：以下「1998年報告書」という。）を採択
2000年5月	OECD	第2次報告書（Toward Global Tax Co-operation：Progress in Identifying and Eliminating Harmful Tax Practices：以下「2000年報告書」という。）公表
2000年11月24日	OECD	タイムスケジュール（"Framework for a Collective Memorandum of Understanding Eliminating Harmful Tax Practices"）公表
2001年11月14日	OECD	Progress Report（"The OECD's Project on Harmful Tax Practices：The 2001 Progress Report"：以下「2001年報告書」という。）公表

(3) 有害な税競争の意義

この有害な税競争の定義は，1998年報告書（パラ4）において次のようにその意義が述べられている。

「この報告書の目的は，タックス・ヘイブンおよび有害な租税優遇措置（以

下では「有害な税実務」という。）が，金融およびその他のサービス活動の場所に影響を及ぼし，他国の課税ベースを侵食し，貿易および投資の形態を歪め，税制の公平性，中立性および広義の社会的な承認をいかに傷付けているかについて理解を深めることである。この有害な税競争は，世界的に福祉を低下させ，租税システムの完全性に対する納税者の信頼を損ねている。」

(4) 1998年報告書の概要

イ 有害な税競争に対するOECDの提言

　OECDがこの有害な税競争を除去する活動を開始した背景には，次のようなものがあるといえる。例えば，国連の統計では，世界の資産は約25兆ドルといわれているが，そのうち約8兆ドルがタックス・ヘイブンに投資されている。また，タックス・ヘイブンであるケイマン諸島には，580の銀行があり，5,000億ドル（＠￥120で60兆円）の預金量がある。信託は2,238あり，保険会社は499社社あり約4万の会社がある[16]。さらに，タックス・ヘイブンは世界の人口の1.2％であるが，世界の資産の26％，米国多国籍企業の純利益の31％を有している[17]。なお，ケイマン諸島は，ニューヨーク，ロンドン，東京，香港に次ぎ世界第5位のバンキングセンターである。

　この英国の植民地であるケイマン諸島は，無税であることも魅力であるが，銀行秘密及び業務秘密を保持する法律があることが外国企業を誘致する大きな誘引となっている[18]。

　また，米国財務省によれば，ケイマンの銀行家の証言として，彼の銀行の預金者が1000人以上であり，その95％が米国市民であり，1995年現在のこれらの米国市民の預金残高は1億5千万ドルを超え，米国内国歳入庁は，その預金者のうちの20人以上から脱税による多額の税を追徴しているということである[19]。

　そして，OECDは，その潜在的な有害性を次のように列挙している（1998年報告書パラ30）。

　① 金融上，および間接的には，不動産投資資金の流れを歪める。
　② 税制構造の統一性および公平性を縮小する。
　③ すべての納税者の遵法性を減少させる。
　④ 税収および歳出の望ましいレベルと税構造を再形成する。

⑤ 可動性の乏しい課税ベース，労働，財産，消費等に対して意図せぬ負担増が生じる。
⑥ 課税当局および納税者における行政コストと申告コストを増加させる。

ロ　タックス・ヘイブン国等の判定要素

1998年報告書パラ49によれば，タックス・ヘイブン国等が利用されるための主たる目的は，次の3点としている。
①　タックス・ヘイブンは，投資資金のための場所を提供する（マネーボックス）。
②　タックス・ヘイブンは，名目上（ペーパー）の利益を帳簿に記載する場所を提供する。
③　タックス・ヘイブンは納税者の所得等を他国の課税当局の調査から保護する。

1998年報告書（BOX1）によれば，タックス・ヘイブンと判定する要素は次に掲げる4つである。

---
①　無税又は名目上の課税のみ
②　実効性ある情報交換の欠如
③　透明性の欠如（法律上または行政上の規定における透明性の欠如）
④　実質的活動の欠如

判定方法は，上記の4要素すべてに該当するのではなく，上記の①は必須の判定要件であるが，①およびこれ以外のいずれかが該当すれば，タックス・ヘイブンと判定されることになる（2000年報告書パラ7）。

(5)　2000年報告書の概要

イ　暫定的な非協力タックス・ヘイブン一覧表の公表

OECDは，2000年報告書において，暫定的な非協力タックス・ヘイブン一覧表を公表し，35の国または地域をこの表に掲載した。

この一覧表作成前に，バミューダ，ケイマン諸島，キプロス，マルタ，モーリシャスおよびサンマリノの計6か国がOECDの活動への参加を表明して一覧

表への掲載を免れている。また、一覧表公表後に、この表に掲載されていた、アルバ、バーレーン、マン島、オランダ領アンチル、セイシェル、トンガが参加を表明している[20]。

□ タックス・ヘイブン国等が一覧表の掲載を恐れた理由

例えば、前記のオランダ領アンチルを例とすれば、この国は、投資法人および特許権保有法人に対して著しく低い税率（2.4～3％）の税率で優遇することから、創設時の日本のタックス・ヘイブン対策税制において、「特定事業所得軽課税国等」の表に掲げられていた。次に、アンチルからの参加表明の書簡がどのような内容であったのかを検討することとする。

このアンチルからOECDへの書簡において、アンチルが、OECDの指定した期間である2005年末までに改善を約束した事項における情報交換に関する事項は、次のとおりである。

---

① アンチル政府は、他国から要請のあり次第税務情報の交換を行う法的整備を行う。また、アンチル政府は、OECD加盟国と情報交換協定を締結する。
② アンチル政府は、一般法又は刑法適用となる租税事案の内容に関して、行政機関を通じて他国の課税当局との情報交換に必要な国内法を改正する。
③ 情報は、アンチル政府の利害の有無にかかわらず提供される。
④ アンチル政府は、課税当局等に情報交換の公開を損ねることを禁止する。
⑤ 刑法適用となる租税事案に対する情報の件について、アンチル国内において生じたものであっても、アンチルの国内法により強制調査の要件のない場合であっても、提供される。
⑥ 情報交換に付される情報は、実質所有者、銀行情報、監査対象又は税務調査対象となる年次会計資料等を含む。

次に、透明性に関する事項は、次のとおりである。

---

① アンチル政府は、国内法の改正を行う。この国内法改正により、アンチル法人、パートナーシップ等の実質所有者に関する情報、アンチル所在の投資資金の管理者及び受益者の情報、アンチル所在の信託の設立及び利益の分配を受ける者に関する情報が課税当局にとって利用可能となる。当該参加表明は、実質所有者に係る情報を作成して一般に公開するか、又は、当該情報は

> 課税当局において利用可能であり，かつ，外国課税当局と情報交換が可能であることを保証する。
> ② アンチル政府は，他国の税務事案に適切である情報の範囲内で，銀行情報に課税当局が接近できることに参加する。
> ③ アンチル政府には，アンチル法人，アンチル所在の投資資金等に対して会計帳簿を記帳し，監査し，提出することを要請する権利がある。

以上のことから，明らかになったことは，アンチルは，今後，アンチル所在の企業等に対する他国からの情報交換に応じること，アンチル法人は，適正な帳簿を備えた法人であることを義務付けること，アンチルにおいて実質的な活動をしない企業に対して特段の優遇措置を与えることはないということである。

八 非協力タックス・ヘイブンへの対策

非協力タックス・ヘイブン（Uncooperative Tax Havens：以下「UTH」という。）に対して，防御的な以下の対策が採られる。

① UTHとの取引または有害な税実務の有利性を得る取引に関連する損金，免税，税額控除その他の控除を否認する。
② UTHまたは有害な税実務から恩典を受ける取引に対して，包括的な情報提供を義務化し，不正確な報告または無報告には罰金を課す。
③ タックス・ヘイブン税制のない国にはその制度の採用を，ある国には，有害な税実務を禁止する等の適用を要請する。
④ UTHにおいて設立された組織または有害な税実務から恩典を受ける組織を含む取引の場合，通常の罰則の適用となる合理的な理由等の例外を認めない。
⑤ UTHまたは有害な税実務から恩典を受ける取引を源泉とする分配に関して，外国税額控除または参加免税の利用を認めない。
⑦ UTHの居住者への支払いに源泉徴収を行う。
⑧ UTHまたは有害な税実務から恩典を受ける取引に対して，税務調査を強化する。
⑨ UTHまたは有害な税実務から恩典を受ける取引に対して適用可能な現行制度および新規の対策を確保する。

⑩　UTHとの租税条約を締結しない。現行の対UTH租税条約を終了することを考慮する。
⑪　UTHに組織を設立または組織の取得において生じる費用を損金不算入とする。
⑫　UTHの関与する取引に対して取引税等を課す。

以上のように，OECDの活動に参加を表明するUTHには援助を与え，参加をしないUTHには対抗策を講じるということは，小国であるタックス・ヘイブン国等に対して脅威を与えるものであるという批判に対して，OECDの有害な税競争の責任者の一人であるオーエン氏は，次のように反論している[21]。

「OECDは，いかなる政府に対しても強制する権限を有していない。OECDは，討論，分析，説得により作業を行っている。個々の政府は，その責任においてその処理法を決定することになる。」

(6) 2001年報告書

OECDは，1998年報告書及び2000年報告書に示された事項について，次の点を修正している。

> ①　実質的な活動ではないとする基準は，UTHの判定に使用せず，透明性と効率的な情報交換の2つを基準とする（2001年報告書パラ27）。
> ②　防御的な政策をUTHに適用する時期は，有害な租税優遇措置を有するOECD加盟国と同時とする。
> ③　参加表明の期限は2002年2月28日までとする。
> ④　参加表明から計画作成までの期間を6か月間から12か月間に変更する。

(7) 有害な税競争の成果

最も大きな問題点は，有害な税競争防止の活動の結果，タックス・ヘイブン国等がどのように変化したのかという点である。前述したアンチルの書簡にあるように，タックス・ヘイブン国等は，その銀行を含む秘密保護法を廃止する等の法制度改正を行い，情報交換の要請が他国からある場合に，その情報を提供する素地を作ったのである。すなわち，先進諸国が場合によっては，タック

ス・ヘイブンに対して厳しい対抗措置を採るということが明らかになったことで，タックス・ヘイブン側も情報交換等において譲歩の兆しをみせたのである。

10　コーポレート・インバージョン対策合算税制（2007年度改正）

(1)　改正の意義

コーポレート・インバージョン（Corporate Inversion Transactions：以下「CIT」という。）とは，法人が本店を海外に移転する組織再編のことである。日本におけるコーポレート・インバージョン対策税制（以下「CIT対策税制」という。）は，会社法の改正に伴い可能となった三角合併等を行うことで生じる租税回避を防止するために2007年度税制改正により創設された制度である。この税制は，内国法人の株主がタックス・ヘイブンに所在する外国法人を通じてその内国法人の株式の80％以上を間接保有する場合，その外国法人の所得を株主である居住者または内国法人の所得に合算して課税するものである。

(2)　CITとは何か

CITは，米国において頻発した事例であるが，このように事態に至った動機は，米国を本拠とする多国籍企業における法人税の節税である。すなわち，米国を本拠（米国親会社）として多国籍に事業展開をする米国法人グループにとって，タックス・ヘイブン等に持株会社を設立して，そのタックス・ヘイブン持株会社を親会社として，既存の米国親会社をその子会社となるような組織再編を行う取引を行い，その結果，外国持株会社を頂点として，その子会社に当該米国法人および従前に当該米国法人の外国子会社であった外国子会社が並ぶ形態となり，組織再編前には親会社であった米国法人は，米国国内源泉所得のみを取得する法人となるように仕組まれる。

この組織再編により，米国のタックス・ヘイブン税制の回避ができ，さらに外国子会社等からの配当等に対して米国において課税にならなくなったことによる節税効果が生じる。米国におけるCITの具体的なスキームは，タックス・

ヘイブンに持株会社を設立する。この持株会社の多くは，タックス・ヘイブンであるバミューダに設立された。米国親会社の場合，外国子会社からの配当は，米国において外国税額控除の適用があるとはいえ，その計算過程において複雑な計算を強いられ，また，タックス・ヘイブンに所在する外国子会社の場合は，米国においてタックス・ヘイブン税制の適用対象となった。

(3) CIT対策税制の概要

日本におけるCIT対策税制は，会社法の改正に伴い可能となった三角合併等を行うことで生じる租税回避を防止するために2007年度税制改正により創設された制度である。この制度は，内国法人が組織再編により軽課税国の外国法人（親会社）の支配を受けることになり，内国法人の株主はこの外国法人の株主となるのである。

すなわち，内国法人が親会社で，その外国関係会社が税負担25％以下（2010年度に20％以下に改正）等の国に所在する場合，合算税制の適用となるのであるが，CITは，このような課税を回避する方法として考えられたものであり，タックス・ヘイブン法人が親会社で内国法人が子会社となることで，タックス・ヘイブン法人に所得を留保された場合，租税回避につながることからCIT対策税制が創設されたのである（措法66の9の2〜66の9の5）。なお，この税制が個人居住者に対しても適用となる点は，合算税制と同様である（措法40の7〜40の9）。

したがって，日本の税制と関連のある軽課税（無税または税負担25％以下）の外国法人に対する課税関係を整理すると，次のように区分することができる。
① 適用除外が適用となる外国法人
② 合算税制が適用となる外国法人（特定外国子会社等）
③ CIT対策税制が適用となる外国法人（特定外国法人）
④ ②と③が重複する場合は合算税制の適用が優先

(4) 課税の要件となる用語

イ 特殊関係株主等

特殊関係株主等とは，特定株主等（特定関係が生ずることとなる直前における

特定内国法人のすべての株主）に該当する者ならびにこれらの者と政令で定める特殊な関係にある個人及び法人をいう。

　ロ　特定内国法人

　特定内国法人とは，5人以下の株主グループに80％以上の株式を保有される内国法人をいう。

　ハ　特殊関係内国法人

　特殊関係内国法人とは，特定内国法人又は特定内国法人からその資産及び負債の概ね全部の移転を受けた内国法人をいう。

　ニ　特定外国法人

　特定外国法人とは，株式の保有を通じて連鎖関係にある外国法人（外国関係法人）のうち軽課税（無税又は税負担25％以下）のものをいう。

　ホ　特定関係

　特定関係とは，特殊関係株主等が特殊関係内国法人の株式の80％以上を間接保有する関係をいう。

(5)　CIT対策税制の課税関係

　イ　納税義務者

　CIT対策税制の納税義務者は，特殊関係株主等である内国法人等である。この場合，納税義務者である内国法人等の株式保有割合は課税要件となっていない。なお，特殊関係株主等である内国法人等が所定の外国信託の受益権を直接または間接に保有する場合，その外国信託の受託者を外国法人とみなして本税制が適用となる。

　ロ　適用対象金額と課税対象金額

　適用対象金額は，特定外国法人の各事業年度の決算に基づく所得の金額について法人税法等の基準により計算した金額（基準所得金額）を基礎として，当

該各事業年度開始の日前7年以内に開始した各事業年度において生じた欠損金額及び基準所得金額に係る税額に関する調整を加えた金額のことである。課税対象金額は，適用対象金額のうち，特殊関係株主等である内国法人の株式等の請求権に対応する金額である。

八　合算課税関係

2007年10月1日以後に開始する事業年度において，特定外国法人の適用対象金額のうちの課税対象金額に相当する金額は，特殊関係株主等である内国法人の収益の額とみなされて特定外国法人の各事業年度終了の日から2月を経過する日を含む特殊関係株主等である内国法人の各事業年度の収益の額となる。なお，2010年度の改正により資産性所得合算に係る規定が追加された。

(6)　適用除外

特定外国法人が次に掲げるすべての要件を満たす場合，この制度の適用はない。なお，これらの適用除外の要件は，合算税制と同様の内容であり，その基準は，①事業基準，②実体基準，③管理支配基準，④非関連者基準又は所在地国基準，となっている。なお，当時は，上記①から③までの要件を満たすときは，適用対象留保金額から特定外国法人の事業に従事する者の人件費の10％相当額を控除することができた（この規定は2010年度で廃止）。

(7)　二重課税の調整

二重課税の調整は，次のように行われる。
① 特殊関係株主等である内国法人が本税制の適用を受ける場合，特定外国法人の所得に課される外国法人税のうち，課税対象金額に対応する部分の金額は当該内国法人が納付する控除対象外国法人税の額とみなして外国税額控除の適用を受けることができる。
② 特殊関係株主等である内国法人が，特定外国法人（外国子会社益金不算入制度の対象となる外国法人を除く）から配当を受け取る場合，特定課税対象金額に達するまでの金額は当該内国法人において益金不算入となる。

11　外国子会社配当益金不算入制度導入（2009年度改正）

　財務省は，2016年10月14日に政府税制調査会の説明資料［国際課税②］を配布している。この資料の5頁，2009年度税制改正の，「外国子会社配当益金不算入制度の導入に伴う制度趣旨の変更」に，「外国子会社に留保された所得を合算する制度（課税繰延の抑止）」から「外国子会社で発生した所得を合算する制度（租税可否を発生時に抑止）」へと制度の位置づけを変更と記述されている。

　外国子会社配当益金不算入制度導入により，所定の外国子会社からの配当は，その95％が益金不算入となり，特定外国子会社等が支払う配当等は，適用対象金額および課税対象金額から控除しないことになった。

　この制度は，所定の外国子会社から配当する仕組みを利用して，軽課税国所在の子会社からの配当を促進する効果が生じたのである。

　上記の財務省の説明は，2010年度に改正された資産性所得合算課税制度として具現化したといえよう。すなわち，軽課税国所在の子会社に資産性所得を付け替えて，そこから内国法人に配当すれば益金不算入するという租税回避を防止することができることになる。

12　資産性所得合算課税制度（2010年度改正）

(1)　改正の趣旨

　資産性所得合算課税（部分課税対象金額の益金算入制度の創設）を導入した趣旨について，立法当局の説明は次のとおりである[22]。

> 　資産運用的な所得を外国子会社に付け替えるような租税回避行為を一層的確に防止する観点から，外国子会社の資産運用的な行為に係る一定の所得に相当する額について，親会社の所得を合算して課税する仕組み。

この制度の特徴は，次のとおりである[23]。

> 適用除外基準を満たす特定外国子会社等であっても特定所得を有する場合，特定所得（資産性所得）の合計額のうち内国法人等の持分（発効済株式等の10％以上）に対応する部分の金額を合算する。

(2) 資産性所得（特定所得）に含まれる所得

措置法の規定では，特定所得という用語が使用されているが，以下では，一般的に使用されている資産性所得という用語を使用する。

資産性所得に含まれる所得には，次のものがある。

> ① **剰余金の配当等**：特定外国子会社等の直接持分が10％未満の法人（特定法人）からの剰余金の配当等から配当等を得るために直接要した費用の額を控除した金額
> ② **債券の利子**：債券の利子の額から利子等を得るために直接要した費用の額を控除した金額
> ③ **債券の償還金額**：償還差益の額から償還差益を得るために直接要した費用の額を控除した金額
> ④ **特定法人の株式等の譲渡所得**：この譲渡は証券取引所における譲渡及び証券会社等への売委託により行う譲渡に限定されている。
> ⑤ **債券の譲渡所得**：債券の譲渡対価の額から債券の取得価額及び対価を得るために直接要した費用の額を控除した金額
> ⑥ **使用料**：使用料の合計額から使用料を得るために直接要した費用の額を控除した金額
> ⑦ **船舶・航空機のリース料**：リース料の合計額からそれを得るために直接要した費用の額を控除した金額

上記①から⑤までに掲げる金額については，当該特定外国子会社等が行う事業（特定事業を除く。）の性質上重要で欠くことのできない業務から生じたものを除くことになっている。なお措置法通達66の6－18の2の（部分適用対象金額）において，特定所得金額はプラスを意味することが確認されている。

> （一部略）当該特定所得の金額の基となる同項各号に掲げる残額は正（プラス）の金額をいうのであるから，例えば，債券の譲渡をした場合において，当該債券の譲渡に係る対価の額の合計額が当該債券の譲渡に係る原価の額の合計額及び当該対価の額を得るために直接要した費用の額の合計額を超えないときには，その超えない部分の金額は部分適用対象金額には含まれないことに留意する。

(3) 部分課税対象金額の計算

ここにおいて使用されている用語は，次のとおりである。

> **部分適用対象金額**：特定所得の合計額
> **部分課税対象金額**：部分適用対象金額の持分対応額のことで合算対象金額

(4) 資産性所得合算課税制度の適用除外規定

この制度には，次のような適用除外が規定されている。

> ① **所得事業基準**：特定外国子会社等が行う事業（事業基準に掲げる事業を除く）の性質上，基本的かつ重要で欠くことのできない事業（例：金融業等）から生じる所得
> ② **デミニマス基準（少額所得除外基準）**：資産性所得の収入金額が1,000万円以下の場合，資産性所得が特定外国子会社等の税引前所得の5％相当額以下の場合で，この適用を受ける場合，適用除外なる旨を記載した書面を添付し，かつ，適用除外に該当することを明らかにする書類・資料の保存が必要となる。

なお，「部分適用対象金額に係る適用除外に該当することの証明」は，措置法通達（66の6－19の2）に以下のように定められている

> 措置法第66条の6第7項の規定の適用上，同条第5項の規定の適用がある旨の記載とは，規則別表十七（三の二）の様式による記載をいい，「その適用があることを明らかにする書類その他の資料」とは，規則別表十七（三の二）の

「14」欄から「18」欄までの各欄の記載に当たり参考とした書類をいう。

(5) 資産性所得合算課税制度の目的

資産性所得合算課税制度における特定所得は，以下に掲げる適用除外となる事業基準に規定された各種所得である。
① 株式等若しくは債券の保有
② 工業所有権その他の技術に関する権利，特別の技術による生産方式若しくはこれらに準ずるもの（これらの権利に関する使用権を含む。）若しくは著作権（出版権及び著作隣接権その他これに準ずるものを含む。）の提供
③ 船舶若しくは航空機の貸付け（裸用船契約による貸付けで定期用船契約等を含まない）

特定外国子会社等の営む主たる事業が上記に該当する場合は適用除外の対象にならないというのが事業基準であり，これらの事業は日本においても行えることから税負担の軽い国等で行う経済的合理性を見出すことが困難という理由で適用除外の対象から外されているのである[24]。

資産性所得合算課税制度は，適用除外基準を満たす特定外国子会社等であっても特定所得を有する場合，合算課税（部分課税対象金額の益金算入）となるというものであるが，事業基準に該当せずに適用除外となっている特定外国子会社等であっても，事業の一部として一定額以上の資産性所得がある場合は，事業基準の趣旨から見て，「税負担の軽い国等で行う経済的合理性」に問題ありとする趣旨の規定と解することができる。

13 来料加工の課税関係

事例としては大分以前の課税処分の問題であるが，中国の来料加工を巡る合算税の適用を巡る訴訟が増加したのがこの時期である（詳しくは章末の資料3参照）。

(1) 取引の例示

内国法人の香港の子会社等が、生産設備、材料等を中国企業に貸与し、香港子会社は社員を派遣して品質管理等に従事させていた。中国企業は土地建物の確保と労働者を雇用し、製造した製品をすべて香港子会社が海外に輸出していた。

(2) 裁判における納税者側の主張

上記(1)の例は来料加工共通の実態ということで、その訴訟における納税者側の主張は次のとおりである。
① 香港子会社は製造問屋であることからその事業は卸売業となり、非関連者基準から適用除外になるとする主張がある。この非関連者基準は、その主たる取引の50％超が関連者以外となされているという内容である。
② 卸売業であると主張する理由は、適用除外要件における事業の判定が原則として日本標準産業分類に基づいて行うものとされており、日本標準産業分類では、「自らは製造を行わないで、自己の所有に属する原材料を下請工場などに支給して製品を作らせ、これを自己の名称で販売する製造問屋は卸売業に該当する」旨定められているからである。

(3) 国側の主張

上記(2)の納税者の主張に対する国側の主張は、次のとおりである。

香港子会社は、借り受けた工場と提供した生産設備、雇用された工具等の生産要素を投入し、中国工場における管理全般を行い、実質的に製造の危険等のすべてを負担している。この事実を日本標準産業分類に当てはめると、香港子会社は中国工場という事業所で行われる新製品の製造の主体となることから、その事業は製造業に該当することとなり、所在地国基準の適用となるが、香港に工場はなく適用除外要件を満たさないことになる。

(4) 非関連者基準と所在地国基準

適用除外基準である非関連者基準は、卸売業、銀行業、信託業、金融商品取

引業,保険業,水運業または航空運送業を主として特定外国子会社等の関連者以外の者と行っていることである。所在地国基準は,その事業を主として本店所在地国で行っていることを要件としている。

来料加工の事案の争点は,主として上記(4)の適用を巡るもので,事業の判定等は,次の措置法通達に規定がある。

> **措置法通達（事業の判定）**
> **66の6−17** 特定外国子会社等の営む事業が措置法第66条の6第3項第1号又は措置法令第39条の17第15項第1号若しくは第2号に掲げる事業のいずれに該当するかどうかは,原則として日本標準産業分類（総務省）の分類を基準として判定する。
> （注）措置法第66条の6第3項の規定を適用する場合において,特定外国子会社等が2以上の事業を営んでいるときは,そのいずれの事業が主たる事業であるかどうかの判定については,66の6−8に準ずる。

> **措置法通達（主たる事業の判定）**
> **66の6−8** 措置法令第39条の14第2項第4号の規定を適用する場合において,外国関係会社が2以上の事業を営んでいるときは,そのいずれが主たる事業であるかは,それぞれの事業に属する収入金額又は所得金額の状況,使用人の数,固定施設の状況等を総合的に勘案して判定する。

14　2017年度改正の背景

改正を行った理由の1つは,国際的租税回避防止のために,OECDが行っているBEPS（税源浸食と利益移転：Base Erosion and Profit Shifting）行動計画3において本税制の強化が勧告されたことであるが,主たる原因は,各国において法人税率引き下げが行われたことで,税率による判定基準であるトリガー税率（改正時20％未満）の適用が難しくなったことである。そして,この改正の前段階において,2009年度改正の外国子会社配当益金不算入制度の導入,2010年度改正のトリガー税率を20％以下とする改正,2015年度のトリガー税率を20％未満とする改正があったことである。

日本にとって，好都合であったことは，トリガー税率の行き詰まりとBEPS行動計画による改正促進の動きがほぼ同時に起こったことである。このときの状況をまとめると，①日本の法人税の実効税率が約30％にまで低下したこと，②トリガー税率20％未満という改正の原因となった英国が2017（平成29）年4月から19％，2020年4月から18％となる予定であり，合算課税の対象法人の多い香港（法人税率16.5％），シンガポール（17％）の壁があり，トリガー税率方式に限界が見えたこと，③2009年度改正の外国子会社配当益金不算入制度の導入と翌2010年度改正による資産性所得合算課税制度導入により，「外国子会社に留保された所得を合算する制度（課税繰延の抑止）」から「外国子会社で発生した所得を合算する制度（租税可否を発生時に抑止）」へと制度の位置づけを変更されたこと等がある。

　このような日本の置かれた状況にBEPSにより示唆を受けた事項を取り入れて，2017年度税改正大綱では，次のような方針（経済実体を踏まえた課税）が立てられたのである。

---

① 子会社の租税負担割合や会社全体の事業実態の有無といった「会社の外形」によって判断するアプローチから個々の所得の内容や稼得方法といった「所得の内容」に応じて把握するアプローチに改める。
② 租税回避に関わっていない企業の子会社に過度の事務負担が発生しないように配慮する。
③ トリガー税率以上であれば，経済実体を伴わない所得であっても合算対象から除く。

15　2017年度税制改正大綱（その1）

　2017年度税制改正大綱では，「外国子会社合算税制等の見直し」が提言された。その概要は，以下のとおりである。

(1) 合算対象とされる外国法人の判定方法等

　合算対象の判定方法の改正は，次のとおりである。

① 外国関係会社の判定を従前の掛け算方式から連鎖方式に変更する。
② 居住者又は内国法人が外国法人の概ねすべての残余財産を保有する場合等も外国法人との間に実質支配関係のあるものとして外国関係会社の範囲に加え，その居住者又は内国法人を本税制による合算課税の対象となる者に加える。
③ トリガー税率を廃止する。

(2) 合算税制の適用関係

合算税制の適用関係はまとめると，次のとおりである。なお，以下に掲げる用語については，(3)以降で説明する。

① 経済活動基準を満たす場合➡租税負担率（20％未満）➡受動的所得の合算課税
② 経済活動基準を満たさない場合➡租税負担率（20％未満）➡会社単位合算課税
③ ペーパーカンパニー，事実上のキャッシュボックス，ブラック・リスト国所在➡租税負担率（30％未満）➡会社単位合算課税
④ 租税負担率（30％以上）➡合算課税免除

(3) 特定の外国関係会社に係る会社単位の合算課税制度

イ 会社単位の合算税制適用となる外国関係会社

次に掲げる要件のいずれも満たさない外国関係会社（ペーパーカンパニー）について，会社単位の合算課税の対象となる。

① その主たる事業を行うに必要と認められる事務所等の固定施設を有していること。
② その本店所在地国においてその事業の管理，支配及び運営を自ら行っていること。

なお，国税職員が内国法人にその外国関係会社が上記①または②の要件を満たすことを明らかにする書類等の提出等を求めた場合，期限までにその提出等

がないときは，その外国関係会社は上記①または②に掲げる要件を満たさないものと推定することになる。

　ロ　キャッシュボックスに該当

　キャッシュボックスは，総資産に占める受動的所得の割合が高い事業体を指す用語であるが，その要件は次のとおりである。

> ①　総資産の額に対する一定の受動的所得の金額の合計額の割合が30％を超える外国関係会社，かつ，
> ②　総資産の額に対する有価証券，貸付金，貸付の用に供している固定資産及び無形資産等の合計額の割合が50％を超える外国関係会社

　ハ　ブラック・リスト国所在の外国関係会社

　ブラック・リスト国所在の外国関係会社とは，租税に関する情報の交換に非協力的な国または地域として財務大臣が指定する国または地域に本店等を有する外国関係会社のことである。

　ニ　適用免除

　上記イからハまでに掲げる外国関係会社の当該事業年度の租税負担割合が30％以上である場合には，会社単位の合算課税の適用が免除される。

(4)　会社単位の合算課税制度の適用除外基準

　適用除外基準は，その名称を経済活動基準に改め，経済活動基準のうちいずれかを満たさない外国関係会社について，会社単位の合算課税の対象となる。

> 経済活動基準は次に掲げる。
> ①　事業基準
> ②　実体基準
> ③　管理支配基準
> ④　所在地国基準又は非関連者基準

上記①から④までの基準自体の増減等の改正はないが、その内容に改正が行われている。

① 事業基準
航空機の貸付けを主たる事業とする外国関係会社（リース会社）のうち、本店所在地国においてその役員または使用人が航空機の貸付けを的確に遂行するために通常必要と認められる業務の全てに従事していること等の要件を満たすものについては、事業基準を満たすことになる。

② 実体基準および管理支配基準
保険業法に相当する本店所在地国の法令の規定による免許を受けて保険業を営む一定の外国関係会社（以下「保険委託者」という。）の実体基準および管理支配基準の判定について、保険受託者が実体基準または管理支配基準を満たしている場合には、その外国関係会社は実体基準または管理支配基準を満たすものとされる。

③ 所在地国基準
製造業を主たる事業とする外国関係会社のうち、本店所在地国において製造における重要な業務を通じて製造に主体的に関与していると認められるものの所在地国基準の判定方法を明確にした。これは来料加工に係る改正と理解できる。

④ 非関連者基準
2016年までは、主たる事業が卸売業、銀行業、信託業、金融商品取引業、保険業、水運業または航空運送業に該当し、非関連者との取引のいずれかの割合（例えば、売上と仕入）が50％を超えていることが要件であった。改正事項は、①外国関係会社が関連者への転売が予定されている非関連者との取引は、関連者との取引とみなされること、②保険業を主たる事業とする外国関係会社が保険受託者に該当する場合、その外国関係会社がその外国関係会社に係る保険委託者との間で行う取引は非関連者取引に該当すること、③非関連者基準を適用

する業種に航空機の貸付けを主たる事業とする外国関係会社が加えられたこと，である。

(5) 経済活動基準を満たすことを明らかにする書類等の提出等がない場合の推定

国税当局の職員が内国法人にその外国関係会社が経済活動基準を充足することを明らかにする書類等の提出等を求めた場合，期限までにその提出等がないときは，その外国関係会社は経済活動基準を満たさないものと推定される。

(6) 適用免除

外国関係会社の当該事業年度の所得に対して課される租税の額のその所得の金額に対する割合が20％以上である場合には，会社単位の合算課税の適用が免除される。

(7) 外国関係会社に係る財務諸表等の添付

内国法人は，次に掲げる外国関係会社に係る財務諸表等を確定申告書に添付することが義務付けられる。

① 租税負担割合が20％未満の外国関係会社
② 租税負担割合が30％未満の外国関係会社（会社単位の合算税制適用に該当する外国関係会社）

16　2017年度税制改正大綱（その２）

(1)　一定所得の部分合算課税制度

　2017年度改正前には，適用除外要件を満たしている外国子会社であっても，所得事業基準あるいはデミニマス基準（少額免除基準：資産性所得の収入金額が1,000万円以下の場合，資産性所得が特定外国子会社等の税引前所得の５％相当額以下の場合）を除いて，資産性所得課税制度（部分課税対象金額の益金算入制度の創設）を2010年度以降導入してきたが，2017年度改正では，その範囲を配当，利子，使用料まで拡大するとともに，少額免除基準のうち，金額基準が現行の1,000万円以下から2,000万円以下に引き上げられた。

(2)　部分合算課税の対象所得の範囲

　今次の改正では，資産性所得が受動的所得として範囲が拡大されている。この受動的所得は，①所定の利子，②所定の配当等，③有価証券の貸付けの対価，④有価証券の譲渡損益，⑤ヘッジ目的のものを除くデリバティブ取引損益，⑥外国為替差損益（業務の通常の過程で生じるものを除く），⑦①から⑥までに掲げる所得を生ずべき資産からの生ずるこれらの所得に類する所得，⑧有形固定資産の貸付けの対価，⑨無形資産等の使用料（自己開発した無形資産等一定のものに係る使用料は除く），⑩無形資産等の譲渡損益，⑪外国関係会社の利益の額から上記①から⑩までの所得金額および所得控除額を控除した残額，を含む。なお，上記⑪の所得控除額は，（外国関係会社の総資産＋減価償却累計額＋人件費）×50％の計算である。

【改正前】租税回避リスクを外国子会社の税負担率（20％未満）等により把握

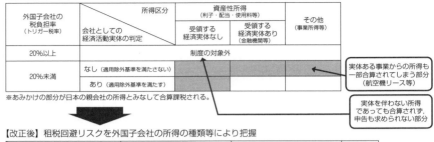

※あみかけの部分が日本の親会社の所得とみなして合算課税される。

【改正後】租税回避リスクを外国子会社の所得の種類等により把握

（注）略

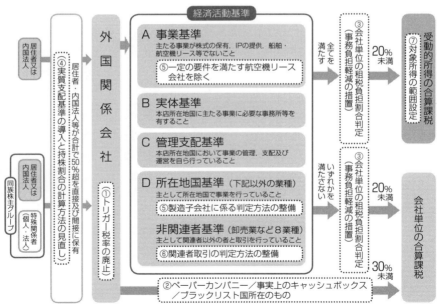

出所：財務省HP「平成29年度税制改正」Chapter 4 ：国際課税 http://www.mof.go.jp/tax_policy/publication/brochure/zeisei17/04.htm （2017年6月5日参照）

◆注
1 米国は，1962年歳入法によりタックス・ヘイブン税制（サブパートF条項：内国歳入法典§951-964）を導入した。その後，ドイツ（当時は西ドイツ）は1972年にタックス・ヘイブン税制である国際取引課税法を創設した。米国がこの税制を導入する理由としては，タックス・ヘイブンの基地会社に利益を留保することで米国の株主に配当を行わないという「課税繰延べ」に対処するためであり，1961年に当時のケネディ大統領が教書で同税制の導入を示唆したのである（S. Rep. No.1881, 87th Cong. 2d. Sess.）。この大統領教書では，外国子会社を通じて行われる取引から生じる所得は，米国株主が行った取引とみなして課税する方式が示唆されたが，産業界からの反対等があり，現行の規定に落ち着いたのである。この米国の税制は，米国市民，居住者，米国法人等を含む米国株主が課税年度中のいずれかの日に，直接間接に株式の50％超（保険所得の場合は25％超）を所有する外国法人を対象として，その外国法人の取得する特定の所得（サブパートF所得等）を株主の持分に応じて合算課税するもので，この外国法人の議決権株式の10％以上を所有または所有するとみなされる者が納税義務者となる（詳しくは，矢内一好「タックス・ヘイブン税制の構造」『会計学研究』第7号，1994年，21-22頁参照）。
2 渡辺裕泰『国際取引の課税問題』社団法人日本租税研究協会，2003年，2頁。
3 浅野信一郎「我国海運業者に対する便宜置籍国船課税問題について」『租税研究』第328号，1977年2月28日，16頁。当時の船会社を調査した調査官から聞いた話では，東京の親会社の社員がパナマ等の子会社の社長に就任して東京で勤務していたことから，調査官は，「右のポケット（親会社）から左のポケット（パナマ子会社）」に所得を移しただけで非常に奇異に感じた」と話していた。
4 同上，17頁。
5 高橋元監修『タックスヘイブン対策税制の解説』清文社，1979年，92-99頁。
6 金子宏『租税法第十八版』弘文堂，2013年，506頁。
7 矢内，前掲論文，24-25頁。
8 国税庁『昭和60年　改正税法のすべて』177頁。
9 1992年の『改正税法のすべて』では，なぜ，25％を基準としたのかという説明はない。当時の日本の法人税の実効税率が約50％であったことから，その半分程度という意味ではないかというのが大方の見方である。
10 『平成4年度　改正税法のすべて』日本税務協会，203頁。
11 『平成22年版　改正税法のすべて』財団法人大蔵財務協会，493頁。
12 シンガポールの法人税率は，次のように変遷している。

2002（平成14）年以前	24.5%
2003・2004（平成15・16）年	22%
2006・2007（平成18・19）年	20%
2008・2009（平成20・21）年	18%

13　トリガー税率が25％以下の場合，中国の法人税率が25％であることから，外国関係会社の明細書の提出と各事業年度の判定が必要になる。20％以下になれば，中国進出の日本企業はその分の事務負担の軽減となる。

14　『平成27年版　改正税法のすべて』財団法人大蔵財務協会，693頁。

15　シンガポールの法人税率が17％，香港の法人税率が16.5％であることから，これらの国に多くの内国法人の子会社が所在しているので，トリガー税率の下げ幅に限界があったということを指摘するむきもあった。

16　Daniel J. Mitchell, "An OECD Proposal to Eliminate Tax Competition would mean higher and less privacy"（The Heritage Foundation Backgrounder No.1395, Sep. 18 2000）p.13。

17　ibid. p.14。

18　永川秀男『オフショア金融市場—タックス・ヘイブン—の研究』財団法人外国為替貿易研究会，1985年，107頁参照。

19　Treasury News, Statement of Paul H. O'neill before the Senate Committee on Government Affaires Permanent Subcommittee on Investigations OECD Harmful Tax Practices Initiative, July 18, 2001。（http://www.treas.gov/press/releases/po486.htm）

20　OECDのホームページ（有害な税競争）にこれらの国等からの参加表明の書簡が掲載されていた。

21　Jeffrey Owens, "Promoting Fair Tax Competition" 2001（OECD）。

22　『平成22年度　改正税法のすべて』大蔵財務協会，496頁。

23　同上。

24　高橋元監修，前掲書，130-131頁。

(資料1) 合算税制の変遷

1962（昭37）年	（米国）タックス・ヘイブン税制導入，1972年（昭和47年）西ドイツ，1980年（昭和55年）フランス，1984年（昭和59年）英国がそれぞれ同税制を導入した。
1978（昭53）年	（日本）タックス・ヘイブン対策税制創設
1985（昭60）年	オランダを利用した租税回避の対策として支払配当控除の制限，みなし本店所在地主義の採用（平成4年に廃止），適用除外の配当基準の廃止
1992（平4）年	軽課税国指定制度の廃止（税負担25％以下が要件となった。）。納税義務者の持株要件が10％から5％に引き下げられた。外国関係会社の範囲に議決権のある発行済株式50％超の要件が追加された。
1998（平10）年	納税義務者の判定および課税対象留保金額の計算規定が追加された。
2000（平12）年	特定信託（証券投資信託および証券投資信託以外の投資信託のうち一定の要件を満たすものを除いた特定目的信託および投資信託）に係る規定の追加
2005（平17）年	・所定の外国子会社等における適用対象留保金額からの一定額の人件費の控除，内国法人の特定外国信託に係る所得の課税の特例 ・特定信託に類する一定の信託（「外国信託」）とは，外国投資信託のうち，証券投資信託以外の私募投資信託等わが国で法人税の課税対象とされる信託に相当するものをいう。このうち，内国法人等が直接および間接に保有する受益権の合計数に占める割合が50％を超える外国信託（以下「外国関係信託」という。）で，次の要件のいずれかに該当するものは，特定外国信託として合算課税の対象とされることとなった。 ① 信託の所得に対して課される税が存在しない国または地域にある営業所に信託された外国関係信託 ② 各計算期間の所得に対して課される租税の額が当該所得の金額の25％以下である外国関係信託
2007（平19）年	コーポレート・インバージョン対策合算税制の創設。議決権の異なる株式等が発行されている場合の外国関係会社および納税義務者となる内国法人等の判定の改正。
2009（平21）年	外国子会社配当益金不算入制度の創設等に伴う改正

2010（平22）年	・トリガー税率が20％以下に引き下げられた。 ・合算対象保有割合が5％以上から10％以上に改正。 ・企業実体を伴っていると認められる統括会社（事業持株会社・物流統括会社）の所得（資産性所得を除く。）について合算対象外となるように改正され，人件費の10％相当額を控除する措置は廃止された。 ・資産性所得の合算
2011（平23）年	トリガー税率の計算上，外国関係会社の本店所在地国の法令により非課税とされる配当等は，分母の所得の金額に加算すべき非課税所得から除くこととされた。また，外国関係会社の所得の金額が零の場合のトリガー税率の判定は，外国法人税の表面税率により行うことが明確化された。
2015（平27）年	トリガー税率が20％未満に引き下げられた。
2017（平29）年	外国子会社合算税制の抜本的改正（トリガー税率の廃止等）

(資料2) 外国子会社合算税制・公表裁決事例（2018年5月現在）

1986年7月3日裁決	特定外国子会社について，その事業の管理，支配および運営を自ら行っていないとして，租税特別措置法第66条の6第1項の規定が適用されるとした事例
2001年12月21日裁決	請求人のパナマ子会社は特定外国子会社等であるから，同社の損失を直接請求人の所得金額の計算上合算して申告するのは相当でないとした事例
2003年3月5日裁決	租税特別措置法第66条の6に規定する特定外国子会社等の各事業年度の課税対象留保金額の計算上，特定外国子会社等が翌事業年度に行った中間配当の額を，当該各事業年度の未処分所得の金額から控除することはできないとした事例
2006年8月14日裁決	海外のF島に本店を置くG社が，0％から30％までの間の税率を選択できる制度を利用して26％の税率を選択して納付したF島の法人所得税については，法人税法第69条第1項に規定する外国法人税に該当せず，G社は租税特別措置法第66条の6第1項に規定する特定外国子会社等に該当するとした事例
2007年10月16日裁決	「○○」取引を行う特定外国子会社等について，その主たる事業は「卸売業」に当たらず，その事業を主として本店所在地国において行っている場合にも該当しないとした事例

2008年2月6日裁決	請求人の各E国子会社は，個々の法人としての実体を有していることから，当該各会社の損益を請求人の所得金額と合算して申告することは認められず，また，当該各子会社は，租税特別措置法第66条の6第1項に規定する特定外国子会社等に該当するから，同項の適用があるとした事例
2008年2月20日裁決	外国子会社合算税制の適用除外要件である所在地国基準の適用に当たり，特定外国子会社等はその事業を主として本店所在地国で行っていると認定した事例
2010年9月2日裁決	請求人が直接株式を保有する特定外国子会社等は，本店所在地国等において，事業の管理，支配および運営を自ら行っていたとはいえないことから，租税特別措置法第40条の4にいう合算税制の適用除外である。管理支配基準を満たしていないとした事例
2012年1月25日裁決	租税特別措置法第66条の6第1項の規定による課税の特例は租税回避行為がある場合に限定して適用されるべきであるということはできないとした事例

(資料3) 合算税制の主要判例

2017（平29）年10月24日	最高裁第三小法廷 名古屋高判（平成28年2月10日） 名古屋地判（平成26年9月4日）	高裁判決破棄，国の課税処分取消	デンソー事案上告審（平成20年3月期～21年3月期）の第一次訴訟
2017年10月18日	名古屋高判	被控訴人勝訴	
2017年1月26日	名古屋地判	原告勝訴	デンソー事案（平成22年3月期～23年3月期）第2次訴訟
2016（平28）年2月10日	名古屋高判 名古屋地判（平成26年9月4日）	一審原告の請求を棄却	デンソー事案控訴審
2016年2月25日	東京高判 東京地判（平成26年6月27日）	原審（請求棄却） 控訴審（控訴棄却）	日興コーディアルグループ事案

2014（平26）年9月4日	名古屋地判	適用除外の判定（シンガポールの地域統括会社への適用）（請求認容）	デンソー事案第一審
2014年7月16日	岡山地判	請求棄却 租税回避と適用除外	
2014年6月18日	東京高判 東京地判（平成25年12月5日）	原審（請求棄却） 控訴審（控訴棄却） 来料加工	
2013（平25）年10月30日	名古屋高判 名古屋地判（平成23年9月29日） 最高裁第三小法廷決定（平成26年7月15日）	来料加工（国側勝訴）	ミシン製造販売業者
2013年5月29日	東京高判（確定） 東京地判（平成24年10月11日）	適用除外（管理支配基準：非常勤日本人取締役）（国側敗訴）	レンタル・オフィススペース事案
2013年4月10日	東京高判 東京地判（平成24年10月5日） 最高裁第一小法廷決定（平成26年7月10日）	来料加工（国側勝訴）	
2012（平24）年11月29日	大阪高判 大阪地判（平成23年12月1日） 最高裁第二小法廷決定（平成25年12月11日） 上告不受理	来料加工（国側勝訴）	船井電機事案
2012年7月20日	大阪高判 大阪地判（平成23年6月24日） 最高裁第二小法廷決定（平成25年12月11日）	来料加工（国側勝訴）	
2012年7月20日	東京地判	来料加工（国側勝訴）	

2011（平23）年 8月30日	東京高判 東京地判（平成21年5月28日） 最高裁第二小法廷決定（平成25年12月11日）	来料加工（国側勝訴）	
2010（平22）年 10月28日	東京高判 東京地判（平成22年1月27日） 最高裁第一小法廷決定（平成24年9月27日）	便宜置籍船（国側勝訴）	
2009（平21）年 12月4日	最高裁第二小法廷 東京高判（平成21年2月26日） 東京地判（平成20年8月28日）	租税特別措置法第40条の4第1項が日本・シンガポール租税条約に反しないとされた事例	
2009年12月3日	最高裁第一小法廷 東京高判（平成19年10月25日） 東京地判（平成18年9月5日）	外国法人税が法人税法第69条第1項等に該当するか否か（国側敗訴）。	ガーンジー島事案
2009年10月29日	最高裁第一小法廷 東京高判（平成19年11月1日） 東京地判（平成19年3月29日）	日本・シンガポール租税条約との関連（国側勝訴）	グラクソ事案
2008（平20）年 7月10日	東京高判 東京地判（平成20年1月17日）	租税特別措置法第40条の4第1項の適用と個人の居住形態（国側勝訴）	
2007（平19）年 9月28日	最高裁第二小法廷 高松高判（平成16年12月7日） 松山地判（平成16年2月10日）	地裁（納税者勝訴） 高裁・最高裁（国側勝訴）	双輝汽船事案
2000（平12）年 7月27日	熊本地判	適用除外の管理支配基準の判定	ニコニコ堂事案

1997（平9）年 9月12日	最高裁第二小法廷 東京高判（平成8年6月19日） 東京地判（平成7年11月9日）	適用除外（国側勝訴）	ヤオハン事案
1992（平4）年 7月17日	最高裁第二小法廷 東京高判（平成3年5月27日） 東京地判（平成2年9月19日）	適用除外（国側勝訴）	安宅木材事案

（資料4） 新聞報道された最近の事案

2018年4月18日	（読売新聞）ソフトバンクグループが2016年3月期までの4年間で約939億円の申告漏れが指摘された。買収した米国企業のタックス・ヘイブンに所有する子会社の巨額な所得が問題とされた。
2017年7月4日	（読売新聞）海運会社8億円所得隠し～租税回避地の会社悪用～
2016年3月22日	（産経新聞）神戸物産所得隠し（適用除外）
2013年7月2日	（朝日新聞）オリンパス事件の被告が2010年に7億円の所得隠しを指摘されていた。
2012年6月26日	（朝日新聞）デンソー申告漏れ（138億円）10,11年3月期の2年間
2011年5月17日	（読売新聞）川崎汽船16億円所得隠し
2010年7月1日	（日本経済新聞夕刊）デンソーが申告漏れ（114億円）08,09年3月期の2年間
2008年2月5日	（日経産業新聞）スミダコーポレーション（審判所が棄却）
2008年1月9日	（朝日新聞夕刊）フォスター電機申告漏れ（18億円）
2006年5月23日	（朝日新聞夕刊）ブラザー工業22億円申告漏れ
2005年6月29日	（日本経済新聞朝刊）船井電機393億円申告漏れ
2003年1月1日	（日本経済新聞朝刊）日本郵船58億円所得隠し
2002年9月27日	（日本経済新聞朝刊）シチズン19億円申告漏れ
1998年3月19日	（読売新聞夕刊）田辺工業（ガス会社）11億円申告漏れ

第8章 移転価格税制

1 移転価格税制の意義

(1) 日本の移転価格税制の定義

日本の移転価格税制の定義は,法人と国外関連者との間で行う国外関連取引の対価の額が独立企業間取引と異なり,法人の課税所得が減少する場合,その取引が独立企業間取引により行われたものとみなして課税所得の計算を行うことである。

(2) 移転価格税制の動向

日本,米国およびOECDにおける移転価格税制に関連した事象は,次のとおりである。

1921（大10）年	米国	1921年歳入法第240条(d)に最初の移転価格税制の規定
1945（昭29）年	米国	内国歳入法典第45条を第482条に移項
1963（昭38）年	OECD	OECDモデル租税条約草案第9条（特殊関係企業）
1968（昭43）年	米国	1969年まで第482条の財務省規則整備
1972（昭47）年	日本	第2次日米租税条約発効
1988（昭61）年	米国	第482条一部改正（スーパーロイヤルティ条項の追加）
1986（昭61）年	日本	移転価格税制導入
1987（昭62）年	日本	事前確認制度（APA）導入

1988（昭63）年	米国	内国歳入庁が移転価格税制の「白書」公表
1991（平3）年	米国	APA導入（歳入手続91-22）
	日本	更正の期間制限（3年から6年に延長），質問検査権の拡大，国外関連者への寄附金の全額損金不算入
1994（平6）年	米国	第482条に係る新財務省規則制定
1995（平7）年	OECD	移転価格のガイドライン公表
1996（平8）年	米国	APAの新歳入手続96-53
1999（平11）年	OECD	多国間のAPAガイドライン公表
2001（平13）年	日本	「移転価格事務運営要領の制定について」
	日本	「相互協議の手続について」
2002（平14）年	米国	相互協議に係る新歳入手続2002-52
2004（平16）年	日本	取引単位営業利益法（TNMM）を追加
	米国	APAに係る新歳入手続2004-40
2006（平18）年	米国	APAに係る新歳入手続2006-9
	日本	「移転価格事務運営要領」の一部改正，推定課税の算定方法として，「取引単位営業利益法」と「利益分割法（PS）」が追加
2007（平19）年	日本	「移転価格税制の適用に当たっての参考事例集」公表
2010（平22）年	日本	移転価格の文書化整備
2011（平23）年	日本	最適方法ルール（Best Method Rule）への変更：移転価格税制における独立企業間価格の算定方法が改正され，従前の独立価格比準法，再販売価格基準法，原価基準法の基本3法を優先する方式から，基本3法，取引単位営業利益法，利益分割法のうち最も適した方法を採用する方式である最適方法ルールへと変更された。
2013（平25）年	日本	独立企業間価格の算定方法である「取引単位営業利益法」の利益水準指標に営業費用売上総利益率（ベリー比）が追加された。
2016（平28）年	日本	移転価格税制に係る文書化

(3) 先進国の移転価格税制

以下の国の移転価格税制の導入年と根拠規定は，次のとおりである。

国　名	導入年	根拠規定
米国	1921年	1921年歳入法，現在，内国歳入法典第482条
英国	1970年	1970年所得税法人税法第485条
ドイツ	1972年	対外取引課税法第1条
フランス	1933年	租税一般法第57条
中国	1991年	外国投資企業及び外国企業所得税法
シンガポール		2006年にOECDに準拠した移転価格ガイドラインを公表した。
韓国		1996年1月より「国際租税調整に関する法律」が施行されている。1997年1月よりAPAが導入されている。
オランダ	2002年	OECD移転価格ガイドライン準拠した移転価格税制を導入（APAを含む。）

(4) 日本の自動車3社に対する米国の移転価格課税

　前出の表にあるように，移転価格税制は，米国の場合，法令としては1921年までその導入期を遡ることができるが，具体的には1968年以降の第482条（移転価格条項）に係る財務省規則の整備が実質的な出発点である[1]。

　移転価格税制の執行においては，法制度の整備と税務職員に対する専門的な教育・訓練が必要である。一般的に，法整備が完了しても，制度が動き出すのには約10年かかるといわれている。その間が，移転価格税制の調査等に従事する職員の育成期間ということになる。

　日本の自動車3社（トヨタ，日産，ホンダ）が米国において税務調査を受けた1977（昭和52）年，米国が移転価格税制に係る財務省規則を整備してから約10年後であるが，当時，米国内国歳入庁（IRS）における国際調査官は150名であったが，約10年後の1988年には500名，さらにその10年後の1998年では，700名となっている[2]。

　1986（昭和61）年の移転価格税制導入の前後の日米双方の動向は，日本が移転価格税制導入に踏み切った理由を考える場合の傍証となろう。

1977（昭52）年～ 1982（昭57）年	米国	トヨタ，日産，ホンダに対して税務調査を実施。ホンダは和解したが，日産は5億5千万ドル，トヨタは2億7千万ドルの所得の増額となった[3]。
1984（昭59）年 3月29日	日本	衆議院大蔵委員会で「移転価格に関する税制問題」に関する質疑があった。
10月18日	日本	日本自動車工業会の石原会長が，記者会見で米国子会社の移転価格課税分の日本親会社への税の還付を要求[4]。
1985（昭60）年	米国	日本の大手家電メーカーに第482条の適用を検討[5]
1986（昭61）年	日本	移転価格税制導入
	日本	国税庁（国際業務室新設）
1987（昭62）年11月	日本	米国の移転価格課税の対応的調整として日産に580億円，トヨタに220億円の国税と総額400億円の事業税，法人住民税が還付されることになった[6]。
1990（平2）年春	米国	松下電器，日立製作所，東芝の米国子会社に総額500億円以上を追徴課税[7]
11月	米国	富士通の米国子会社に総額87億円の追徴課税

　この時期の米国は，カーター大統領（1977年1月～1981年1月），レーガン大統領（1981年1月～1989年1月）の在任期間で，1985年9月の「プラザ合意」等による為替レートの調整，米国の財政および貿易赤字等が重なり，日本からの製品輸出が赤字の原因の1つということで，日本企業が貿易摩擦解消のため本格的に米国に生産拠点を移す時期の始まりともなっている。

2　移転価格税制と租税条約

　日本が1986年に移転価格税制を導入したことからその必要性があったことは明らかであるが，日米間には租税条約が締結され，同租税条約には，移転価格税制に関する関連条項（同租税条約第11条）がある。

(1)　自力執行説と国内立法必要説

　租税条約に定めのある特殊関連企業条項の法的性格については，雑誌の対談

において意見が対立した[8]，次の2つの見解が紹介されている。
① 条約と法律が同じ効果を持ってセルフ・エグゼキューティングであるという自力執行説
② 特殊関連企業条項は，増額更正を行うのが主たるねらいであることから，その限りにおいてセルフ・エグゼキューティングでなく，この条項を実施するためには，相応な国内法上の手当が必要とする国内立法必要説

この2つの説について，金子教授は，国内立法必要説を支持し，その根拠として，租税法律主義の観点から，特殊関連企業条項の規定が不明確であり，それを補充し執行するための国内立法なしに，この規定のみに基づいて特殊関連企業間の価格操作を是正することは憲法第84条に定める租税法律主義のうちの課税要件明確主義に反して許されないという見解である[9]。

(2) 条約独立説と条約執行説

移転価格税制の位置付けとして，金子教授は，移転価格税制が租税条約における特殊関連企業条項と無関係な国内立法措置であるという条約独立説と，移転価格税制が租税条約に定める特殊関連企業条項の執行であると見る条約執行説に分けて論じ，後者の条約執行説が妥当であると述べている[10]。

この後者の説を妥当とした理由として，金子教授は，経済的二重課税の排除が租税条約に定める相互協議の対象となりうることを容易に根拠づけうるからである，としている[11]。

すなわち，移転価格税制の適用が租税条約締約国間の国際取引に対するものである限り，特殊関連企業条項に基づく措置であり，国内法的に違法である場合には，同時に特殊関連企業条項にも違反することになるから，それは「条約の規定に適合しない措置」に該当すると立論することで，経済的二重課税も相互協議の対象となるという結論である[12]。

また，同教授によれば，内国歳入法典第482条は，特殊関連企業条項の執行規定であると位置付けると，米国による第482条の適用に対して，租税条約の規定に適合しない措置であるとして相互協議を求めることが可能になると述べている[13,14]。

3　導入の背景

　章末の資料1の1からもわかるように，1986年に導入された移転価格税制は，日本企業の対外進出に伴う課税への対抗措置であるかのように，日本に進出している外資系企業に調査を集中している感がある。

　また，資料1の2からもわかるように，外資系企業の税務調査が一巡した後は，内国法人と外国子会社等の移転価格課税の事案が多発している。このように，ある種の対抗措置的な色彩を持って導入された移転価格税制が，最近では，その主たるターゲットを内国法人に向けていること，外国子会社等からの受取使用料等の項目が問題となっているという特徴がある。

4　移転価格税制の概要

　1986年度税制改正により移転価格税制が導入されたが，この税制のオリジナル版は次のとおりである。

(1)　適用対象者

　本税制の適用対象者は，わが国の法人税の納税義務を有する法人となっている。したがって，個人は，当該税制の適用上，適用対象者にはならない。適用対象者となる法人には，①普通法人，②協同組合等，③公益法人等，④人格のない社団等，⑤法人税法第141条第1号から第3号までに該当する恒久的施設を有する外国法人，⑥法人税法第141条第4号に該当する外国法人，が含まれる。

(2)　適用対象取引

　本税制は，その適用対象者が，特殊な関係にある外国法人と行う国外関連取引をその適用対象取引としている。この適用対象取引は，わが国において法人の課税所得の減少となる取引である，棚卸資産の低廉販売，高額仕入，または，

費用の額の高額支払、低額受取りの場合等がこれに該当することになり、わが国において法人の課税所得が増加となる場合には、本税制の適用はないことになる。

(3) みなし国外関連取引

法人が国外関連者との取引を非関連者を通じて行う場合、法人と当該非関連者との間の所定の取引は、当該法人と国外関連者との取引とみなして移転価格税制が適用される。

(4) 国外関連者

本税制では、国外関連者とは、外国法人で[15]、法人との間に特殊な関係があるものがこれに該当する。ここにいう特殊な関係は、①資本所有関係、②実質支配関係、③①および②の連鎖関係、である。

(5) 独立企業間価格の決定方法

わが国の移転価格税制では、国外関連取引は、独立企業間価格によることとなっている。この独立企業間価格の決定については、棚卸資産の売買取引とそれ以外の取引に分けて規定が置かれている。独立企業間価格は、国外関連者の取引に該当する所定の方法により算定した金額である。以下は導入当時の規定であり、その後その内容は大きく変化する。

イ 概 要

独立企業間価格の算定方法は、最初に、棚卸資産の売買取引に適用する方法とそれ以外の取引に適用する方法に分けられる。

棚卸資産の売買取引に適用する方法は、3つに分けられている。第1は、基本三法といわれる、独立価格比準法（Comparable Uncontrolled Price Method：CUP法）、再販売価格基準法（Resale Price Method：RP法）、原価基準法（Cost Plus Method：CP法）である。第2は、基本三法に準ずる方法である。棚卸資産の売買取引以外の取引の場合は、棚卸資産の売買取引に適用する方法と同等の方法が適用される。

また，適用の順序であるが，基本三法が優先して適用となり，それ以外の方法の間における優先順位はない。

□ 推定規定

わが国の移転価格税制は，当該税制において規定されている独立企業間価格の決定方法と同等な方法を用いて算定した金額を独立企業間価格と推定して，更正または決定をすることができることを規定している。この場合の適用要件は，独立企業間価格の算定に必要な書類が課税当局の要求後遅滞なく提示または提出されなかった場合，同種の事業を営む，事業規模その他の事業の内容が類似する法人の売上利益率またはこれに準ずる割合を用いることができるとしている。

ハ 棚卸資産の売買以外の取引における独立企業間価格

棚卸資産の売買以外の取引における独立企業間価格の算定方法は，棚卸資産の売買と同様に，独立価格比準法，再販売価格基準法，原価基準法およびこのいわゆる基本三法以外の方法によることになるが，他の方法の使用が困難な場合には，法人と国外関連者の所得の発生に寄与した程度に応じて利益を配分しようとするとしている[16]。

(6) 対応的調整の意義

例えば，内国法人の外国子会社（国外関連者）が移転価格に係る増額更正を受ける場合，内国法人は，その所得をすでに申告納税していることから，国際間における経済的二重課税が生じることになる。その結果，親会社の所在地国と外国子会社の所在地国間に租税条約が締結されている場合，納税義務者の申立てを受けてこの租税条約に規定する相互協議により両国の権限ある当局が協議して合意をみた場合，内国法人の税額が還付されることになる。このような処理は対応的調整といわれている。

5 導入後の主たる改正事項

1986年度の移転価格税制導入後の後年における主たる改正の動向は、次のとおりである[17]。

1987（昭62）年	相互協議により合意に達した場合その協議期間については、延滞税又は還付加算金を課さないことを租税特別措置法、租税条約実施特例法に規定した。
1991（平3）年	① 移転価格税制に係る更正決定及び加算税の賦課決定の期間制限が3年から6年に延長された。 ② 移転価格税制適用の納付法人税の徴収権の時効が1年間進行しないこととなった。これは国税徴収権の時効消滅が5年であることから上記①の6年延長と平仄を合わせるためである。 ③ 質問検査権を比較対象企業に拡大した。 ④ 国外関連者への寄附金を全額損金不算入とした[18]。 ⑤ 中小法人に課されていた書類等の保存期間を5年から6年に延長した。
2001（平13）年	移転価格事務運営要領（事務運営指針）が制定された。以後平成14，17，18，19，20，22，25，28年にそれぞれ一部改正されている。28年改正後の内容は、次のとおりである。 第1章　定義及び基本方針 第2章　国別報告事項，事業概況報告事項及びローカルファイル 第3章　調査 第4章　独立企業間価格の算定等における留意点 第5章　国外移転所得金額等の取扱い 第6章　事前確認
2002（平14）年	移転価格税制の調査を受けて提出される修正申告等に係る加算税の賦課決定の期限を6年まで延長した。
2004（平16）年	独立企業間価格の算定方法に取引単位営業利益法が追加された。
2005（平17）年	国外関連者の範囲を対象法人と外国法人の間に介在する中間法人まで拡大して、①実質支配関係と持株関係とが連鎖している関係にある法人、②同一の者との間で実質支配関係又は持株関係による直接の関係又は連鎖の関係にある法人、が追加された。
2006（平18）年	推定課税における独立企業間価格の算定方法に、利益分割法に対応する方法、取引単位営業利益法に対応する方法が追加された。

2007（平19）年	移転価格課税を受けた者が，相互協議の申立てをした上で申請をしたときは，相互協議の対象となった法人税及び加算税の納税が猶予されることになった。
2008（平20）年	国外関連者に関する明細書の整備と記載事項の追加が行われた。
2011（平23）年	① 独立企業間価格の算定方法の優先順位の見直し ② 利益分割法である，比較利益分割法，寄与度利益分割法，残余利益分割法の明確化が図られた。
2013（平25）年	取引単位営業利益法により独立企業間価格を算定する際の利益水準指標に営業費用売上総利益率（ベリー比）が追加された[19]。
2014（平26）年	① 第三者介在取引の見直し ② 納税の猶予等の改正
2016（平28）年	BEPS行動計画13にある文書化制度の整備が行われた。

6 取引単位営業利益法
（Transactional Net Margin Method：TNMM）

(1) 取引単位営業利益法の概要

　この方法は，OECDの移転価格ガイドラインに規定された利益法の一種で，独立企業間価格を営業利益に基づいて算定する方法であり，2004年3月に発効した第3次日米租税条約において同ガイドラインを遵守することを規定したことを受けて，2004年度税制改正により国内法にこの規定が導入された。2006年度税制改正では，独立企業間価格の推定課税の場合の算出方法として取引単位営業利益法と利益分割法等が加えられた。

　この方法は，営業利益をベースにして，独立企業間価格を算定する方法であるが，次の3つの場合に分けて規定が置かれている。
　① 棚卸資産の購入が国外関連取引である場合
　② 棚卸資産の販売が国外関連取引である場合
　③ 取引単位営業利益法に準ずる方法

(2) 棚卸資産の購入が国外関連取引である場合

この場合の取引は，次のような順序となる。
① 国外関連者から内国法人に対する仕入価格が移転価格（価格X）である。
② 内国法人から非関連者への売上金額（再販売価格）は市場価格である。
この場合は，価格Xの算定は次の算式による。

$$X = 再販売価格 - \left(再販売価格 \times \frac{B}{A} + 当該棚卸資産の販売に要した販売費及び一般管理費\right)$$

上記算式におけるAとBは，次の内容である。
A：棚卸資産の販売による収入金額の合計額
B：棚卸資産の販売による営業利益の額の合計額

(3) 棚卸資産の販売が国外関連取引である場合

この場合の取引は，次のような順序となる。
① 非関連者から内国法人に対する仕入価格が再販売価格である。
② 内国法人から国外関連者への売上価格（価格X）は移転価格である。
この場合は，価格Xの算定は次の算式による。

$$X = 取得原価の額 + \left(A \times \frac{B}{C} + 当該棚卸資産の販売に要した販売費及び一般管理費\right)$$

A：取得原価の額＋販売費及び一般管理費
B：棚卸資産の販売による営業利益の額の合計額
C：棚卸資産の販売による収入金額の合計額からBに掲げる金額を控除した金額

7 2011年度改正（独立企業間価格の算定方法）

2011年度税制改正大綱では，次のような記述がある。

> **（独立企業間価格幅（レンジ）の取扱いの明確化）**
> 国外関連取引の価格等が，レンジの中にある場合には移転価格課税を行わないこと，また，レンジの外にある場合には比較対象取引の平均値に加え，その分布状況等に応じた合理的な値を用いた独立企業間価格の算定もできることを運用において明確にします。

この大綱を受けて，2011年度税制改正では，独立企業間価格算定方法の優先順位が廃止され，措置法通達66の4(3)-4に次の規定が追加された。

> **（比較対象取引が複数ある場合の取扱い）**
> 国外関連取引に係る比較対象取引が複数存在し，独立企業間価格が一定の幅を形成している場合において，当該幅の中に当該国外関連取引の対価の額があるときは，当該国外関連取引については措置法第66条の4第1項の規定の適用はないことに留意する。（平23年課法2-13「二」により追加）

上記通達は，独立企業間価格が一定の幅に収まる場合は，移転価格税制による課税を行わないという趣旨である。
そして，移転価格事務運営要領4-5（現行）は，次のようになっている。

> **（比較対象取引が複数ある場合の独立企業間価格の算定）**
> 国外関連取引に係る比較対象取引が複数存在し，当該比較対象取引に係る価格又は利益率等（国外関連取引と比較対象取引との差異について調整を行う必要がある場合は，当該調整を行った後のものに限る。以下「比較対象利益率等」という。）が形成する一定の幅の外に当該国外関連取引に係る価格又は利益率等がある場合には，原則として，当該比較対象利益率等の平均値に基づき独立企業間価格を算定する方法を用いるのであるが，中央値など，当該比較対象利益率等の分布状況等に応じた合理的な値が他に認められる場合は，これを用いて独立企業間価格を算定することに留意する。

8 価格から幅（レンジ）への改正

1986年に移転価格税制を導入した時点において、独立企業間価格について、基本三法が優先することを規定した。このような規定は、税務調査において調査官が任意の方法で独立企業間価格を算定することを防止するという利点はあるが、このような方式が実態に合わないという問題点も生じたのである。

すなわち、当初の移転価格税制における独立企業間価格の算定は、「最も正確な価格」を目指して、類似の取引を行う第三者への質問検査権等の整備（1991年の改正）を行ったのである。

しかし、このような質問検査に基づいた独立企業間価格の算定には批判もあり[20]、2010年度税制改正大綱、2011年度税制改正大綱[21]では次のように問題点の解消が規定された[22]。

（2010年度税制改正大綱）
(2) 移転価格税制の見直し

国際取引を行う企業の予見可能性を確保し、事務負担に配慮しつつ、税務執行の透明化・円滑化の観点から、国外関連者との取引に係る課税の特例（いわゆる移転価格税制）について、次の見直しを行います。

① 移転価格課税について、独立企業間価格の算定及び検証に当たり、国外関連者との間の取引価格の交渉過程等の検討を要する場合に特に留意すべき事項等を運用において明確にします。

（2011年度税制改正大綱）
(2) 移転価格税制の見直し

③ シークレットコンパラブル（類似の取引を行う第三者から質問検査等により入手した比較対象取引についての情報）の運用の明確化

納税義務者の予見可能性を確保する観点から、シークレットコンパラブルが適用される場合の具体例を運用において一層明確にするとともに、シークレットコンパラブルを用いる際は、守秘義務の範囲内でその内容を説明するとの運用を徹底します。

これまで、シークレットコンパラブルと批判を受けていた手法が規制される

ことで，独立企業間価格の算定についても，「最も正確な価格」から「最も信頼性ある尺度」の提供に変わる必要が生じたものと思われる。

そこで登場したのが，「最適方法選択ルール」である。納税義務者にとって，この改正は，独立企業間価格の算定を自由に選択できる反面，この方法が合理的であることを証明する必要がある。他方，課税当局にとって，公開されている一般的な統計資料等を利用するということで比較可能性の範囲の拡大となり，納税義務者との対立解消となる可能性が高いのである。そして，「最適方法選択ルール」が適用される場合，類似取引等が見当たらない基本三法以外の適用となると，利益法が採用されることになる。

（2011年度の独立企業間価格の優先順位に見直し）[23]
① 基本三法の優先適用，利益分割法，取引単位営業利益法という利益法を基本三法が適用できない場合に限り適用するという規定は廃止された。
② 国外関連取引につき支払われるべき対価の額を算定するための最も適切な方法を選定できることになった。

この利益法から誘導される考え方は，類似する環境において類似する事業を行う納税義務者が同様の利益を得るという前提に立つものである。

9 事前確認制度（Advance Pricing Agreement）

(1) 意 義

事前確認制度（以下「APA」という。）[24]は，移転価格の算定方法等について事前に課税当局と納税義務者間で合意する制度であり，当事者である課税当局および納税義務者にとって，移転価格に係る長期間にわたる調査を回避する手段である。

(2) 移転価格税制の問題点

納税義務者側から見て，移転価格税制の適用上いくつかの問題点がある。

① 納税義務者である法人が，国外関連者との取引を行う場合において，税務上適正と判断して移転価格を決定したとしても，その移転価格が移転価格税制に規定する独立企業間価格ではない場合，この納税義務者は課税当局から税務調査を受け，更正されることになる。
② この移転価格に関する税務調査は長期にわたる可能性があり，納税義務者は，専門家への報酬等種々の費用を負担するとともに，本税，加算税および延滞税等の追徴を受けることもある。
③ 納税義務者が，税務上適正な独立企業間価格を決定することを意図したとしても，自らの移転価格決定において，第三者との取引または第三者間取引と比較することが必要となるが，比較対象とする取引を第三者間取引に見つけだすことは容易ではない。

(3) APAの概要

APAは，当初，国内における課税当局と納税義務者間における移転価格の算定方法等に関する合意であったが，移転価格税制の適用が，国際間における関連者間取引であることから，米国は，租税条約の相互協議に基づく二国間における国際的なAPAの方法を展開し，1999（平成11）年にOECDが多国間における租税条約の相互協議に基づくAPAのガイドラインを公表したこと，およびこのOECDの動向を受けて，英国等が，APAの手続の整備を図ったことにより，APAは，国内的手続から，次第に租税条約における相互協議による多国間における移転価格算定方法等の事前確認という新たな領域に入ったのである。

(4) APAの長所と短所

APAの長所と短所は，次のとおりである。

イ APAの長所
① APAは，課税当局と納税義務者が移転価格の算定方法等について事前に相談して合意することができる制度である。したがって，この制度の最大の長所は，移転価格に関する税務調査を回避できることである。

② 課税当局にとってはAPAで合意した事案以外に対して税務調査を集中できることである。
③ 課税当局および納税義務者の双方にとって，APAを利用して移転価格税制に係る予測可能性と法的安定性を求めることができることである。

□ APAの短所
① APAに関する合意に達するまでに，納税義務者は多くの資料を提出しなければならない。
② APAに関して両者の間において合意に達した場合，納税義務者は，APAの有効期間にわたりその合意事項が遵守されているかどうかについて課税当局によるチェックを受けるために，種々の報告書等の提出義務を負う。
③ 納税義務者側からすると，APAの合意に達するまでの努力と合意後のAPAの維持管理のための義務と双方の負担が生じることになる[25]。

10 仲 裁

(1) 意 義

相互協議において権限ある当局による合意が成立しない場合，未解決の事項は，当該事案の申立者の要請により仲裁手続を通じて解決されることになる。

(2) 問題の所在

日米間を例とすると，日米租税条約は，同条約第9条（特殊関連事業条項）第2項に対応的調整に係る規定を置くとともに，同条約第25条（相互協議条項）により移転価格課税による国際的二重課税の問題を解決することになる。そして，相互協議に関する規定（第25条第2項）は次のとおりである。

> 2 権限のある当局は，1の申立てを正当と認めるが，満足すべき解決を与えることができない場合には，この条約の規定に適合しない課税を回避するため，他方の締約国の権限のある当局との合意によって当該事案を解決するよう努める。（以下略）

問題は，租税条約の規定に基づく協議が合意に達しないとき，課税を受けた国の国内的な救済手段により原処分の取り消しでも行われない限り，国際的二重課税という状態になることである。特に，最近では，移転価格税制における移転価格の決定方法が複雑になるにつれて，国際的二重課税のリスクが増大しているといえる。この相互協議については，両国の権限ある当局が努力しても解決しない場合その後に救済手段がないこと，相互協議において当事者である納税義務者が意見を述べる機会が与えられていないこと等の批判がある。そして何よりも，国際的二重課税を排除するという租税条約の趣旨からして，移転価格税制に係る国際的二重課税を排除するために更なる手段が必要となるのである。そこで，以前より仲裁手続が必要ではないのかということが検討され，米独租税条約等には実際に仲裁に関する規定が設けられたが，その実効性の点で疑問視する声が多かった。

(3) 最近の仲裁に関する動向

仲裁に関しては，最近になり多面的な動きがあることから，以下，整理する意味でその動向を時系列に箇条書きしてみる。

① 米国が締結した租税条約のうち，相互協議条項に仲裁に関する規定が設けられた最初のものは，1989年に改正された旧米独租税条約であるが，この仲裁の規定は，拘束力はあるが，任意的な仲裁手段である。

② ECでは1990年に仲裁条約（Convention on the elimination of double taxation in connection with the adjustments of profits of associated enterprises：90/436/EEC：以下「EC仲裁条約」という。）が採択され，1995年1月1日に発効している。この仲裁条約における仲裁規定は，強制的な仲裁で，2年間で相互協議が合意に達しない場合，権限ある当局は，諮問委員会を設置することになる。

③ 2006年6月1日に米独租税条約の改正議定書がベルリンで署名された。この新米独租税条約は強制的仲裁規定を相互協議条項に規定している。米国の財務省の担当者は、新米独租税条約の仲裁規定が今後の米国の締結する租税条約のモデルとなると述べている[26]。

④ 2008年4月から5月にかけて、OECDモデル租税条約が改正され、同モデル租税条約第25条（相互協議条項）に仲裁を規定した第5項が規定されるとともに、同項に関するコメンタリーが付された。

(4) 米独租税条約における仲裁規定

米独租税条約第25条第5項および第6項には仲裁規定が置かれている。

条文における仲裁に係る原則は、権限ある当局が事案に関して完全な合意に達するべき努力をしたが、不調となった場合または所定の期間（2年）が経過した場合、当該事案は仲裁により解決されることになる、というものである。すなわち、この新米独租税条約の仲裁規定では、相互協議が不調に終わる等の場合、仲裁に強制的に移行することになっている。

米独租税条約第25条第5項および第6項の条文の規定以外に、2006年改正の議定書案第16条パラグラフ22において仲裁に係る規則と手続が定められている。その概要は、それぞれの締約国は、委員長選任後90日以内に、所得、費用の金額または税額に関する案を記載した解決案と方針説明書（position paper）を提出する。仲裁委員会は委員長選任後6か月以内に決定通知書を発送することになる。委員会は、双方の締約国により提出された解決策の一方をその決定に採用することになる。したがって、仲裁委員会が独自解決案を両国に提示するのではなく、両国から解決案等を提出させて、いずれか一方を採用する方式である。

この米独租税条約における仲裁規定の特徴はまとめると、次のとおりである。

① 相互協議により合意に達しない場合は、強制的に仲裁に移行することになる。

② 仲裁は、旧米独租税条約では、権限ある当局による相互協議の枠外の組織によるとしていたが、新米独租税条約では、仲裁手続は、相互協議を補足するものとして、仲裁委員会の決定を米独租税条約第25条に基づく相互

協議により解決したものとする，として，相互協議の一環に仲裁を位置づけた。
③　仲裁手続に関して，期間制限が設けられ，一定の期間内に結論が出せるようにした。
④　仲裁手続と相互協議は同時期に行うことができることになっている。
⑤　仲裁委員会は，独自の決定を行うのではなく，双方の締約国から提出された解決案と方針説明書を検討して，双方の締約国により提出された解決策の一方をその決定に採用することになる。

(5)　2008年OECDモデル租税条約の改正

2008年4月から5月にかけて，OECDモデル租税条約が改正され，同モデル租税条約第25条（相互協議条項）に仲裁を規定した第5項が規定されるとともに，同項に関するコメンタリーが付された。同モデル租税条約第25条第5項では，一方または双方の締約国が，租税条約に定める規定に反する課税をある者に対して行ったときに当該者は権限ある当局に申立てをする場合で，かつ，権限ある当局が，他方の締約国の権限ある当局に事案を提案してから2年以内に，当該事案の合意がない場合に，当該者が要請する場合，仲裁に移行することになる。ただし，仲裁に移行しない場合とは，いずれかの締約国において裁判または審査請求による決定が出ている場合である。当該事案の直接に関係者が仲裁の決定を実行した相互協議を受け入れない場合を除いて，当該決定は，双方の締約国を拘束し，かつ，これらの締約国の国内法に定める期間制限にかかわらず実施されることになる。

(6)　日本の租税条約で仲裁条項のあるもの

現在，租税条約では，対オランダ，対香港，対ポルトガル，対ニュージーランド，対英国，対スウェーデン，対ドイツ，対チリが発効しており，対米国と対ベルギーは未発効である。仲裁条項を含む租税条約が発効すると，「仲裁手続に係る実施取決め」が制定されて，具体的な手続の流れと期限等が定められる。

(7) 相互協議の相互評価（peer review）と監視（monitoring）

　BEPS行動計画14（紛争解決のメカニズムの実効性の向上）において，相互協議による紛争解決のための障害の除去するためのミニマムスタンダードの実施を確保するために相互評価と監視を行うことになっている。なお，このミニマムスタンダードでは，相互協議の統計の報告等の提出等が求められることになる。

　相互評価ステージ１では，ミニマムスタンダードの実施の評価が次の表にあるスケジュールで各国に対して実施される。

１）	2016年12月開始	ベルギー，カナダ，オランダ，スイス，英国，米国
２）	2017年４月開始	オーストリア，フランス，ドイツ，イタリア，リヒテンシュタイン，ルクセンブルク，スウェーデン
３）	2017年８月開始	チェコ，デンマーク，フィンランド，韓国，ノルウェー，ポーランド，シンガポール，スペイン
４）	2017年12月開始	オーストラリア，アイルランド，イスラエル，日本，マルタ，メキシコ，ニュージーランド，ポルトガル
５）	2018年４月開始	エストニア，ギリシャ，ハンガリー，アイスランド，ルーマニア，スロバキア，スロベニア，トルコ
６）	2018年８月開始	アルゼンチン，チリ，コロンビア，クロアチア，インド，ラトビア，リトアニア，南アフリカ
７）	2018年12月開始	ブラジル，ブルガリア，中国，香港，インドネシア，パプアニューギニア，ロシア，サウジアラビア
８）	2019年４月開始	ブルネイ，キュラソー，ガーンジー，マン島，ジャージー，モナコ，サンマリノ
９）	2019年８月開始	アンドラ，バミューダ，英領バージン諸島，ケイマン，マカオ，タークスケイコス諸島

　ステージ２では，ステージ１の相互評価報告から１年後に改善状況等の相互監視が行われることになる。

　日本としては，移転価格課税等に係る相互協議が難航している上記表にあるインド，中国，インドネシアとの相互協議が改善される可能性がある。これらの国は，BEPS条約第16条第５項(a)に留保を付しているが，そのためには，

ミニマムスタンダードを満たす意図を有することが前提となっている。

11　所得相応性基準の導入

(1)　2017年度税制改正大綱の補論

　2017年度税制改正大綱では，補論に「今後の国際課税のあり方についての基本的考え方」が記述され，そこにおける「中期的に取り組むべき事項」として，移転価格税制において知的財産等の無形資産を税負担を軽減する目的で海外に移転する行為等に対応するために，OECDによるBEPS行動計画8における勧告を踏まえて所得相応性基準の導入を含めて必要な見直しを行うことが示されている。

　また，税制改正大綱公表前の政府税調における2016年9月29日付の財務省による説明資料（「BEPSプロジェクト」を踏まえた国際課税の課題）では，BEPS行動計画8について，次のように記述している。

行動8：無形資産取引に係る移転価格ルールの見直し
　「無形資産」は，その固有性により，「独立企業原則」の適用が困難であり，開発国（「価値創造の場」）から軽課税国への利益移転が行われている。これに対抗するため，
・将来のキャッシュフローの割引現在価値を現時点の無形資産の価値とみなす「DCF（Discounted Cash Flow）法」，
・実際に生じたキャッシュフローが当初の予測から大きくかい離した場合に，事後的に価格を調整できる「所得相応性基準」
を勧告。

---

(2)　所得相応性基準に関する論点整理

　上記の税制改正大綱において，「中期的に取り組むべき事項」には，所得相応性基準（commensurate with the income attributable to the intangible）の導入，過大支払利子税制の見直し，租税回避スキーム情報の報告を義務付けた義務的

開示制度の導入の可否を検討することが記述されているが，所得相応性基準については，導入の可否の検討とは記述されていないことから，来年以降に導入されるものと思われる。そこで，所得相応性基準に関する論点として想定されるものは以下のとおりである。

① 所得相応性基準とは何であり，なぜ導入が検討されるのか。
② 所得相応性基準は米国が発祥であるが，その背景となったものは何か。
③ 所得相応性基準に関する米国における理論的な検討はどうであったのか。
④ OECDのBEPS行動計画8の最終報告書における所得相応性基準に関する内容
⑤ EUでは，域外への無形資産の移転について新たなルールの創設を検討中であるが，その内容は何か。
⑥ 日本への所得相応性基準導入の問題点

以下は，上記の論点に関して検討する。

(3) 所得相応性基準とは何か

移転価格税制においてこれまで検討を重ねてきた課題の1つが，潜在的に将来高収益をもたらす無形資産の譲渡対価と無形資産に係る使用料の移転価格の問題である。例えば，特定の病気に治療効果のある新薬が開発された場合，特許等との関係から一定期間その新薬の市場占有率は高く，多額の収益をもたらすことになるが，この開発された新薬が開発した会社の国外関連会社に移転するときに，この譲渡対価の額をどのように決めるのかという問題である。

米国では，内国歳入法典の移転価格条項である第482条に，今から約30年前の1986年の税制改革法（Tax Reform Act of 1986）により同条後段にいわゆる「スーパーロイヤルティ」条項が創設されたのである。1986年の第482条の改正箇所は，次のような規定である[27]。

> 無形資産の譲渡又は実施権の供与に係る所得の金額が，当該無形資産に帰属すべき所得の金額に相応するものでなければならない。

この規定から所得相応性基準という名称が付されたのであるが，その意味は，

無形資産の譲渡対価またはライセンス契約による使用料について，その無形資産が将来高収益をもたらす場合，関連者間における所得が調整されることを意味しているのである。上記の「スーパーロイヤルティ」は，通常の収益を生み出す無形資産と異なり，比較可能な無形資産がないほど収益性の高い無形資産に係るライセンス契約については，高額な使用料がやり取りされたものとして調整されるという意味である。

(4) 所得相応性基準の背景

1986年の第482条の一部改正の原因となった判決は，次の2つである。
① Eli Lilly & Co. and Subsidiaries v. Commissioner, 84 T.C. 996 (1985).
② G. D. Searle & Co. and Subsidiaries v. Commissioner, 88 T. C. 252(1987)
この両社の事案は，類似する内容である。ここでは，上記①のイーライリリー社（以下「E社」という。）の判決で以下説明する。

E社は，医薬品，農薬，化粧品の製造販売を行う米国法人である。この事案の対象年は1971年から1973年である。同社は，高収益が見込める鎮痛剤を開発し，鎮痛剤の特許権を非課税となる特定出資により子会社（以下「S社」という。）に移転した。S社はこの鎮痛剤の製造を米国属領であるプエルトリコにおいて行うことで，米国属領所得の非課税の優遇措置等を利用して税負担の軽減を図ったのであるが，親会社であるE社と子会社S社の所得配分において，S社に過大に配分されていた点が争点となったのである。

E社は，無形資産の所有権がS社にあり，無形資産から生じる所得はS社に帰属すべきと主張した。これに対し，課税当局は，特許権のS社移転を法的に認めたが，第482条の適用上その所得はE社に配分されることを主張した。

裁判所は，無形資産が形式的にも実質的にもS社に移転したことを認めた。その根拠としては，E社およびS社の取締役会の承認，米国特許庁への登録，当該特許の使用者がS社のみであった事実，S社が当該特許権侵害訴訟で当事者として費用負担をしたことが挙げられる。課税当局による無形資産の移転を否認する主張について裁判所は認めなかったが，使用料等の支払いあるいは真正な費用分担契約が独立企業間価格決定に必要という見地から所得の再配分を支持した。そして，裁判所は，移転価格決定方法として無形資産に関して残余

利益分割法（residual profit split）を採用したのである。しかし，その配分の根拠等に関する説明は曖昧である。

このように，1986年改正前では，司法の判断が先行して立法および税務執行が遅れていたことから，1986年の第482条の一部改正となったのである。

(5) 所得相応性基準に関する米国における理論的な検討

米国における移転価格税制を規定している内国歳入法典第482条は，1954年の内国歳入法全文改正の際に，その前身である第45条（1928年創設）から移項改正されたものであるが，上述した1986年の一部改正を経て現在に至っている。

米国における税務執行の多くは，財務省規則（Income Tax Regulations）に依存している。第482条に係る財務省規則は，1965年から始まり1968年および1969年に一応の整備が終了するのであるが，有形資産に係る規定に比べて，無形資産の移転価格決定方法等については，整備が十分なされなかったのである。このように，法整備の不完全さを突いた租税回避が起こったことで，米国の課税当局も法改正に踏み切ったのである。

なお，1986年改正では，移転価格条項である第482条の他に，外国法人への無形資産の移転に係る特例を規定した第367条(d)，米国属領法人に対する優遇措置を規定した第936条（適格属領所得）もあわせて改正されている。1986年改正前には，第367条は外国法人に対する非課税の無形資産の移転を認める条項であったが，改正された第367条(d)は，米国で開発した特許権等の無形資産を低税率国に所在する外国子会社に移転することに対して厳格な移転価格の適用を求める規定である。そして，第367条(d)が適用となる金額は，当該無形資産に帰属すべき所得の金額に相応するものでなければならない，として第482条の考え方が踏襲されたのである。

1986年改正に係る米国議会の租税に関する合同委員会資料[28]では，所得相応性基準について理論的な側面の説明はない。

しかし，1988年10月に米国財務省と内国歳入庁（IRS）は，1986年の上記の改正に関する検討の成果を「482条白書（A Study of Intercompany Pricing）」（以下「白書」という。）としてまとめこれを公表した。この白書を翻訳して要約したものが，社団法人　日本租税研究協会『内国歳入法第482条に関する白

書（移転価格の研究）の概要』である。また，これ以外にも，当時の税務関連の雑誌には，白書に関する論稿が掲載されている。

白書は，無形資産取引における利益を生産要素に割り当てるBALRM（basic arm's length return method）という方法を提唱したが，複雑な事例への同法の適用が難しいことから，利益分割法（PS法）の併用が検討された。さらに，無形資産の譲渡対価あるいは使用料の価格を事後的に見直す定期的調整を提唱したことに白書の意義を見出すことができる。

その後，1992年の財務省規則の規則案において，BALRMを発展させた比較対象利益範囲（CPI）が導入されたが，OECD等からの批判を受けたことで，CPIに代わって利益比準法（CPM）が新たに財務省規則に加えられたのである。

白書は，所得相応性基準の核となるべき定期的調整について，納税義務者による定期的調整を不要としている条件，見直しの頻度等について検証している。不要となる場合，納税義務者は，次の3つを立証する必要がある。

① ライセンス契約締結後に予測できなかった利益をもたらす事象が生じたこと
② 契約に修正すべき項目のないこと
③ 非関連者取引においても，予測できなかった利益をもたらす事象が生じた場合に調整すべきという項目が契約にないこと

(6) CPM適用の限界

第482条に関する1993年制定の暫定規則および1994年制定の新財務省規則は，CPMが有形資産および無形資産の価格決定方法として位置づけられ，CPIが姿を消したことは前述のとおりである。さらに，新財務省規則では最適方法選択ルールが規定され，移転価格の決定は，価格アプローチと利益アプローチの併用により行われる形になったのである。

CPMは，類似する環境において，類似する事業活動を行う非関連者から生じた客観的な収益性の尺度である利益水準指標を基準として，資産の関連者間移転価格に係る対価を評価する方法である。要するに，類似する環境において類似する事業を行う納税義務者は同様の利益を得るということを前提とした理論である。しかし，この方法は，独創的な無形資産を含む取引の移転価格決定

方法としては不向きである。

そこで，CPMの代替として，前述したE社判決で使用されたPS法の1つである残余利益分割法が有力である。この方法は，第1段階として，合計営業利益を，類似する非関連者による，有形資産，無形資産および役務提供に基づく貢献度に応じて配分し，結果として，価値ある無形資産に帰属する利益が残ることから，第2段階として，この金額を関連者間に配分することになる。

(7) 白書と利益法

前述した白書は，無形資産に係る譲渡対価または使用料の価格を事後的に見直す定期的調整を提唱したことに加えて，以下のように比較対象となる取引が存在しない場合の無形資産の取引について利益法適用の途を拓いたことに意義がある。

白書第5章では，独立価格比準法（CUP法），再販売価格基準法（RP法），原価基準法（CP法）の基本三法以外の方法としてPS法，利益率に基づく方法および関税評価による方法を掲げている。PS法に関しては，前出のE社の裁判事例を引用しつつ，合計所得に対する各当事者の経済的貢献度を決定するために機能分析に基づいている限り合理的なものとしている。また，利益率に基づく方法としては，デュポン判決（E. I. du Pont de Nemours & Co. v. U. S., 608 F. 2d 445（1979））におけるベリー比率および使用資本利益率の利用を引用しつつ，比較対象となる取引が存在しない場合，財務省と内国歳入庁は，より精緻な利益率分析が所得配分の合理性の立証手段だけではなく，移転価格決定方法として用いることができるとしている。

(8) 米国財務省規則における定期的調整（§1.482-4(f)）

米国財務省規則§1.482-4(f)は，「無形資産に係る特別規定」で§1.482-4(f)(2)に「定期的調整」の規定があり，(i)は概論，(ii)は適用除外に係る規定である。次に述べるBEPS行動計画8では，事後の調整ということで所得相応性基準を勧告し，日本もこの勧告に従って，税制改正大綱に所得相応性基準の導入を示唆したのである。

12 OECDのBEPS行動計画8の最終報告書における所得相応性基準に関する内容

　BEPS行動計画の最終報告書は2015年10月に公表されている。日本は，BEPS行動計画の13にある「移転価格関連の文書化の再検討」については2016年度税制改正で対応済みである。行動計画8（移転価格税制（無形資産））における所得相応性基準は，2017年度税制改正大綱において「中期的に取り組むべき事項」とされたことから，近々導入される見込みである。OECDの行動計画8の目的は，OECD移転価格ガイドライン（Transfer Pricing Guidelines for Multinational Enterprises and Tax Administrations）第6章の改正である。

　最終報告書では，評価の困難な無形資産（Hard-To-Value Intangible：以下「HTVI」という。）について，取引時点の事前の評価が困難な場合，事後的な調整が認められることを示唆しているが，次のいずれかに該当する場合，この措置が認められないとしている。

① 納税義務者が価格設定に関して適切な検討を行ったことを含む予測内容の詳細な証拠の提出をする場合
② 取引価格と実際の結果の乖離が価格設定後に生じた進展により予測不可能であった場合または取引時点における評価を誤ったことを裏付ける信頼性のある証拠の提出がある場合
③ HTVIの取引が，二国間・多国間の事前確認制度（APA）の対象となっている場合
④ 上記②の乖離がHTVIの取引価格の増減20％の範囲内である場合
⑤ 非関連者間におけるHTVIに係る収益発生後5年経過し，当該期間において乖離が予測値の20％を超えない場合

　この上記の④と⑤にある数値は，米国の第482条に係る財務省規則§1.482-4(f)(2)(ii)に規定されている関連者の売上総利益またはコストの節約額が非関連者契約における期待利益とコスト節約額の80％以上120％以下と同じ範囲である。

　いずれせよ，BEPSの所得相応性基準のオリジナルは米国の1986年改正，白

書および財務省規則に定める定期的調整をベースにしたものといえよう。

13 EUが検討している域外への無形資産の移転についての新たなルール

　英国のEU離脱等の動きがある中で，EUはBEPSとは別に特異な動きを見せている。その1つは，2016年1月に欧州委員会から公表された「租税回避パッケージ案」（以下「パッケージ」という。）であり，このパッケージに含まれている「租税回避対策指令（Anti-Tax Avoidance Directive）」は2016年7月にEU理事会で採択されている。第2は，欧州委員会による2016年10月のEUの共通連結法人課税ベース（Common Consolidated Corporate Tax Base：以下「CCCTB新案」という。）の再提案である。

　第1のパッケージには，BEPS行動計画には含まれていない「出国課税ルール（Exit taxation rules）」と「一般否認規定（General anti-abuse rule）」がある。特に前者の出国課税ルールは，知的財産，特許等の資産について，EU加盟国から，無税あるいは低税率の国に移転させる企業の場合，企業の貸借対照表の情報をもとに，その未分配の利益剰余金に対し課税しなければならないとしている。この規定の加盟国の国内法の整備期限は2019年末である。

　第2のCCCTBは，2011年案（以下「旧案」という。）の再提案であるが，旧案では任意としていた連結計算について，CCCTB新案は，年間総収入7億5千万ユーロを超える大規模企業グループには強制適用するとしている。また，CCCTB新案は，導入に際して，第1段階では，課税ルールの共通化，第2段階では，連結所得計算という2段階の導入を提唱している。

　仮に，上記の2つの案がEUで実施された場合，EU加盟国の税率の調整はしないのであるから，連結所得の配分に関する問題が生じることが想定できる。さらに，無形資産等を域外に移転する場合は，出国課税が適用となり，所得相応性基準導入とは異なる議論となる。

14 日本への所得相応性基準導入の問題点

　税制改革によりトランプ大統領は連邦法人税を引き下げた。これまで，米国の製薬会社は，税率の低いアイルランドあるいは英国の会社と合併して，その本拠地を被合併法人の所在地国に移す納税地の海外移転（Tax Inversion）を企てたが，米国法人に対する実効税率（州税等を含む）が20％程度になれば，移転価格税制における環境にも変化が見られる可能性がある。

　日本の場合，国内において開発された特許権等の無形資産について，アジア諸国に展開する子会社にこれらの資産の使用を供与する際の使用料のレートの問題がある。この無形資産に比較可能性がなく独創的なものであれば，「スーパーロイヤルティ」の適用ということになり，定期的調整の問題が生じるのである。この場合，対象となる無形資産の範囲，米国のようにセーフハーバー規定を設けるのか否か，あるいはAPAがある場合等の定期的調整の適用除外の範囲，定期的調整の遡及課税等の問題が生じると考えられる。納税義務者にとっては予測可能性を与える事項であるが，他方，課税要件等に関して詰めた形の規定が必要になろう。

◆注
1　1970年代までに移転価格の課税事案がなかったわけではない。米国判例の一覧については　矢内一好『移転価格税制の理論』中央経済社，1999年，258-261頁参照。
2　同上，69頁，注7）参照。
3　朝日新聞，1987年11月27日夕刊。この自動車3社の事案については，最高裁第三小法廷1998年1月27日判決（平成8年（行ツ）第165号）の判決文において記述されているように，1975年9月に，米国は，日本と欧州の自動車28社をダンピングの容疑で調査し，その疑いが晴れたのちの1978年から移転価格の税務調査を行い，更正され，その後，日米間の相互協議により日本側は国税800億円，地方税400億円の還付を決定した。その後この地方税の還付につき住民らが地方政府に更正処分の取消を求めた訴訟を起こしている。これらの判決では，日米租税条約の相互協議による対応的調整はそれに対応する国内法がなくても行うことができると判示した。

横浜地裁（第一審）	1995年3月6日判決	原告の請求を棄却
東京高裁（控訴審）	1996年3月28日判決	控訴人の請求棄却
最高裁	1998年1月27日判決	上告棄却

4 「深刻な自動車の移転価格」『国際税務』Vo.4，No.11，1984年11月，4頁。
5 朝日新聞，1987年11月28日朝刊。
6 地方税の還付問題は，藤江昌嗣『移転価格税制と地方税還付―トヨタ・日産の事例を中心に―』中央経済社，1993年が詳しい。
7 日経産業新聞，1994年12月1日。1990年11月の富士通の記事も同記事。
8 植松守雄，平石雄一郎，小松芳明，武田昌輔「緊急座談会　移転価格税制の問題点をさぐる（上）」『国際税務』Vol.5，No.10，1985年。
9 金子宏「移転価格税制の法理論的検討」『所得課税の法と政策』，1996年，有斐閣，369頁。
10 同上，369頁。
11 同上，369-370頁。
12 同上，369-370頁。
13 同上，383頁，注9。
14 筆者は，第482条の意義については，矢内一好『現代米国税務会計史』中央大学出版部，2012年，第11章，内国歳入法典第446条との関係から第482条の意義を述べている。
15 なぜ国外関連者を外国法人と規定したのかという疑問が後日生じたのである。例えば，「外国法人等」とすれば，その適用範囲は広がるのであるが，立法段階では，将来的に，外国法人の他に国外関連者に係る問題が生じるという予測がつかなかったのであろう。
16 国税庁『昭和61年　改正税法のすべて』204頁。なお，導入時の資料としては，『国際税務　臨時増刊号　移転価格税制の基本資料』国際税務研究会，1986年11月，がある。この後者に含まれている日本の移転価格税制の説明では，現行の利益法に類する説明はない。米国が利益法を財務省規則に規定するのは，1992年1月公表の規則案に示された比較対象利益範囲（Comparable Profit Interval：CPI）であり，1993年1月公表の規則案では，利益分割法（Profit Split Method）と同暫定規則では利益比準法（Comparable Profit Method）が提唱されている。
17 各年度の改正は，『改正税法のすべて』を参考にした。
18 金銭贈与等の寄附金は一定限度内で損金算入が認められるので，同じ所得移転である移転価格税制とアンバランスになることから関係会社に対する寄附金は全額損金不算入となった。
19 ベリー比は，営業利益に対する売上総利益の比率をいい，卸売業者に適用される（矢内一好『移転価格税制の理論』中央経済社，1999年，144頁）。
20 日本は1991年度の税制改正により同業者への質問検査権の範囲を拡大したが，外国から日本の税務調査におけるシークレットコンパラブルへの批判が強かった（ゲーリー・トー

マス「日本当局の移転価格税制の解釈及び適用」『国際税務』Vol.17, No.12, 1997年)。このような批判に対する解決法として，裁判官のみが文書を見て判断する民事訴訟法に規定のあるインカメラ方式も選択肢であったが，この方式は採用されていない。

21　2011年版『改正税法のすべて』(大蔵財務協会，495頁)では，2010年度税制改正大綱において，「OECDにおける移転価格ガイドライン見直しの議論の動向などを踏まえつつ，…独立企業間価格の算定方式の適用順位の柔軟化…を検討します。」の改革の方向性が示され，2010年7月OECDにおいて実態に沿わないとして優先順位の見直しの議論があり，最も適切な方法を見出す考え方が採用されて改正を行っている。

22　2008年10月の東京高裁判決(2007年12月7日の東京地裁)のアドビシステム事案でシークレットコンパラブルについて言及しているのは原審であり，高裁ではこの用語が判決に示されていないが，2011年度税制改正大綱の上記記述にこの判決の影響があるものと思われる。

23　2011年版『改正税法のすべて』大蔵財務協会，495頁。

24　1987(昭和62)年に日本が世界で最初に導入した方式である。その後，米国(1991年)，カナダ(1994年)，豪州(1995年)，韓国(1996年)，中国(1998年)に導入され，現在では30か国以上で導入されている。

25　2016年11月18日付で国税庁が公表した平成27事務年度の「相互協議の状況」によれば，相互協議の発生件数は195件，内APAは151件である。処理件数は155件，内APAは126件である。

26　John Harrington, Testimony of Treasury International Tax Counsel, July 17, 2007：http://www.treas.gov/press/release/hp494.htm.

27　1986年の第482条の一部改正(スーパーロイヤルティ条項の追加)後の1988年にIRSは「白書」において，この条項の検討を行うのであるが，米国財務省は，OECDの独立企業原則に定期的調整が反するという批判を考慮して，1993年の暫定規則，1994年の新規則に定期的調整を規定する(矢内一好，前掲書，43頁)。

28　JCS-10-87 (May 4, 1987).

(資料1) 新聞報道された事案
1　移転価格税制初期の課税事案（1991〜1995年）（単位：億円）

年　月	会社名	更正額	税額	親会社	対象取引
1991年3月	AIU保険日本支店	60	28	米国	再保険料支払
4月	同上	140	60	同上	同上
1993年3月	日本ロシュ	95	38	スイス	医薬品
1994年3月	日本コカ・コーラ	380	150	米国	飲料*1
4月	日本チバガイギー	120	57	スイス	医薬品
9月	日本グッドイヤー	14	5	米国	タイヤ
10月	ヘキストジャパン	70	30	ドイツ	医薬品
11月	P&G日本支店	20	8	米国	家庭用品
1995年11月	日本ロシュ	170	70	スイス	医薬品

*1　日本コカ・コーラの事案は，その後の日米相互協議の結果，日本側が240億円の課税を取り消すことで決着したことで，追徴税額が当初の150億円から50億円程度に減額されたのである（日本経済新聞，1998年2月24日）。

2　移転価格税制の主たる課税事案（2004年以降）

年　月	会社名	更正額	税額	親会社	対象取引
2004年6月	本田技研工業	254	130	日本	受取使用料
2005年3月	京セラ	243	130	日本	電子部品*2
6月	ソニー	214	45	日本	受取使用料
6月	TDK	213	120	日本	電子部品*3
2006年6月	武田薬品工業	1,223	571	日本	卸売（輸出）*4
6月	ソニー＆SCE	744	279	日本	受取使用料等
7月	三菱商事	50	22	日本	受取使用料
7月	三井物産	49	25	日本	受取使用料
12月	日本電産	69	33	日本	小型モーター
2007年6月	三菱商事	89	36	日本	受取使用料
6月	三井物産	82	39	日本	受取使用料
12月	信越化学工業	233	110	日本	受取使用料*5
2008年4月	本田技研工業	1,400	800	日本	受取使用料*6
2017年7月	武田薬品工業	71	28	日本	子会社への販売価格*7

*2　異議申立ての一部が認められて追徴税額約127億円のうち約43億円が還付される見通しとなった（日本経済新聞，2006年10月20日）。

＊3　更正された所得金額213億円のうち172億円が取り消され，追徴税額120億円のうち111億円が還付となった（日本経済新聞，2010年2月3日）。
＊4　武田薬品工業は，2006年に，米国アボット社と合弁で設立した会社に販売した抗潰瘍剤の価格が低すぎるということで大阪国税局から更正処分を受け，571億円を納付した。2012年4月6日に武田薬品工業は，977億円を取り消す決定書を受け取った。この処分は，日米間の相互協議が不調に終わり，武田の異議申立てが認められた結果となったが，その経緯は不明である（参考：日本経済新聞，2012年4月7日）。
＊5　日米相互協議の結果，還付税額は還付加算金を含めて日米合計で約119億円となった。(https://www.shinetsu.co.jp/jp/news/pdf/s20100611.pdf，アクセス2017年5月21日）
＊6　朝日新聞2008年4月26日。この事案と類似するものとして，米国で，Proctor & Gamble Co. v. Commissioner, 95 T.C.323（1990），961 F.2d 69（6th Cir. 1992）．の判例がある。この種の問題については，矢内一好『移転価格税制の理論』中央経済社，1999年，113-114頁。
＊7　朝日新聞，2017年7月21日。

（資料2）ホンダの移転価格訴訟（2015年5月14日付日本経済新聞朝刊）

2006（平16）年6月	東京国税局が移転価格税制で追徴課税
同年8月	ホンダが東京国税局に異議申立て
2007（平17）年	国税局，一部を除き申立てを棄却
同年8月	ホンダが国税不服審判所に審査請求
2010（平22）年9月	審判所が請求を棄却
2011（平23）年3月	ホンダが課税処分取り消し求め東京地裁に提訴
2014（平26）年8月	東京地裁がホンダ側勝訴の判決
2015（平27）年5月13日	東京高裁が国側の控訴棄却の判決，国側が上告を断念し，ホンダの勝訴が確定

　この事案は，相互協議において合意しなかったこと等が原因で長期化したのである。

（資料3）移転価格税制・公表裁決事例（2017年5月現在）

2002年5月24日裁決	原処分庁の採用した独立企業間価格の算定方式は採用できないが，銀行が行っている保証の保証料率を比較対象として独立企業間価格を算定するのは，独立価格比準法に準ずる方法と同等の方法であり相当であるとした事例
2006年9月4日裁決	租税特別措置法第66条の4第1項に規定する独立企業間価格を算定するために必要と認められる帳簿書類が原処分庁の要

	求後遅滞なく提出されておらず，原処分庁の行った独立企業間価格の推定も適法であるから，同条第7項の推定規定を適用して移転価格課税を行った原処分は適法であるとした事例
2007年2月27日裁決	海外子会社から○○用器具を購入する審査請求人の取引について移転価格税制を適用し，当該取引は利益分割法により算定した独立企業間価格で行われたものとみなされるとしてされた更正処分等は適法であるとした事例
2010年6月28日裁決	ロイヤルティに係る国外関連取引に基本三法と同等の方法を適用することはできず，残余利益分割法を適用して独立企業間価格を算定する方法が相当であるとした事例
2016年2月19日裁決	国外関連者に対する貸付金利息について原処分庁が行った独立企業間価格の算定は相当であるとした事例

(http://www.kfs.go.jp/service/MP/12/0212000000.html，アクセス2017年5月21日)

(資料4) 移転価格税制の主要な判例

2005年10月26日	東京地判（確定）	原告の請求棄却（控訴がなく確定）	タイバーツの貸付利子の移転価格*1
2007年4月14日	最高裁 高松高判（平成18年10月13日） 松山地判（平成16年4月14日）	地裁，高裁，最高裁いずれも国側勝訴	今治造船事案
2008年10月30日	東京高判（確定） 東京地判（平成19年12月7日）	移転価格の算定方法が争点（国側敗訴）	アドビ事案
2010年1月27日	大阪高判 大阪地裁（平成20年7月11日）	非関連者との差異調整（控訴棄却で確定）	電気部品製造事案
2014年6月26日	最高裁（決定） 東京高判（平成25年3月14日） 東京地判（平成23年12月1日）	推定課税が要件を満たしているとされた事案	原告（エスコ社）がパチスロ用モーターの取引価格の推定課税

| 2015年5月13日 | 東京高判（確定）東京地判（平成26年8月28日） | 東京高裁が国側の控訴棄却の判決，国側が上告を断念し，ホンダの勝訴が確定 | ブラジル関連事案 |

＊1　太田洋・弘中聡浩・宇野伸太郎「タイバーツ移転価格課税事件東京地裁判決の検討」『国際税務』Vol.30, No.10, 2010年。

（資料5）独立企業間価格の算定方法内訳：平成27事務年度

　国税庁が2016年11月に公表した「平成27事務年度・相互協議処理事案の内訳」では，独立企業間価格の算定方法内訳は次のとおりである。

取引単位営業利益法（TNMM）	87件	57％
利益分割法（PS法）	17件	11％
原価基準法（CP法）	6件	3％
独立価格比準法	5件	3％
その他	37件	24％
合　計	152件	

（資料6）OECD TPガイドラインの沿革

　OECDが移転価格ガイドライン（多国籍企業及び税務当局のための移転価格ガイドライン：Transfer Pricing Guidelines for Multinational Enterprises and Tax Administrations：以下「TPガイドライン」とする。）を制定しているが，このTPガイドラインは日本ばかりではなく世界各国における移転価格税制の執行等において尊重されており，その沿革は次のとおりである。

1979年	OECD, Transfer Pricing and Multinational Enterprises（移転価格に関する最初の報告書）
1984年	OECD, Transfer Pricing and Multinational Enterprises, Three Taxation Issues
1995年	TPガイドライン第1章～第5章公表
1996年	TPガイドライン第6章および第7章公表
1997年	TPガイドライン第8章公表
1999年	TPガイドラインの多国間事前確認（MAP・APAs）の改訂

2010年	TPガイドライン第1章～第3章改訂版 TPガイドライン第9章（事業再編に係る移転価格の問題点）
2014年	2013年7月に公表された無形資産に関する改訂公開草案（第6章）が公表されたが，これはBEPS行動計画8の検討項目であり，2014年9月に修正案が公表されている。
同上	BEPS行動計画13において，移転価格文書化が推進されたことでTPガイドライン第5章「移転価格文書化」の改訂が予定されている。
2015年2月	移転価格文書化の実施ガイダンスが公表された。
同年6月	BEPS行動計画13（移転価格文書化）国別報告書の実施パッケージが公表された。
同年6月	BEPS行動計画8により，TPガイドライン第6章の改訂案

（資料7） 国税庁は2017年6月に次の資料を公表した。

移転価格ガイドブック～自発的な税務コンプライアンスの維持・向上に向けて～
2017年6月国税庁

　国税庁では，BEPSプロジェクトの進展や，移転価格文書化制度の整備などの移転価格を取り巻く環境変化の下，移転価格税制に関する納税者の自発的な税務コンプライアンスを高めることを目指し，事務運営（取組方針，具体的な施策）を見直すとともに，納税者の予測可能性や行政の透明性を向上させるため，平成29（2017）年6月，「移転価格ガイドブック～自発的な税務コンプライアンスの維持・向上に向けて～」を公表しました。
　① 「移転価格ガイドブック～自発的な税務コンプライアンスの維持・向上に向けて～」の概要
　② 「移転価格ガイドブック～自発的な税務コンプライアンスの維持・向上に向けて～」
　　「Ⅰ　移転価格に関する国税庁の取組方針～移転価格文書化制度の整備を踏まえた今後の方針と取組～」
　　「Ⅱ　移転価格税制の適用におけるポイント～移転価格税制の実務において検討等を行う項目～」
　　「Ⅲ　同時文書化対応ガイド～ローカルファイルの作成サンプル～」

今後の国際課税の動向

1 BEPS行動計画の進展

　多国籍企業等の租税回避を防止するためにOECDが主導しているBEPS行動計画（Action Plan on Base Erosion and Profit Shifting）が2013年7月に公表され，各国の関係団体等の意見を踏まえて，2015年10月5日にBEPS行動計画に示された15の課題に関するBEPS最終報告書が公表されている。

　BEPSプログラム導入の経緯は，OECDが，1998年当時から行ってきたタックス・ヘイブンの情報開示と先進諸国における租税優遇措置の廃止を目的とした有害な税競争防止の活動に端を発し，2012年6月に，第7回G20メキシコ・ロスカボス・サミット首脳会合宣言において，租税分野では，情報交換の強化，多国間執行共助条約署名への奨励とともに，多国籍企業による租税回避を防止する必要性が再確認され，OECD租税委員会は，BEPSプロジェクトを開始したのである。

　この背景には，IT企業，コーヒー販売企業等による行き過ぎた租税回避が行われたこともOECDの活動をバックアップする原因となったのである。そして，2015年秋のBEPS最終報告後の2016年4月にタックス・ヘイブンを利用した取引等に関する，いわゆる「パナマ文書」の存在が報道されたことで，BEPS勧告の国内法導入を促進したのである。

　さらに，外国銀行にある米国人口座を米国課税当局に報告することを要請したFATCA（外国口座税務コンプライアンス法：Foreign Account Tax Compliance

Act）が米国の国内法として2010年3月に成立して、スイスをはじめとして世界各国がこの法律に従って、米国に対して金融情報を開示したことを契機として、OECDによる「金融口座情報の自動交換制度」に各国が参加し、日本も、2015年度税制改正において国内法を整備して2018年度からこの制度を施行することになっている。

2　BEPS以降の日本の国内法等の改正

BEPS行動の意義は、①二重非課税の防止と、②価値創造の場での課税、である。このような観点から、所得源泉地における課税等を国際課税原則として再構築すること、政府あるいは企業等が情報開示をすることによる透明性の向上をはかること、そして国際間における効率的な紛争解決メカニズムの構築等による法的安定がBEPSの目指す目標となった。

日本は、BEPSの勧告により順次国の改正を次のように行っている。

(1)　2015年度税制改正

日本は、2015年度税制改正において、BEPS行動計画15の課題のうち次の2つについて対応している。

① BEPS行動計画1の「電子経済の発展への対応」として、国境を越えた役務の提供に対する消費税の課税の見直しを行った。

② BEPS行動計画2の「ハイブリッド・ミスマッチ」として、外国子会社配当益金不算入制度の適正化を図った。

(2)　2016年度税制改正

2016年度税制改正における対応は、次の①であるが、それ以外に、日本が締結している租税条約には、BEPS行動計画における勧告が影響を及ぼしている。

① 2016年度税制改正では、BEPS行動計画13の「多国籍企業情報の報告制度」として、移転価格税制に係る文書化に係る改正が行われた。

② 2016年以降に署名した日本・チリ租税条約等において、BEPS行動計画

6「条約濫用の防止」と7の「人為的なPE認定回避」に係る勧告が反映されている。

(3) 2017年度税制改正

2017年度の税制改正では，次の3つの改正が検討され，①が改正された。
① BEPS行動計画3の「外国子会社合算税制の強化」の勧告に従って，外国子会社合算税制の改正が行われた。
② BEPS行動計画4の「利子制限控除」の勧告に従って，過大支払利子税制の改正が検討された。
③ BEPS行動計画12の「タックス・プランニングの義務的開示」の勧告により義務的開示制度（Mandatory Disclosure Rules）が検討された。

(4) 2018年度税制改正

この年度では，外国子会社合算税制の大幅な見直しが行われた。

3 政府税制調査会等の検討

2016年10月25日に財務省から政府税制調査会の財務省説明資料（国際課税）（以下「税調資料」という。）と，同日，国税庁から今後の国際的租税回避等への対応を執行面から強化に関する「国際戦略トータルプラン―国際課税の取組の現状と今後の方向―」（以下「国税庁資料」という。）が公表された。

この税調資料には，①外国子会社合算税制について，②義務的開示制度について，の2項目の説明がある。前者は，OECDのBEPS行動計画3の「CFC税制強化」と関連したものであり，後者は，会計士あるいは税理士等のプロモーターおよび利用者が租税回避スキームを税務当局に報告する制度である義務的開示制度（Mandatory Disclosure Rules：以下「MDR」という。）に関するものである。

MDRの先例となる英国の場合，租税回避スキームに関して関与するプロモーターに報告義務を課したDOTAS（Disclosure of Tax Avoidance Schemes）は，

2004年財政法（Finance Act 2004）第7款（Part 7）の第306条から第317条に規定されて，2004年8月1日以降適用となった。また，付加価値税については，同じく2004年財政法第2款第19条およびシェジュール2に開示義務を規定している。英国は，DOTAS導入後約10年を経た2013年に一般否認規定（General Anti-Abuse Rule：以下「GAAR」という。）を導入しているが，DOTASは，租税回避防止の対策として，GAAR導入を沈静化するものであった。

税調資料は，各国のGAARとMDRに関する比較表を掲載している。今後のことであるが，英国の例をベースにすれば，日本が今後MDRを導入し，MDRにより租税回避スキーム対策が十分ではないと判断されるとGAAR導入ということも想定されるシナリオである。

本章は，多国籍企業の租税回避スキームによる税収ロス対策に熱心なEUの動向とその動向による今後の日本への影響を検討する。

4　2つのEUの一般否認規定

上述したBEPSとEUにおける租税回避防止の動きは，互いに密接に関連している部分と独自の対策を講じている部分がある。

EUには，2つのGAARがあるが，その説明をする場合，そもそもGAARとは何かということについて，GAARと他の類似する概念との位置づけが必要となる。

租税法上の否認規定としては，個別否認規定とGAARがある。日本では，GAARのことを「包括的否認規定」あるいは「一般的租税回避否認の法理」等という名称を付して論じているが，日本の場合，個別否認規定とやや包括的否認規定といわれている同族会社の行為計算否認等があり，GAARは規定されていない。

GAARは，広く多くの税目における租税回避否認として機能できること，個別否認規定等では否認できない租税回避スキームに対して有効な手段となること等がその特徴であり，具体的な要件としては，税負担の軽減のみを目的とするもの，あるいは，立法府の意図しない税法の利用による税負担の軽減，若し

くは，経済的実体の伴わない取引等を要件とするもので，GAARを立法した国によりその要件が異なるものである。

本節の見出しである2つのEU・GAARであるが，1つは，EU親子会社間指令（EU Parent Subsidiary Directive：以下「PSD」という。）に係るGAARであり，2つ目は2016年1月28日に欧州委員会が提案した租税回避対策パッケージ（以下「パッケージ」という。）におけるGAARである。この2つのGAARの意義が異なることと，時間的に，PSDの後にパッケージとなった経緯がGAARのどのように影響を及ぼしたのかを分析する必要がある。

5　PSD・GAAR

(1)　PSD・GAARの動向

EUにおけるPSD等の動向は，次のとおりである。なお，PSDは，EU加盟国間における親子間配当等の源泉徴収課税を免除するというものである。

1975年	親子会社間指令提案（COM（75）392）
1990年	・合併等に係る指令（90/434/EEC） ・親子間指令（90/435/EEC） ・仲裁条約（90/436/EEC）
2011年11月30日	・親子間指令（90/435/EEC）の改正指令（2011/96/EU）
2013年11月25日	欧州委員会は，2011/96/EUを改正する提案を行った。
2014年12月9日	EU理事会はPSDにGAARを導入することを採択した。
2015年1月27日	Council Directive（EU）2015/121 of 27 January 2015：EU理事会は正式にPSDに規定のある強制力あるGAAP採用を正式決定した（2015年12月末が国内法改正の期限）。

(2)　PSD・GAARの意義

PSD・GAARは，経済的実体がないにもかかわらず，租税上の便益を得ることのみを目的とする仕組み取引（arrangement）に対して，PSDの特典を認め

ないというものであり，具体的な指令案（2011/96/EU）に示されたGAARの規定は次のとおりである。

> **指令案第１条**
> **第２項**：租税上の特典を得ることを主たる目的あるいは主たる目的の１つとして，この指令の目的等を無にするもので，総合的に勘案して真正でない仕組み取引に対して加盟国はこの指令にある便益を与えてはならない。
> **第３項**：第２項の適用上，仕組み取引は，経済的実体を反映する適切な商業上の理由を実現させることがない範囲において真正ではないとみなされる。

この上記の規定は，GAARのエッセンスというべき内容で，具体的な条文の規定例を表示していない。これは，EUが各国の個別事情を考慮して，最小限度必要な内容を規定したものであり，加盟国が国内法においてより厳格な規定を置くことを妨げる内容ではない。

このPSD・GAARの特徴としては，次のような事項を指摘することができる。
① PSD・GAARは，PSDという限定された範囲における指令の特典享受を制限する内容であることから，租税条約に規定のある特典制限条項（Limitation on Benefits：LOB）に近い機能を有するといえよう。
② PSD・GAARの動向の後にパッケージが提案されることになるが，加盟国にとっては，２度目のGAARということになり，受ける衝撃度が緩和されていることになろう。
③ 国内法における非居住者に対する源泉徴収税率が０である国は，PSD・GAARの導入の影響は少ないことになろう[1]。

6 パッケージ

(1) パッケージの動向

EUにおけるパッケージ動向は，次のとおりである。

第9章　今後の国際課税の動向　253

2015年6月	欧州委員会「法人課税に関する行動計画」公表
2015年10月5日	BEPS　Final Reportsが公表される。
2016年1月28日	欧州委員会：proposed anti-tax avoidance package 欧州委員会：Press release （パッケージ） ・租税回避対策指令（Anti-Tax Avoidance Directive） ・租税条約の濫用防止に関する勧告（Recommendation on Tax Treaties）→BEPS行動計画6（PPT），7（PE認定） ・加盟国間でEU域内の多国籍企業の税金情報の共有（Administrative Cooperation Directive）→欧州委員会は，全世界での年間売上高が7億5,000万ユーロを超える多国籍企業にEU加盟国ごとの納税額や財務状況などの開示を義務付けることを欧州議会に提案した。日本の経団連は欧州委の提案に反対（2016年4月）。 ・税に関するガバナンスを国際的に向上させる行動（External Strategy for Effective Taxation）→EU企業に公平な競争環境を与えるために域外各国にガバナンス向上と租税回避対策を促すもの。
2016年7月12日	租税回避対策指令（Anti-Tax Avoidance Directive）がEU理事会で採択 ①　利子損金算入制限ルール（Interest limitation rules） ②　出国課税ルール（Exit taxation rules） ③　GAAR（General anti-abuse rule） ④　外国子会社合算税制（CFC：Controlled foreign company rules） ⑤　ハイブリッド・ミスマッチ（Rules on hybrid mismatches） （注1）　2016年1月に提案された，国外所得免税から外国税額控除へのSwitch-over-clauseは削除された。 （注2）　上記②，③はBEPS行動計画に含まれていない。
2018年12月31日	上記②を除く租税回避対策指令の国内法整備の期限
2019年12月31日	②の国内法整備期限

(2)　EUの共通連結法人課税ベース（Common Consolidated Corporate Tax Base：CCCTB）等の動向

パッケージと並行して，EUは法人税の域内統合に向けて長い間取り組んでいる。その動向は次のとおりである。

1957年3月25日	ローマ条約調印（ベルギー，フランス，イタリア，ルクセンブルク，オランダ，西ドイツ（当時）の6か国が調印）：この条約は，欧州経済共同体設立条約（EEC）と欧州原子力共同体条約という内容である。
1963年	「ノイマルク報告」（加盟国の法人税制の共通化）"Neumark Report" EEC Report on Tax Harmonisation, Amsterdam 1963
1970年	「ヴァンデン・テンプル報告」（加盟国の税制の共通化）（Vanden Tempel, A.J., Corporation Tax and Individual Income Tax in the European Communities, 14138/XIV/69-D）
1991年	国境を越えた損失控除に関する指令案（the Cross-Border Loss Relief Directive）
1992年3月	「ルディング（Ruding Committee）報告」（個人所得税の域内統一，法人税率の30％程度で調整）
1996年以降	OECD：有害な税競争
1999年1月1日	単一通貨ユーロ導入
2010年3月18日	米国で外国口座税務コンプライアンス法（FATCA：Foreign Account Tax Compliance Act)」が成立，2013年1月施行。
2011年3月16日	CCCTB指令案（European Commission 2011a）
2012年後半	英国等において，多国籍企業の租税回避問題が生じていることが報道された。
2015年6月17日	・A Fair and Efficient Corporate Tax System in the European Union：5 Key areas for Action.COM（2015）302final ・Questions and Answers on the CCCTB re-launch.
2016年10月25日	欧州委員会，CCCTB再提案

　このEUの動向は，加盟国が独自に制定している法人税法等を域内で標準化することは，コンプライアンスコストの減少等のメリットがあることから，①1963年の「ノイマルク報告」②1970年の「ヴァンデン・テンプル報告」，③1992年の「ルディング報告」，と検討を重ねてきたが，いずれも成案とはならなかった。

　そして，2011年のCCCTB指令案（以下「旧案」という。）から，域内法人の課税ルールを共通化した上で連結所得計算を行い，その連結所得を一定のフォーミュラに基づいて関係法人に分配して，それぞれの所在地国が自国の法人税率を適用する案が欧州委員会から提案されている。旧案は，一部の加盟国

の反対もあり，その後検討を加えて内容を改めたので，2016年再提案（以下「新案」という。）である[2]。

旧案では任意としていた連結計算について，新案は，年間総収入7億5千万ユーロを超える大規模企業グループには強制適用としている。また，新案は，導入に際して，第1段階では，課税ルールの共通化，第2段階では，連結所得計算という2段階の導入を提唱している。

今後の見通しとしては，2019年に新案の第1段階，2021年までに第2段階の導入という予定のようであるが，旧案導入に反対した英国がEUを離脱する等，旧案と新案では，その状況が変化していることから，新案は，実現可能性という点では旧案よりも高いといえようが，第2段階の実施については，より議論を深める必要が生じることも想定できるのである。

(3) EU利子所得指令

EU域内における租税回避防止の活動の先例としては，EU利子所得指令がある。

EUは，域内における利子所得に係る租税回避を防止するために，2003年6月にEU利子所得指令を理事会において採択している（2014年3月24日修正案採択）。

このEU利子所得指令は，個人がその居住地国の金融機関に預金をせず，他の加盟国の金融機関に預金をしてその利子所得を申告しないという事態が急増したために設けられた施策である。この指令では，他の加盟国の居住者の利子所得等の情報をその者の居住地国に通知するというものである。この指令は，租税回避防止が目的であるが，域内の利子所得情報の開示という内容である。

7 租税回避対策指令（Anti-Tax Avoidance Directive）

租税回避対策指令（以下「対策指令」という。）は，パッケージの主要部分をなすものであり，2016年7月12日のEU理事会で採択済みである。

対策指令の内容は，次のとおりである。

① 「利子損金算入制限」（BEPS行動計画４）
② 「出国課税ルール」[3]
③ 「GAAR」
④ 「外国子会社合算税制（CFC）」（BEPS行動計画３）
⑤ 「ハイブリッド・ミスマッチ」（BEPS行動計画２）

　ここにおける検討すべき事項は，BEPS行動計画にない上記②と③である。さらに，注意すべきは，対策指令について，EU加盟国は，2018年12月31日までに出国課税規定を除く租税回避対策指令を国内の法律に置換することを義務付けられており，出国課税ルールについては，2019年12月31日が期限である。すなわち，EU加盟国は，2018年末までに，各国が国内法においてGAARを導入するということである。

　EU加盟国のGAAR導入の状況は，加盟国28か国のうち11か国であるが[4]，親子会社間指令のGAAR（PSD・GAAR）が2015年12月末までに国内法を改正する期限になっていたことから，GAAR導入については，制限的なPSD・GAARがある種の準備的な役割を果たしているとすれば，第１段階としてPSD・GAAR，第２段階としてGAARということになろう。

　対策指令では，GAARは次のように説明されている[5]。

　GAARは，課税上，個別否認規定等により対象とならない濫用的な租税実務を攻撃するという特徴がある。それ故に，特別な否認規定の適用が影響しない税法上の抜け道をふさぐことが目的である。EUにおいてGAARの適用は，すべてが人為的で真正ではない仕組み取引が対象となることから，それ以外の点で，納税義務者はその営利活動において最も税負担の少ない取引等を選択することができる。さらに，GAARはEU内も第三国も同様に国内法として適用になることから，適用になる範囲および成果について国内の場合と国際的な場合とは異ならない。

　要するに，GAARの役割は，個別の租税回避対策に関する規定がない場合に，租税回避に対応することである。

8　日本への影響

(1) CCCTBの影響

　CCCTBの新案（2016年の再提案）が2021年頃に実施されるとき，英国はEUを離脱しており，連結所得の最大のメリットである連結グループ内における黒字と赤字の通算から英国法人は，切り離されることになる。また，各国の税率の均一化は行わないことから，EU加盟国における所得分配をどう工夫するのかという問題が生じる。

(2) 租税条約の関連

　2016年に署名された日独新租税協定第21条には，LOBの規定と同条第9項に次のような規定がある。

9　この協定の規定は，租税回避または脱税を防止するための一方の締約国の法令の規定の適用をいかなる態様においても制限するものと解してはならない。ただし，これらの規定がこの協定の目的に適合する場合に限る。

　そして，同協定議定書7には次のような規定がある。

7　協定第21条9の規定に関し，租税回避または脱税を防止するための一方の締約国の法令の規定には，次のものを含むことが了解される。
(a)　日本国については，日本国の租税特別措置法（昭和32年法律第26号）第2章第4節の2並びに第3章第7節の4及び第24節
(b)　ドイツ連邦共和国については，ドイツ連邦共和国の国際租税関連法第4編，第5編及び第7編，租税法第42条並びに所得税法第50d条3

　この議定書7にある「租税法第42条」は，ドイツにおける濫用防止規定として有名な租税通則法第42条（AO42）である。
　EU加盟国28か国のうち，2016年11月現在で，日本と租税条約を締結してい

ない国または租税条約の署名は済んでいるが発効していない国は，8か国である。

①エストニア（条約交渉開始），②キプロス，③ギリシャ，④クロアチア，⑤スロベニア（2016年9月に条約署名），⑥マルタ，⑦ラトビア（条約実質合意），⑧リトアニア，がこの8か国である。これらの国を含めて，EU加盟国すべてが国内法としてGAARを規定した場合，上記の日独新租税協定と同様の事態になる。

予測できることは，次のとおりである。
① 日本居住者（仮にAとする。）が，租税条約を締結しているEU加盟国（仮にX国とする。）において所得が生じた場合，その国のGAARが場合によると同居住者に適用となる。
② X国の居住者（仮にBとする。）が日本に投資をして所得を得た場合，Aと同様の租税回避をしたとしても，日本にはGAARがないことから，同じ課税状況にはならないのである。

このような両国間における課税上の不均衡は，不動産化体株式の譲渡益課税について，日米間で過去に存在したこともあり（日本では免税，米国では課税），別に問題となるものではなく，また，日独新協定の条文では，「これらの規定がこの協定の目的に適合する場合に限る。」としていることから[6]，その適用範囲は限定的といえるが，そうでない場合，EU域内における日本企業の活動により生じる所得については，日本側が不利な状態になる可能性もあり，今後の検討が必要になろう。

9 義務的開示制度が注目を集めた背景

(1) BEPS行動計画

OECDのBEPS行動計画12に「義務的開示制度に関する勧告」があり，「平成29年度税制改正大綱」では，行動計画3の「CFC税制（外国子会社合算税制）の強化」が抜本的改正事項となり，義務的開示制度と無形資産に係る移転価格

税制の検討等は,今後の検討課題となった。

(2) BEPS行動計画への対応

BEPS行動計画15項目は,日本の国内法改正で対応するもの,すでに対応済みのもの,今後検討を要するものに分けることができるが,税理士あるいは企業の実務担当者の現在の状況から,主として国際税務関連事項であるBEPS行動計画と距離のある者,あるいは問題に直面している者ということで,それぞれの立ち位置により,BEPS行動計画との距離感に差があるように思われる。そうした中で,ほとんど国際税務とのかかわりがない税理士業の者にとって,義務的開示制度は自らの業務に最も近い項目であり,税負担の軽減策をアドバイスした税理士にMDR(義務的開示制度)が適用されるのか,という点が第1の関心事項である。

10　MDRの概要と問題点

(1) MDRの意義

前出の政府税調の会議資料によれば,MDRは,会計士や税理士等のプロモーターおよび利用者が所定の租税回避スキームを課税当局に報告する制度で,米国,英国,カナダ,アイルランド,イスラエル,韓国,ポルトガル,南アフリカではこの制度が導入されている。BEPS行動計画12は,これらの導入済みの各国の制度を分析して勧告を行っている[7]。

(2) 問題点

問題点を考える場合には,MDR自体の内容,例えば,会計士や税理士等のプロモーターおよび利用者の開示義務の範囲等(誰が,何を,開示する範囲がグロスボーダーに限定するのか等)は問題になることは当然といえるが,MDRについては,その導入で問題が解消されるのではなく,今後追加の施策が必要であるということを認識して検討する必要がある。

2016年8月17日，英国のBBC等によれば，英国政府は，租税回避に対して助言等をした会計士，アドバイザー等に軽減された税額の最大100％の罰金を科すことを発表した。これは，上述のMDRから派生する問題点であり，焦点が，プロモーターに科される罰金問題に移る局面となっている。

　また，MDRとは異なる領域の問題であるが，英国は，2015年財政法により，多国籍企業の租税回避を防止することを目的として迂回利益税（Diverted Profits Tax：以下「DPT」という。）を導入して2015年4月1日から税率25％をこの迂回利益に課している。

　オーストラリアはこの英国のDPTの影響を受けて，多国籍企業租税回避防止法（The Multinational Anti-Avoidance Law）が，2015年5月に当初案として示され，罰則規定は2015年8月に加えられ，2015年9月16日に法案として議会に提出されて2015年12月11日に成立し，2016年1月以降所定のスキームに対して適用が開始されている。また，多国籍企業租税回避防止法でもカバーできない事態が想定されることから，その対策として，英国と同様のDPTが創設されている。

　このような状況下において上述のように，英国において租税回避への新たな制裁措置が公表されたのであるが，日本においてもMDR導入時には，タックス・プランニングが専門家から開示された場合，それを否認するためのGAARが必要といわれている。日本は，GAARをMDRと同時に導入するか否かは不透明であるが，英国では，MDR導入➡GAAR導入➡租税回避の制裁強化，という道筋をすでに経験しており，わが国も同様のプロセスを今後経験するのかという意味では，英国における動向は，決して他国のものとして等閑視できるものではない。

11　BEPS行動計画12の概要

(1)　概　要

　日本は，今後，BEPS行動計画12の勧告（以下「勧告」という。）を踏まえて，

MDR導入の可否を検討することになることから，BEPS行動計画12に記述されたMDRの概要を知る必要がある。

MDRの目的は，透明性の向上と，スキームが公表されることでそれに加入することが納税義務者への抑止力になることと，プロモーターおよび利用者が，租税回避スキームを実行することをためらうことから租税回避市場に圧力をかけることである。

勧告では，MDRは，過度の租税計画（aggressive tax planning strategies）に関する包括的で適切な情報に早期にアクセスして，提供を受けた情報のリスク評価，税務調査，法令の改正等によりこれらに早期に対応するためである，としている。そして，勧告は，モジュラー方式（modular framework）という新規に導入する国が独自にその方式を選択できることを認めている。また，勧告は，各国が守るべき最低限の基準を示したものではなく，MDR導入の可否は各国の自由な判断である，としている。

(2) 開示義務者

開示義務者は，オプションA（米国・カナダの例）としてプロモーターおよび納税義務者が個々に開示義務を負う方式と，オプションB（英国・南アの例）としてプロモーターまたは納税義務者のいずれかであるが，一義的にはプロモーターが責任を負う方式を掲げている。

このオプションBの納税義務者が開示の義務を負う場合は，英国，南ア，アイルランド，ポルトガルにある例であるが，①プロモーターが海外にいる場合，②プロモーターが不存在の場合，③プロモーターが法的な職業上の守秘義務を主張する場合，である。

(3) プロモーターまたはアドバイザーの定義

プロモーターは，租税回避スキームの設計，販売，組織化そして管理に関与する者である（英国，アイルランドの例）。また，重要なアドバイザー（material advisor）については，米国の場合，金額基準が設けられている。

(4) 報告対象の範囲を特定化する方法

勧告のオプションBにあるマルチ・ステップあるいは閾値(いきち)アプローチは，英国，アイルランド，カナダ，ポルトガルが採用している方式で，金額等の基準を設けること，基準で開示する取引を特定するものである。

(5) 開示対象取引に関する基準

イ 一般基準（Generic hallmarks）

この基準には，①顧客に守秘義務を課したもの，②税務上の便益に連動して成功報酬が払われるもの，が含まれる。

ロ 特定基準

この基準は，導入している国により次のように異なるものとなる。
① 損失を利用するスキーム（米国，英国，カナダ，アイルランド，ポルトガル）
② リース取引（英国）
③ 雇用者便益スキーム（アイルランド）
④ 所得変換スキーム（アイルランド，ポルトガル）
⑤ 軽課税国所在の事業体を利用するスキーム（ポルトガル）
⑥ ハイブリッド事業体を利用した仕組取引（南ア）
⑦ 税務と会計の多額の差異を利用した取引（米国）
⑧ 指定取引（米国）
⑨ 課税当局が注目する取引（米国）

(6) 開示の時期

イ プロモーターが開示する場合

勧告はスキームが利用可能になった時点で開示としているが，それ以外に，実施することもある。

□ 納税義務者が開示する場合

勧告による実施の時期であるが，納税義務者のみが開示義務者の場合，課税当局がスキームに速やかに行動できるように短期間とすべきであるとしている。

(7) スキームの利用者の特定

開示義務者がプロモーターの場合は，スキーム参照番号と顧客リストの双方，あるいは顧客リスト，開示義務者が納税義務者である場合は，スキーム参照番号である。

(8) 義務の遵守と不遵守

MDRによる取引の開示は，課税当局から取引の正当性あるいは租税回避規定の適用の回避を保証するものではない（米国，英国，アイルランド，カナダの例）。また，不遵守とは，スキームの不開示，顧客リストの不提供およびスキーム番号の不提供等の場合であり，金銭的な罰則が科されることになる。

(9) 開示すべき情報

開示すべき情報は，①プロモーターとユーザーに関する情報，②スキームを開示とする法令の詳細，③仕組取引およびその名称の詳細，④税務上の利益の根拠規定，⑤税務上の便益の詳細，⑥顧客のリスト（プロモーターのみ），⑦予測される税務上の便益の金額，である。

(10) 国際的租税スキーム

国際的租税スキームの開示のための設計へのアプローチとしては，①閾値テストは不要，②国際課税を照合するための新しい基準の設定，③仕組取引に対する広義の定義，④負担を考慮した開示の制限等，である。

12　英国におけるMDR導入後の動向

英国よりも，米国はタックスシェルター対策として，1984年にMDRを導入

しているが，前述の10(2)で述べた100％罰金に関連して，以下は英国の動向を中心に述べる。

(1) GAAR導入

英国には，租税回避防止策として，司法領域において発展してきた公理（Judicial doctrine）としてラムゼイ事案貴族院判決により確立したラムゼイ原則（Ramsay principle）があるが，これは，取引が一定の要件を充足した場合に税務上の便益を否認するというものである。また，特定取引に対する個別的防止対策（Specific anti-avoidance provisions）および取引の主目的または主な目的の1つが税制上の便益を獲得するものである場合に適用される特定租税回避防止規定（Targeted anti-avoidance rules）がある。2004年財政法Part 7 には租税回避スキーム開示のDOTAS（Disclosure of Tax Avoidance Schemes）制度が創設された。

上記のような司法上および制定法上に租税回避防止策はあるが，2010年に誕生した連立政権はその連立合意の中に租税回避対策に取り組むことを盛り込み，アーロンソン勅撰弁護士を中心とした研究会が発足した。そして，2011年11月に研究報告（GAAR STUDY）が公表され，2012年に議会によるGAAR規定の原案が立案された。その後に修正を経て，2013年3月財政法案が提出され，同年7月に女王の裁可が下されたことにより2013年財政法（第5款およびシェジュール43）にGAARが規定されたのである。

(2) DOTASの概要

この制度は，届出すべき租税回避に関与した者が当該租税回避のスキームについての情報を課税当局に提供するというものであるが，この情報提供を怠ると罰則が適用となる。課税当局は，この制度の適用により，租税回避スキームに関する情報とプロモーターを通じてその利用者を素早く知ることにより，この情報収集により，租税回避スキームに対する早期の警告とその利用者の把握をすることができるようになった。

課税当局に対して届出を要することになる要件は，次のとおりである。

① 仕組み取引あるいは仕組み取引に関する計画の存在

②　税務上の便益を提供するスキームの存在
③　税務上の便益の取得が主たる便益の1つであることが期待されている場合
④　当該スキームが9つある基準（導入時は8つ）の1つに該当する場合

　課税当局は，プロモーターにスキームの参照番号（Scheme Reference Number：SRN）を付与し，プロモーターは，SRNをその顧客に知らせなければならない。当該顧客は，SRNを申告書に記載することになる。なお，このSRNの交付は，課税当局がこのスキームの適正性を認めたことではない。また，罰則としては，課税当局に届出を怠った場合，1日当たり600ポンドを科されることになる。なお，2007年財政法により，無届の場合，日額の罰金の上限が5,000ポンドに改正されている。そして，プロモーターの報酬よりも罰金額が低い場合，最高上限額が100万ポンドとなっている。

(3)　POTASの概要

　POTAS（Promoters of Tax Avoidance Schemes）を2014年に導入した目的は，DOTASでは捕捉できなかった注意を要するプロモーターの行動を監視することで，租税回避スキームの使用を抑制することである。

(4)　租税回避対策強化策案

　英国では，2004年のDOTAS導入，2013年のGAAR導入，そして2014年のPOTAS導入という租税回避対策を積み重ねてきたが，まだ，規制を要する租税回避を行う者が存在してその対策が必要となったのである。

　日本は，現在，英国の2004年DOTAS導入以前の状態にある。英国では，MDR導入後も，GAAR導入と租税回避対策強化策というMDR導入では解決しない問題への対応のため，追加的な対策として，それまでの対策では適用から漏れる継続的租税回避利用者およびプロモーター（high risk promoters）への罰則等が検討され，2015年1月，2015年12月，そして2016年8月と強化策案（Strengthening Tax Avoidance Sanctions and Deterrents：A discussion document：以下「第3文書」という。）が公表され，第3文書に前述の100％罰金が述べられているのである。

第 3 文書における焦点は，課税当局に否認された租税回避の関与者（enablers）の範囲が広範であることである。関与者には，租税回避を企画，促進，販売する者はもちろん，租税回避仕組み取引を実行する最終使用者から便益を得ている租税回避の提供関与者（anyone in supply chain）も含むことになる。例えば，当該租税回避スキームに助言，助力をする者，当該仕組み取引の販売に関連して手数料を得ている独立した財務アドバイザー，会計士等で，かつ，会社設立業者，銀行家，信託受託者，会計士，法律家等で，租税回避実行の関係者等である者等が含まれている。以上の者について，最大限100％の罰金が科されることになる。この範囲拡大が実務へのインパクトとなっている。

　また，オーストラリアはこの英国のDPTの影響を受けて，多国籍企業租税回避防止法（The Multinational Anti-Avoidance Law）が，2015年 5 月に当初案として示され，罰則規定は2015年 8 月に加えられ，2015年 9 月16日に法案として議会に提出されて2015年12月11日に成立し，2016年 1 月以降所定のスキームに対して適用が開始されている。また，多国籍企業租税回避防止法でもカバーできない事態が想定されることから，その対策として，英国と同様のDPTが創設されている。

13　日本へのMDR導入の問題点

　2019年以降の税制改正の項目となろうが，MDR導入は，それ自体の内容（誰が，何を，どこまで開示する義務が生じるのか）ばかりでなく，MDR導入とともに，一般否認規定（GAAR）導入がペアとなる可能性がある。2017年度税制改正においてMDR導入を先送りした理由には，GAAR導入の検討が十分でなかったこともその原因ではないかと推察する。

　さらに，MDR導入➡GAAR導入，と制度が整備されたとしても，これらの網をかいくぐって租税回避を行う者がいるというのが英国における事態である。

　結論として，2018年度以降，MDR導入については，それ自体の検討ばかりではなく，これらの制度の抜け道を利用してその適用を逃れ，租税回避を計測する者にまで範囲を広げて制度設計をする必要がある。

また，会計士および税理士は，MDRの開示の範囲と責任に関して関心が集中するものと思われるが，「やりすぎ」あるいは「意図的」な租税回避のプランニングでなければ，通常のビジネスにおけるタックス・プランニングまで開示を求められる制度でないことから，BEPS勧告の趣旨は生かされるものと期待するが，英国の租税回避対策強化策案まで制度化されるかどうかは現在のところ不透明である。

◆注
1　加盟各国のPSD・GAARの影響については，EY, "GAAR rising"（2015）が加盟国別に分析をしている。(http://www.ey.com/Publication/vwLUAssets/ey-a-new-gaar-for-europe-parent-subsidiary-directive/$FILE/ey-a-new-gaar-for-europe-parent-subsidiary-directive.pdf#search＝'GAAR+rising+％２CE％26Y'（アクセス：2016年11月9日））
2　CCCTBに関するEUの文書は，次のとおりである。
　①　Proposal for a COUNCIL DIRECTIVE on a Common Consolidated Corporate Tax Base（CCCTB），COM（2011）121 final.
　②　Proposal for a COUNCIL DIRECTIVE on a Common Consolidated Corporate Tax Base（CCCTB），COM（2016）0683 final.
　③　COMMISSION STAFF WORKING DOCUMENT IMPACT ASSESSMENT Accompanying the document Proposals for a COUNCIL DIRECTIVE on a Common Corporate Tax Base and a Common Consolidated Corporate Tax Base（CCCTB），SWD（2016）0341 final.
3　出国課税規定（Exit taxation rules）は，知的財産，特許等の資産について，EU加盟国から，無税あるいは低税率の国に移転させる企業の場合，企業の貸借対照表の情報を基に，その未分配の利益剰余金に対し課税しなければならないとしている。
4　矢内一好『一般否認規定と租税回避判例の各国比較―GAARパッケージの視点からの分析』財経詳報社，2015年。
5　用語上の相違であるが，租税回避対策指令は，Anti-Tax Avoidance Directiveとして Avoidanceを使用しているが，GAARは，General anti-abuse ruleとして，abuseを使用している。英語による表記であることから，英国におけるGAARと同じくabuseを使用したように思われる。
6　一般的に，租税条約に明文の規定がない場合，課税する国の国内法が適用になることから，逆に言えば，租税条約において限定を付すことが必要かもしれない。
7　OECD, Mandatory Disclosure Rules, Action 12 - 2015 Final Report.

(資料) EU年表

年号等	出来事
1957年3月25日	ローマ条約調印(ベルギー,フランス,イタリア,ルクセンブルク,オランダ,西ドイツ(当時)の6か国が調印):この条約は,欧州経済共同体設立条約(EEC)と欧州原子力共同体条約という内容である。
1963年	「ノイマルク報告」(加盟国の税制の共通化)"Neumark Report" EEC Report on Tax Harmonisation, Amsterdam1963
1967年	共通付加価値税第1次指令,1973年第6次指令で課税標準等の統一 Commission of the European Communities, Programme for the harmonization of direct taxes.
1970年	「ヴァンデン・テンプル報告」(加盟国の税制の共通化)(Vanden Temple, A.J., Corporation Tax and Individual Income Tax in the European Communities, 14138/XIV/69-D)
1975年	EC委員会「共通法人税制指令案」(75C253/2, OJ1978C184/8)
	親子会社間指令提案:Commission of the European Communities, Proposal for a Council Directive concerning the harmonization of systems of company taxation and of withholding taxes on dividends, COM (75) 392
1990年	合併等に係る指令(90/434/EEC),親子間指令(90/435/EEC).
	仲裁条約(Convention on the elimination of double taxation in connection with the adjustments of profits of associated enterprises:90/436/EEC:EC仲裁条約:1995年1月1日に発効)を採択した。
1992年2月7日	欧州連合(EU)の創設を規定したマーストリヒト条約が調印され,1993年11月1日に発効した。
3月	ルディング報告(個人所得税の域内統一,法人税率の30%程度で調整):Commission of the European Communities, Report of the Committee Independent Experts on company taxation (Ruding Committee)
1996年以降	OECD:有害な税競争
1999年1月1日	単一通貨ユーロ導入
2001年	European Commission, Company Taxation in the Single Market, SEC (2001) 582.

2003年6月	EU利子所得指令理事会採択，2014年3月24日修正案採択
2007年10月22日	European Commission, Summary Record of the meeting of the Common Consolidated Corporate Tax Base working group.
12月13日	リスボン条約署名，2009年12月1日発効
2010年3月18日	米国で外国口座税務コンプライアンス法（FATCA：Foreign Account Tax Compliance Act）」が成立，2013年1月施行。
2011年2月15日	欧州委員会（課税の透明性の向上のための行政協力指令：Council Directive 2011/16/EU of 15 February 2011 on administrative cooperation in the field of taxation and repealing Directive 77/799/EEC)
3月16日	CCCTB指令案：Proposal for a COUNCIL DIRECTIVE on a Common Consolidated Corporate Tax Base (CCCTB) (European Commission 2011a)
2012年4月19日	CCCTB指令案を修正のうえ採択
6月	第7回G20メキシコ・ロスカボス・サミット首脳会合宣言において，租税分野では，情報交換の強化，多国間執行共助条約署名への奨励と共に，多国籍企業による租税回避を防止する必要性が再確認され，OECD租税委員会は，BEPS (Base Erosion and Profit Shifting) プロジェクトを開始した。
2012年後半	英国等において，多国籍企業の租税回避問題が生じていることが報道された。
12月6日	欧州委員会：Commission Recommendation of 6, 12.2012 on aggressive tax planning (IP/12/1325)
2013年7月	OECDは，「BEPS行動計画」（Action Plan on Base Erosion and Profit Shifting) を公表した。
11月25日	欧州委員会：親子会社間指令改正案提案
2014年12月9日	EU理事会：親子会社間指令にGAAR導入採択（2015年12月末までに加盟国は国内法改正）
2015年1月27日	Council Directive (EU) 2015/121 of 27 January 2015
6月17日	・A Fair and Efficient Corporate Tax System in the European Union: 5 Key areas for Action.COM (2015) 302final ・Questions and Answers on the CCCTB re-launch.
10月5日	BEPS Final Reportsが公表される。
2016年1月28日	欧州委員会：proposed anti-tax avoidance package 欧州委員会：Press release
4月	「パナマ文書」が公表される。

6月21日	Fair Taxation：Commission welcomes agreement reached by Member States on new rules to tackle tax avoidance.
6月23日	英国が国民投票の結果，EU離脱が決定した。
10月25日	EC委員会，CCCTB再提案
2017年3月29日	英国がEU離脱を通知

EU加盟国（2016年10月末現在：28か国）

アイルランド	イタリア	英国	エストニア
オランダ	オーストリア★	キプロス	ギリシャ
クロアチア	スウェーデン	スペイン	スロバキア
スロベニア	チェコ	デンマーク★	ドイツ
ハンガリー	フィンランド★	フランス	ブルガリア
ベルギー	ポルトガル	ポーランド	マルタ
ラトビア	リトアニア	ルーマニア★	ルクセンブルク

（注1） チャンネル諸島，マン島は英王室直轄領であり，EUの商品の自由移動はできるが，人の往来や資本の移動，開業の自由はない。チャンネル諸島は付加価値税領域に含まれていないが，マン島は対象である。

（注2） ★は，IFAの資料により検討対象の国に挙げられている。

索　引

━━ 英　数 ━━

1956（昭31）年臨時税制調査会答申	27, 29
BEPS	81
BEPS行動計画と日本の対応	81
BEPSプロジェクト	11
BEPS防止措置実施条約	89
CPM	235
CRS	85
DOTAS	264
EUの一般否認規定	250
EUの共通連結法人課税ベース	253
EU利子所得指令	255
FATCA	84
OECDにおけるモデル租税条約の動向	61
OECDの有害な税競争	179
OECDモデル租税条約	75
OECDモデル租税条約草案前	62
OEECにおけるモデル租税条約	59
PE帰属所得	130
POTAS	265

━━ あ　行 ━━

移転価格税制	211
移転価格税制と租税条約	214
移転価格税制の時代（1980年代）	7
移転価格税制の動向	211
迂回利益税	14
欧米外国人課税	20, 21, 25
大蔵委員会会議録第6号（1957年2月21日（参議院））	29

━━ か　行 ━━

外国子会社合算税制	161
外国子会社配当益金不算入制度導入（2009年度改正）	149, 190
外国人・外国法人に対する課税	100
外国税額控除の概要	133
外国税額控除の適用要件	133
外国投資家課税法	120
外国法人税の定義の明確化	148
外国法人に係る外国税額控除	152
価格から幅（レンジ）への改正	223
合算課税方式の採用の理由	167
合算税制導入の背景	165
合算税制の概要（2017年改正前）	169
帰属主義概念の純化	70, 125
帰属主義導入に係る論点整理	123
帰属主義導入までの議論	125
義務的開示制度	258
共通報告基準（CRS）	79
金融口座情報自動交換制度	84
金融情報自動交換	83
経済活動基準	197
恒久的施設関連規定の見直し	131
控除限度額方式の検討	140
控除限度額方式の変遷	139
高度外国人材	37
コーポレート・インバージョン対策合算税制（2007年度改正）	186
国外からの送金の意義	34
国外源泉所得を取り込む帰属主義	69
国際商業会議所（International Chamber of Commerce：ICC）	60
国内源泉所得	97
国内源泉所得という用語の使用開始	104
国内源泉所得と課税の方法	119
国内払いの意義	33
国連モデル租税条約	76

━━ さ 行 ━━

資産性所得（2010年度改正）…………………… 174
資産性所得合算課税制度（2010年度改正）…… 190
事前確認制度 ………………………………………… 224
シャウプ勧告 ………………………………………… 19
住所，居所，住所が国内にある推定等 ………… 32
所得源泉置換規定 …………………………… 71, 117
所得源泉ルールの帰属主義 ……………………… 68
所得相応性基準 …………………………………… 231
税務行政執行共助条約 …………………………… 76
先進国の移転価格税制 …………………………… 212
相互協議の相互評価（peer review）と監視
　（monitoring） ………………………………… 230
創成期（1960年代から1970年代） ……………… 7
創設時のタックス・ヘイブン対策税制 ………… 161
租税回避対策指令 ………………………………… 255
租税条約における帰属主義 ……………………… 69
租税条約に基づく情報交換 ……………………… 78

━━ た 行 ━━

第2次条約が帰属主義であること ……………… 68
第2次条約と所得源泉の置換規定 ……………… 73
第3次日米租税条約 ……………………………… 74
対インド租税協定 ……………………………… 55, 57
対スウェーデン租税条約 ………………………… 54
対パキスタン租税条約 ………………………… 55, 56
タックス・ヘイブン対策税制 …………………… 161
タックス・ヘイブンの基礎的事項 ……………… 162
タックススペアリング・クレジット …… 65, 134
仲裁 ………………………………………………… 226
通常行われない取引に係る外国法人税 ………… 147
適用除外 …………………………………………… 175

電子商取引出現期（1990年代） ………………… 8
独立企業間価格の算定方法 ……………………… 222
トリガー税率 …………………………………… 171, 197
取引単位営業利益法 ……………………………… 220

━━ な 行 ━━

日英原条約 ………………………………………… 63
日独原条約 ………………………………………… 63
日米原租税条約 …………………………………… 41
日米原租税条約関連事項年表 …………………… 43
日米原租税条約と外国税額控除の導入の関係
　………………………………………………… 137
日米原租税条約の条文構成 ……………………… 44
日米第2次条約 …………………………………… 66

━━ は 行 ━━

非永住者概念の創設 ……………………………… 106
非永住者課税 ……………………………………… 15
非永住者課税撤廃論 ……………………………… 36
非永住者課税の技術的な問題点 ………………… 34
非永住者課税の再評価 …………………………… 38
非永住者課税の背景 ……………………………… 17
非永住者課税の見直し …………………………… 37
非居住者課税 ……………………………………… 97
米英原租税条約 …………………………………… 49
米国におけるインターネット税凍結法 ………… 10
米国の外国税額控除の変遷 ……………………… 134
便宜置籍船の課税問題 …………………………… 165
萌芽期（第2次世界大戦前から1950年代）…… 5

━━ ら 行 ━━

来料加工の課税関係 ……………………………… 193

〈著者紹介〉

矢内　一好（やない　かずよし）

現在　国際課税研究所首席研究員　博士（会計学）（中央大学）
中央大学大学院商学研究科修士課程修了
1975年東京国税局に勤務　1990年退職
1992年以降産能短期大学助教授，日本大学商学部助教授，教授を歴任
2002年以降中央大学商学部教授。税務大学校講師，専修大学大学院商学研究科非常勤講師，慶應義塾大学大学院法学研究科非常勤講師（いずれも2018年3月末退職）。

（著書：単著のみ）
『国際課税と租税条約』ぎょうせい，1992年（第1回租税資料館賞受賞）
『租税条約の論点』中央経済社，1997年（第26回日本公認会計士協会学術賞）
『移転価格税制の理論』中央経済社，1999年
『連結納税制度』中央経済社，2003年
『詳解日米租税条約』中央経済社，2004年
『解説・改正租税条約』財経詳報社，2007年
『Q&A　国際税務の基本問題―最新トピックスの検討』財経詳報社，2008年
『キーワードでわかる国際税務』中央経済社，2009年
『米国税務会計史』中央大学出版部，2011年
『現代米国税務会計史』中央大学出版部，2012年
『改正租税条約のすべて』財経詳報社，2013年
『英国税務会計史』中央大学出版部，2014年
『一般否認規定と租税回避判例の各国比較―GAARパッケージの視点からの分析』財経詳報社，2015年
『コンパクト解説　日本とアジア・大洋州・米州・旧ソ連諸国との租税条約』財経詳報社，2016年
『コンパクト解説　日本とヨーロッパ・中東・アフリカ諸国との租税条約』財経詳報社，2016年
『Q&A　国際税務最新情報』財経詳報社，2017年
『解説　BEPS防止措置実施条約』財経詳報社，2018年
『租税条約はこう変わる！　BEPS条約と企業の国際取引』第一法規，2018年
（論文）
「米国租税条約の研究」「国際連盟におけるモデル租税条約の発展」（平成元年日本税理士会連合会研究奨励賞受賞）
その他共著，論文多数。

日本・国際税務発展史

2018年9月20日　第1版第1刷発行

著者　矢　内　一　好
発行者　山　本　　　継
発行所　㈱中央経済社
発売元　㈱中央経済グループ
　　　　パブリッシング

〒101-0051　東京都千代田区神田神保町1-31-2
電話　03 (3293) 3371 (編集代表)
　　　03 (3293) 3381 (営業代表)
http://www.chuokeizai.co.jp/
印刷／三英印刷㈱
製本／誠製本㈱

ⓒ 2018
Printed in Japan

＊頁の「欠落」や「順序違い」などがありましたらお取り替えいたしますので発売元までご送付ください。(送料小社負担)

ISBN978-4-502-27991-1　C3034

JCOPY〈出版者著作権管理機構委託出版物〉本書を無断で複写複製（コピー）することは，著作権法上の例外を除き，禁じられています。本書をコピーされる場合は事前に出版者著作権管理機構（JCOPY）の許諾を受けてください。
JCOPY〈http://www.jcopy.or.jp　eメール：info@jcopy.or.jp　電話：03-3513-6969〉

●実務・受験に愛用されている読みやすく正確な内容のロングセラー！

定評ある税の法規・通達集シリーズ

所得税法規集
日本税理士会連合会 編
中央経済社

❶所得税法 ❷同施行令・同施行規則・関係告示 ❸租税特別措置法（抄）❹同施行令・同施行規則・同関係告示（抄）❺震災特例法・同施行令・同施行規則（抄）❻復興財源確保法（抄）❼復興特別所得税に関する政令・同省令 ❽災害減免法・同施行令（抄）❾国外送金等調書提出法・同施行令・同施行規則・同関係告示

所得税取扱通達集
日本税理士会連合会 編
中央経済社

❶所得税取扱通達（基本通達／個別通達）❷租税特別措置法関係通達 ❸国外送金等調書提出法関係通達 ❹災害減免法関係通達 ❺震災特例法関係通達 ❻索引

法人税法規集
日本税理士会連合会 編
中央経済社

❶法人税法 ❷同施行令・同施行規則・法人税申告書一覧表 ❸減価償却耐用年数省令 ❹法人税法関係告示 ❺地方法人税法・同施行令・同施行規則 ❻租税特別措置法（抄）❼同施行令・同施行規則・同関係告示 ❽震災特例法・同施行令・同施行規則（抄）❾復興財源確保法（抄）❿復興特別法人税に関する政令・同省令 ⓫租特透明化法・同施行規則

法人税取扱通達集
日本税理士会連合会 編
中央経済社

❶法人税取扱通達（基本通達／個別通達）❷租税特別措置法関係通達（法人税編）❸連結納税基本通達 ❹租税特別措置法関係通達（連結納税編）❺減価償却耐用年数省令 ❻機械装置の細目と個別年数 ❼耐用年数の適用等に関する取扱通達 ❽震災特例法関係通達 ❾復興特別法人税関係通達 ❿索引

相続税法規通達集
日本税理士会連合会 編
中央経済社

❶相続税法 ❷同施行令・同施行規則・同関係告示 ❸土地評価審議会令・同省令 ❹相続税法基本通達 ❺財産評価基本通達 ❻相続税法関係個別通達 ❼租税特別措置法（抄）❽同施行令・同施行規則（抄）・同関係告示 ❾租税特別措置法（相続税法の特例）関係通達 ❿震災特例法・同施行令・同施行規則（抄）・同関係告示 ⓫震災特例法関係通達 ⓬災害減免法・同施行令（抄）⓭国外送金等調書提出法・同施行令・同施行規則・同関係告示 ⓮民法（抄）

国税通則・徴収法規集
日本税理士会連合会 編
中央経済社

❶国税通則法 ❷同施行令・同施行規則・同関係告示 ❸同関係通達 ❹租税特別措置法・同施行令・同施行規則（抄）❺国税徴収法 ❻同施行令・同施行規則 ❼滞調法・同施行令・同施行規則 ❽税理士法・同施行令・同施行規則・同関係告示 ❾電子帳簿保存法・同施行規則・同関係告示・同関係通達 ❿行政手続オンライン化法・同国税関係法令に関する省令・同関係告示 ⓫行政手続法 ⓬行政不服審査法 ⓭行政事件訴訟法（抄）⓮組織的犯罪処罰法（抄）⓯滞収保全と滞納処分との調整令 ⓰犯罪収益規則（抄）⓱麻薬特例法（抄）

消費税法規通達集
日本税理士会連合会 編
中央経済社

❶消費税法 ❷同別表第三等に関する法令 ❸同施行令・同施行規則・同関係告示 ❹消費税法基本通達 ❺消費税申告書様式等 ❻消費税等関係取扱通達等 ❼租税特別措置法（抄）❽同施行令・同施行規則（抄）・同関係通達 ❾消費税転嫁対策法・同ガイドライン ❿震災特例法・同施行令・同関係告示 ⓫震災特例法関係通達 ⓬税制改革法等 ⓭地方税法（抄）⓮同施行令・同施行規則（抄）⓯所得税・法人税政省令（抄）⓰輸徴法令 ⓱関税法令 ⓲関税定率法令（抄）

登録免許税・印紙税法規集
日本税理士会連合会 編
中央経済社

❶登録免許税法 ❷同施行令・同施行規則 ❸租税特別措置法・同施行令・同施行規則（抄）❹震災特例法・同施行令・同施行規則 ❺印紙税法 ❻同施行令・同施行規則 ❼印紙税法基本通達 ❽租税特別措置法・同施行令・同施行規則（抄）❾印紙税額一覧表 ❿震災特例法・同施行令・同施行規則（抄）⓫震災特例法関係通達等

中央経済社